SCHOTTLAND

Mit Hebriden, Orkney- und Shetland-Inseln

Von Barbara Kohlmann

Artemis Verlag Zürich und München

Mit 91 Abbildungen, 34 Plänen und Zeichnungen.

Die Pläne auf dem vorderen und hinteren Vorsatz sowie auf den Seiten 47, 64, 78, 92, 112, 127, 140, 153, 160, 171, 175, 198, 207, 219, 224, 234 wurden von Achim Norweg, München, gezeichnet; alle übrigen Karten, Pläne und Rekonstruktionen, wenn nicht anders angegeben, von Dieter Weber, München.

Farbfoto des Umschlags: Tantallon Castle (Nr. 15, S. 62)

Reproduktionsrechte: © 1982 Artemis Verlag München

CIP-Kurztitelaufnahme der Deutschen Bibliothek

Kohlmann, Barbara:
Schottland : mit Hebriden, Orkney- u.
Shetland-Inseln / von Barbara Kohlmann. –
Zürich ; München : Artemis-Verlag, 1982.
  (Artemis-Cicerone)
  ISBN 3-7608-0763-1

© 1982 Artemis Verlag Zürich und München
Verlagsort München. Alle Rechte, einschließlich derjenigen des auszugsweisen Abdrucks und der photomechanischen Wiedergabe, vorbehalten.
Satz und Druck: Passavia, Passau
Buchbinderische Verarbeitung: Conzella, Pfarrkirchen
Printed in Germany.

INHALTSVERZEICHNIS

A. Historischer Überblick 6
B. Die Architektur Schottlands 13
C. Die schottische Malerei im 18. und 19. Jahrhundert 19
D. Die Kunstdenkmäler in Edinburgh 22
   Edinburgh C. 27 – St. Giles Cathedral 34 – Holyrood P. 38 – National Gallery 42 – Charlotte Sq. 44
E. Die Kunstdenkmäler im Südosten 46
   Westlothian 47 – Dalmeny H. 48 – Hopetoun H. 50 – Midlothian 56 – Roslin Chapel 56 – Ostlothian 58 – Seton 59 – Borders 65 – Kelso 65 – Jedburgh A. 69 – Dryburgh A. 70 – Melrose A. 71 – Abbotsford H. 73 – Bowhill 75
F. Die Kunstdenkmäler in Glasgow und Umgebung 79
   George Sq. 82 – Glasgow Cathedral 85 – Glasgow School of Art 88 – Paisley A. 90 – Craignethan C. 91
G. Die Kunstdenkmäler im Südwesten 93
   Bute 94 – Strathclyde 95 – Culzean C. 97 – Galloway 101 – Withorn 101 – Dundrennan A. 104 – Dumfries 106 – Caerlaverock C. 107 – Glenkiln 109 – Drumlanrig C. 110
H. Die Kunstdenkmäler im Osten 112
   Halbinsel Fife 112 – Dunfermline A. 113 – Falkland P. 117 – St. Andrews 122 – Dundee 125 – Tayside 127 – Scone P. 128 – Arbroath A. 130 – Glamis C. 132 – Blair C. 136 – Dunkeld 138 – Central 140 – Doune C. 141 – Trossachs 143 – Stirling C. 144
I. Die Highlands 147
J. Die Kunstdenkmäler des Westens 152
   Argyll 152 – Inveraray C. 154 – Glen Coe 158 – Inverness-Shire 160 – Culloden Moor 163 – Cawdor C. 165
K. Die Kunstdenkmäler im Nordosten 167
   Aberdeen 170 – Grampian 175 – Crathes C. 176 – Craigievar C. 178 – Braemar 180 – Haddo H. 186 – Deer A. 188 – Duff H. 188 – Elgin Cathedral 191
L. Die Kunstdenkmäler im Norden 199
   Fortrose 200 – Dunrobin C. 201 – Wick 202
M. Die Kunstdenkmäler auf den Hebriden 205
   Die Inneren Hebriden 207 – Mull 208 – Iona 208 – Staffa 211 – Skye 214 – Die Äußeren Hebriden 219
N. Die Kunstdenkmäler auf den Orkney- und Shetland-Inseln .. 223
O. Informationsteil 238
P. Literaturhinweise 243
Q. Namenregister 245
R. Orts- und Objektregister 250

A. HISTORISCHER ÜBERBLICK

Schottlands geographische Lage und Struktur sind für seine historische und nationale Entwicklung von grundlegender Bedeutung. Hoch oben im äußersten Nordwesten lag es jahrhundertelang weit ab von Europas kulturellen Zentren. Die großen zivilisationsbildenden Kräfte wie *Christentum* und *Renaissance* erreichten Schottland daher erst spät und oft nicht mehr mit der ursprünglichen Dynamik; ebenso auch das *Römische Reich,* das Schottland nur zwei Jahre (81–83 n.Chr.) besetzt hielt und keinen prägenden Einfluß ausübte.

Das nach Nordosten zur See hin offene Land erleichterte die *Wikinger-Invasionen* im 8. und 9.Jh. Das Fehlen einer natürlichen Grenze im Süden bot Anlaß für *schottisch-englische Überfälle* und reizte den englischen Nachbarn zu immer neuen Unterwerfungsversuchen.

Die geographische Struktur des ca. 79000 qkm umfassenden Landes legt eine Zweiteilung nahe. Nordwestlich der ›Highland Line‹ (von Loch Lomond im Westen bis Stonehaven an der Ostküste) liegt das zerklüftete, rauhe Hochland (= *Highlands*), südöstlich davon das fruchtbarere Tiefland (= *Lowlands*).

Der gebirgige Charakter des Hochlands unterstützte die Entstehung des *gälischen Clansystems.* In den unzugänglichen Tälern entwickelten sich eigenständige, unabhängige Sippen oder Stämme, die *Clans,* die sich jeder zentralistischen Kontrolle entzogen.

Um etwa 450 n.Chr. bestand Schottland aus *vier separaten Königreichen.* Die keltischen *Pikten* lebten im Nordosten, die aus Irland eingewanderten keltischen *Skoten* im Westen und auf den Hebriden, die römisch-keltischen *Britonen* und die germanischen *Angeln* im Tiefland. Vereint wurden sie 843 unter dem schottischen König *Kenneth MacAlpine.* Stärkend für den inneren Zusammenhalt wirkten der gemeinsame keltische Ursprung, das Christentum und der drohenden skandinavischen und englischen Einfälle. Dennoch war das Reich *Kenneth MacAlpines* kein homogener Staat; es blieben verschiedene Völker mit verschiedenen Traditionen, die nur durch die gemeinsame Untertanentreue zum König verbunden waren.

Unter König *Malcolm Canmore* (1057–1093) und seiner Frau *Margaret* aus dem englischen *Königshaus von Wessex* gelangten *anglo-normannische Einflüsse* nach Schottland. Eine Reihe fähiger Nachfolger aus dem Hause *Canmore* (gälisch: Ceann Mor = Großkopf) führte in den Lowlands das normannische Feudalsystem ein, in dessen übergreifender Struktur sich die nationalen Unterschiede zu verwischen begannen. Alles Land war nun Eigentum des Königs, der es als Lehen an seine Untertanen verteilte.

In den Highlands jedoch gelang es nicht, die feudalistische Ordnung einzuführen. Hier behielten die Clans das traditionelle, patriarchalische Stammessystem und entzogen sich der Autorität des Königs. Hoch-

und Tiefland entwickelten sich fortan in verschiedene Richtungen. Das zunächst feudalistisch organisierte, normannisierte Tiefland wurde später *parlamentarisch* und *presbyterianisch*; aus den unabhängigen gälischen Hochlandclans gingen später die *royalistischen, katholischen Jakobiten* hervor.

Der zweite wichtige Faktor zur Erhaltung der Einheit war neben dem Feudalsystem die Kirche. Die erste bedeutende Berührung mit dem Christentum erhielt Schottland durch die Mission des *hl. Ninian* (4. Jh. n. Chr.). Danach folgte im 6. Jh. die große Mission von Irland aus durch den *hl. Columba*. Auf der Insel Iona (Nr. 39) gründete er das Zentrum der sich schnell ausbreitenden Kirche. Bis gegen Ende des 7. Jh. war schließlich ganz Schottland christianisiert. Im 11. und 12. Jh. wurde unter Königin *Margaret* und ihrem Sohn *David I.* (1124–1153) die junge keltische Kirche straff organisiert. Neue Bischofssitze wurden errichtet, Abteien und Klöster in großer Zahl gebaut. Die vier großen Abteien in den Borders (Nr. 16) – *Jedburgh, Dryburgh, Kelso* und *Melrose* – sind Zeugen der reichen kulturellen Blüte. Schon damals war Eigenständigkeit das hervorstechende Merkmal der schottischen Kirche. Die Betonung des keltischen, emotionalen Elements unterschied sie von der römischen, rationalen Kirche. Formal als eigene schottische Kirche anerkannt wurde sie im Jahre 1192, als sie der Papst vom englischen Supremat löste und Rom direkt unterstellte.

Im späten Mittelalter war die relativ friedliche Epoche der *Canmores* zu Ende. Nach dem Tod der letzten Königin, eines Kindes von vier Jahren, stritten zwei schottische Parteien unter *John Balliol* und *Robert Bruce* um den schottischen Thron. Der englische König versuchte sofort, in Schottland eine stärkere Machtposition zu erhalten und *Balliol* als seinen Vasallen einzusetzen. Ein Jahrhundert langer und blutiger Auseinandersetzungen um die schottische Unabhängigkeit folgte. Der berühmt gewordene – weil seltene – Sieg über die Engländer unter König *Robert The Bruce* auf dem *Schlachtfeld von Bannockburn* am 24.6.1314 hielt die englischen Machtbestrebungen nur für kurze Zeit zurück. Doch als England sich mit Frankreich im Hundertjährigen Krieg befand, konnte sich in Schottland mit König *Robert II.* das Königtum der *Stewarts* etablieren (1371).

Bestimmend für das folgende 15. Jh. in Schottland wurden die Machtkämpfe des noch jungen Stewartkönigtums mit dem mächtigen Adel. Im 15. und 16. Jh. kamen beinahe alle schottischen Könige als Kinder auf den Thron. Dieses Machtvakuum bedeutete für den Adel die Chance, sich königsgleiche Privilegien zu sichern, wodurch die zentrale Regierungsgewalt erheblich geschwächt wurde. Die innenpolitischen Schwierigkeiten Schottlands nutzten England und Frankreich in kontinuierlichen Interventionsversuchen aus. Kontrolle der Aristokratie wurde somit zum Hauptziel der *Stewartkönige* von *James I.* bis zu *James V.*

Unter *James IV.* (1488–1513), dem fähigsten aller Stewarts, erreichte die *Renaissance* Schottland. Damit begann eine Periode kultureller Blüte und wirtschaftlichen Aufschwungs. Die Gründung neuer Universitäten, der Bau prächtiger Kirchen und Paläste, der florierende Buchdruck geben dafür Zeugnis.
Durch die Bekräftigung der ›Auld Alliance‹, des alten schottisch-französischen Bündnisvertrags (1491/92), und durch die Heirat mit der Tochter des englischen Königs *Heinrich VII.* sicherte *James* für Schottland den Frieden mit beiden Ländern und diente damit der Stabilität des europäischen Gleichgewichts. Als jedoch England unter *Heinrich VIII.* mit Frankreich Krieg führte, wurde *James* zur eindeutigen Stellungnahme gezwungen. Er hielt Frankreich die Treue und marschierte, provoziert von *Heinrich*, 1513 in England ein. Der Feldzug endete vernichtend für die Schotten im Massaker von *Flodden*. Der König und mit ihm Tausende seiner Soldaten, ›the flowers of the forest‹, starben an einem Tag.
Unter *James V.* (1513–1542), dem Vater *Maria Stuarts,* bereitete sich in Schottland ein umwälzendes Ereignis vor: die *Reformation.* Auch in Schottland litt die Kirche seit der Mitte des 14. Jh. an Korruption und Verfall des geistlichen Lebens. Das Recht der schottischen Könige, Bischöfe zu ernennen, wurde oft dahingehend mißbraucht, daß die illegitimen Kinder hohe kirchliche Ämter erhielten und somit auf Kosten der Kirche versorgt wurden. Dies alles bereitete den Boden für die kirchliche Revolution, die das Mittelalter endgültig beenden sollte. Leitfigur der schottischen Reformation wurde der *calvinistische Prediger John Knox,* der mit erbittertem puritanischem Fanatismus gegen die Papisten kämpfte.
Politisch spaltete die Bewegung Schottland in zwei Parteien. Die eine, unter der Führung der *Königinmutter Marie von Guise,* blieb frankreichtreu und katholisch; sie sah in *Maria Stuart* (1542–1567) die rechtmäßige Erbin auf dem englischen Thron; nicht in der ›illegitimen‹ Tochter Heinrichs VIII., *Elizabeth*. Die andere Partei, die reformatorischen Protestanten, fürchtete nach der Heirat Maria Stuarts mit dem französischen Dauphin eine französisch-katholische Vorherrschaft in Schottland und plädierte daher für eine Annäherung an das protestantische England.

Die Revolution von 1560 endete mit einem Sieg der Protestanten. Die ›Auld Alliance‹ war damit endgültig zu Ende und Schottland nach calvinistischer Lehre protestantisch – allerdings unter einer katholischen Königin im französischen Exil. Das Parlament schaffte die Autorität des Papstes ab, lateinische Messen wurden verboten. Die schottische Kirche wurde zu einer eigenen Autorität wider die Krone. Ihre Konstitution formulierte *John Knox* in ›The first Book of Discipline‹. Die Reformation, die weniger eine rein religiöse als umfassend kulturelle und wirtschaftliche Bewegung war, brachte eine durchgreifende

IOANNES CNOXVS.

John Knox

Reform und Erweiterung des Erziehungswesens mit sich. *John Knox* entwarf ein *nationales Erziehungssystem,* das 300 Jahre lang als führend in Europa galt. Schottische Gelehrte wurden berühmt in aller Welt.
1561 kehrte *Maria Stuart* als Witwe nach Schottland zurück. (Da im französischen Alphabet der Buchstabe ›W‹ fehlt, hatte sie die Schreibung ihres Namens Stewart in Stuart geändert.) Vier Jahre später heiratete sie ihren Vetter, *Henry Stewart, Lord Darnley*. Aus Eifersucht ließ dieser vor Marias Augen ihren Sekretär *Rizzio* erstechen. Dies verzieh sie ihm nie – ein Jahr später kam Darnley bei einem Mordanschlag ums Leben. Bereits nach acht Wochen heiratete die Königin den vermeintlichen Mörder, *James Hepburn, Earl of Bothwell*.
Dies kostete sie die Sympathien von jakobitischen Katholiken und Protestanten gleicherweise. Im Juli 1567 wurde *Maria Stuart* gezwungen, zugunsten ihres Sohnes abzudanken, der sofort als *James VI.* gekrönt wurde. Maria floh nach England und wurde dort von der englischen Königin *Elizabeth I.* bis zu ihrer Enthauptung – unter dem Vorwurf eines geplanten Attentats auf Elizabeth – gefangengehalten.

1603 starb *Elizabeth I.* von England. *James VI.,* ihr Thronerbe, verlegte nun als *James VI. von Schottland* und *James I. von England* den Hof von Edinburgh nach London. Die beiden Kronen waren in Personalunion vereint, beide Länder behielten jedoch ihr eigenes Parlament.

James und sein Nachfolger *Charles I.* standen in kirchlichen Dingen mehr auf der anglikanischen als auf der schottisch-presbyterianischen Seite. Sie versuchten, das anglikanische Episkopat auch in Schottland einzuführen. Als *Charles I.* auch noch das anglikanische Gebetbuch aufzwingen wollte, sah sich Schottland ernstlich in seiner Autonomie bedroht.

1638 kam es zum Aufstand – zum Bündnis der *National Convenanter,* die in den englischen Bürgerkriegen (1640–1645 und 1647–1649) auf der Seite des englischen Parlaments gegen den König kämpften. 1649 wurde *Charles I.* auf Befehl *Oliver Cromwells* enthauptet. Als rechtmäßigen Nachfolger proklamierten die Schotten daraufhin *Charles II.* zum König. *Cromwell* reagierte sofort, schlug die schottische Armee vernichtend und ernannte sich zum *Lordprotektor* über England, Schottland und Irland.

Nach seinem Tod erfolgte die *Restauration der Stuarts.* 1660 kehrte *Charles II.* aus dem französischen Exil zurück. Als in der unblutigen Revolution von 1688 Charles' katholischer Nachfolger *James VII.* abgesetzt und dafür der protestantische *William of Orange* zum englischen König ernannt wurde, schloß sich ihm auch die Mehrheit in Schottland an und erkannte William als rechtmäßigen König an – außer einer Gruppe stuarttreuer katholischer Hochländer, den Jakobiten. Sie wurden zu einem ständigen Unruhefaktor für das neue Königtum.

Das Ende der schottischen parlamentarischen Selbständigkeit wurde 1707 mit der *Union der beiden Parlamente* endgültig. Schottland erkannte das *Thronrecht der Hannoveraner* an und erhielt dafür die dringend benötigte wirtschaftliche Unterstützung und Seerechte, die es mit England gleichstellten und dadurch den Ausbau des schottischen Überseehandels ermöglichten. Außerdem behielt es das eigene Rechts- und Erziehungssystem sowie die eigene Kirche. Für England war mit der Union die dynastische Stabilität gesichert; die Gefahr einer katholischen Stuart-Restauration schien gebannt.

In vieler Hinsicht bedeutete der Unionsvertrag für Schottland den *Verlust der nationalen Individualität.* Schottland war jetzt Mitglied im vereinten britischen Königreich mit der Regierung in Westminster. Dennoch dürfen die erheblichen kulturellen und ökonomischen Vorteile, die sich aus der Union für Schottland ergaben, nicht übersehen werden. Das Land war nun offen für englische und kontinentale Einflüsse, und mit der allmählichen Industrialisierung erholte sich auch die Wirtschaft.

Die *Jakobiten* jedoch fanden sich mit der Union nicht ab. Zahlreiche Aufstände folgten – der spektakulärste im Jahre 1745, der romantische letzte Versuch des jungen Stuart-Prinzen, des ›Bonnie Prince Charlie‹,

Maria Stuart – Mary Queen of Scots ›*Bonnie Prince Charlie*‹

die schottische Krone zurückzuerobern. Rückhalt fand der Prinz nur bei den royalistischen Hochländern; denn dem Tiefland, das durch die Union große wirtschaftliche Vorteile erfahren hatte, lag kaum etwas an einer Restauration der Stuarts.

1745 marschierte *Charles Edward Stuart* in England ein. Militärisch war seine Armee der seines Gegners, des *Duke of Cumberland,* nicht gewachsen. Immer weiter mußten sich die Schotten nach Norden zurückziehen. Im April 1746 wurden die Hochländer auf dem *Moor von Culloden* (bei Inverness; Nr. 35) vernichtend geschlagen. Die große Hoffnung der Stuarts war somit endgültig verloren; der Prinz entkam nach abenteuerlicher Flucht nach Frankreich.

Diesem letzten *Jakobiteraufstand* folgten brutale Repressionen von englischer Seite. Die traditionelle gälische Kultur des Hochlands wurde in hohem Maße ruiniert. Gesetze verboten das Tragen des Kilts (bis 1782!), der Clan-Kennzeichen und aller Waffen, zu denen man als Kriegsinstrument auch den Dudelsack rechnete. Die Besitzungen der hingerichteten, gefallenen oder geflohenen Jakobiten erhielten neue, oftmals englische Besitzer. Die althergebrachte Bindung des Clan-Chiefs an seine Gefolgsleute und Pächter suchte man auf diese Weise zu zerstören. Die Kleinpächter wurden, als im 19. Jh. die meisten der Großgrundbesitzer von Viehzucht und Landwirtschaft auf die rentablere Schafzucht (die weniger Arbeitskräfte erfordert) umstiegen, erbarmungslos vertrieben. Ganze Dörfer wurden rücksichtslos niedergebrannt. Diese ›Highland-Clearances‹, die großen Säuberungen, und bittere Hungersnöte zwangen Tausende von schottischen Bauern in die Emigration nach Amerika und Kanada.

Von der Mitte des 18. Jh. bis etwa 1850 erlebte Schottland sein *Goldenes*

Zeitalter mit einem fulminanten Aufschwung auf kulturellem Gebiet, beinahe aus dem Nichts heraus. In der kreativen Atmosphäre eines aufgeklärten, liberalen Zeitgeistes entwickelten sich Wissenschaften und Künste in ungeahntem Ausmaß. *David Hume,* der Philosoph des rationalen Empirismus, *Adam Smith,* Begründer der modernen Volkswirtschaftslehre, den Hegel »den ›Kepler‹ der die bürgerliche Gesellschaft regierenden Bewegungsgesetze« nannte, *Adam Fergusson,* Vater der modernen Soziologie, der Historiker *William Robertson, James Watt,* der Erfinder der Dampfmaschine – sie alle zeugen von der Vielfalt genialer Größe dieser Zeit.

Die schottische Malerei gelangte durch *Henry Raeburn, Allan Ramsay,* die *Nasmyths, David Wilkie* und *David Allan* zu internationalem Ruhm, die Architektur durch *Sir William Bruce* und vor allem durch *Robert Adam,* Schottlands großen Klassizisten. *Robert Burns'* Dichtung und mehr noch *Sir Walter Scott's* historische Romane trugen dazu bei, in Schottland das Bewußtsein nationaler Identität und Traditionen aufrechtzuerhalten.

Das *Viktorianische Zeitalter* brachte für Schottland wirtschaftliche Expansionen, den Ausbau der Schwerindustrie und des Eisenbahnnetzes, Städteexpansionen und bedeutende Sozialreformen auf dem Weg zur Demokratie. Ein vormals hauptsächlich agrarisches Land wurde nun industrialisiert – ausgenommen die Highlands, die schwer zugänglich und ohne Bodenschätze sind. Die *Industrialisierung* diente der Integration Schottlands in das Vereinte Königreich, die alten Barrieren zu England fielen. Schottland wurde von England nun nicht mehr als ›barbarisches Hinterland‹ angesehen. Die Schottlandbegeisterung *Königin Victorias* und die Romane *Walter Scotts* trugen viel zur allgemeinen Popularität bei.

Dennoch flackerte auf seiten der Schotten immer wieder einmal die Forderung nach schottischer Unabhängigkeit auf, nach der ›Home Rule for Scotland‹, die bis heute die *National Party* erhält. Neuen Auftrieb erhielt die Diskussion um die schottische Eigenständigkeit nach der Entdeckung des *Nordseeöls* (1971). Einem unabhängigen Schottland würden die Gewinne aus der Ölförderung alleine zugute kommen. Bisher jedoch brachte das von englischen Firmen geförderte Öl für Schottland zwar neue Arbeitsplätze, aber auch eine erhebliche Verteuerung der Lebenshaltungskosten mit sich. Die tatsächlichen Gewinne aus der Nordseeölförderung fließen jedoch insgesamt nach Süden. Der immer noch beträchtlich niedere Lebensstandard des im Vergleich zu England weit ärmeren Schottlands hat sich bisher durch die Entdeckung des Öls noch nicht gehoben.

B. DIE ARCHITEKTUR SCHOTTLANDS

Die frühesten Zeugnisse menschlicher Siedlungen in Schottland sind aus der *späten Steinzeit* erhalten (ca. 2000–2500 v.Chr.). Es sind dies die Kammergräber von *Maeshowe* (Orkney) und *Skara Brae* (Nr. 41), ein vollständiges neolithisches Dorf auf *Orkney,* bei dessen Ausgrabung man noch Schmuckstücke, Knochen und Werkzeuge entdeckte (heute im Museum of Antiquities, Edinburgh; Nr. 9).

Eine nur in Schottland zu findende Besonderheit ist der *Broch,* der große keltische *Rundturm* aus der *Eisenzeit* (ab etwa 100 v.Chr.). Diese glockenähnlich geschwungenen Türme sind großartige Beispiele einer vollendeten *Trockensteinbaukunst.* Sie bestehen aus massiven Doppelmauern ohne Fenster und sind völlig ohne Mörtel gefügt. Zwischen den Mauern befinden sich meist einige Kammern, Gänge und Treppen. Das Fehlen von Fenstern und die gewaltige Stärke der Mauern deuten darauf hin, daß die Brochs als Orte der Zuflucht und Verteidigung dienten. Der besterhaltene Broch Schottlands ist der von *Mousa* auf Shetland (s. Nr. 42, S. 236).

Die *Römer* hinterließen in Schottland einige militärische Anlagen (die *Forts* von *Ardoch* und *Lyne*) und den *Antonine Wall,* der über eine Länge von fast 60 km den *Forth* mit dem *Clyde* verband. Mit seinem Bau wurde im Jahre 140 n.Chr. auf Befehl des Kaisers *Antoninus Pius* begonnen. Er dokumentiert eine aggressive römische Schottlandpolitik. Entgegen dem 10 Jahre früher entstandenen *Hadrians Wall* ist der *Antonine Wall* nicht aus Stein, sondern ein auf Steinfundamenten aufgeschütteter Erdwall mit einem Graben auf der Nord- und einer Straße auf der Südseite.

Nur spärlich sind die Spuren der *frühchristlichen Zeit.* So weisen einige frühe bienenkorbähnliche Zellen, aus denen sich später kleine Kirchen entwickelten, auf klösterliche Ansiedelungen hin. Zwei *Rundtürme* (*Brechin,* Nr. 32, S. 134 und *Abernethy,* Nr. 29, S. 121) erinnern an die große irische Mission in Schottland. Schlank, hoch, mit konischer Spitze, sind sie typisches Kennzeichen der irischen Kirche. In Gefahrenzeiten dienten sie den Mönchen als Zufluchtsort – daher der erhöhte Eingang.

Der *normannische Baustil* wurde im späten 11.Jh. von der Königin *Margaret* eingeführt. Ein frühes Beispiel dieser Architektur ist die *Kapelle* der Königin auf der *Burg* in *Edinburgh* (Nr. 1).

Das 12.Jh. brachte den Bau der großen normannischen Abteien und Kathedralen (*Kelso,* Nr. 16, S. 65; *Arbroath,* Nr. 32, S. 130) mit ihren einfachen, ruhigen massiven Formen und Rundbögen und den soliden zylindrischen Säulen als normannischer Charakteristika, die heute nur noch als eindrucksvolle Ruinen erhalten sind. Den schlichten Zauber der romano-normannischen Architektur vermögen heute vielleicht noch am ehesten die kleinen Pfarrkirchen zu vermitteln, von denen

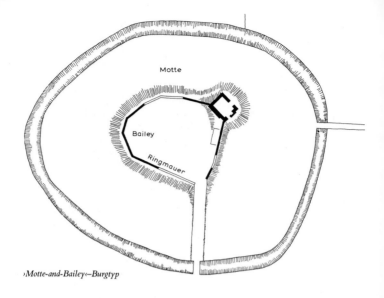

›Motte-and-Bailey‹–Burgtyp

Leuchars (Nr. 29, S. 120) und *Dalmeny* (Nr. 13, S. 48) fast original erhalten sind. Typisch ›schottisch‹ ist in diesen kleinen Kirchen der breite, mit Zickzackbändern einfach ornamentierte Bogen über dem Altarraum.

Die *normannische Burg* war der ›motte-and-bailey‹-Typ, ein künstlicher Erdhügel (motte), auf dem ein meist hölzerner, von einer Palisade umgebener Turm stand; daneben der ›bailey‹, ein mit Graben und Wall umfriedeter Innenhof, in dem sich weitere Gebäude befanden (s. *Duffus Castle;* Nr. 37, S. 194).

Das 13.Jh. brachte die Erhabenheit und Grazie der *Gotik* nach Schottland, die anfangs noch, bedingt durch die meist ausländischen Handwerker, englische und kontinentale Züge besaß (s. *St. Mungo,* Glasgow; Nr. 18, S. 85). Erst allmählich, gegen Ende des 14.Jh., entwickelten sich in der gotischen Architektur eigene schottische Charakteristika, die für etwa 200 Jahre den Baustil bestimmten. Diese distinktiven Merkmale sind funktionale Schlichtheit und Ernst, sparsame und akzentuierte Ornamentik – Zeugen eines relativ armen Landes, das durch häufige Zerstörungen in Kriegen ständig zum Wiederaufbau gezwungen wurde und für verschwenderische Dekoration keine Mittel besaß. Den bedeutendsten Beitrag zu Schottlands kirchlicher Architektur im 15. und 16.Jh. leisteten die kleinen Pfarr- und Stiftskirchen; neue große Kathedralen wurden nicht mehr gebaut. In der späten Phase der schottischen Gotik vereinigten sich in diesen Kirchen romanische und gotische Züge mit den Kennzeichen des weltlichen *Baronialstils* (Wehr- und Verteidigungscharakter) zu einem eigenen, einheimischen Stil. Während im 15.Jh. in Frankreich die Gotik im *Flamboyant* ›explodierte‹ und sich in England zum *Perpendikularstil* steigerte, behielt Schottland die eigene Bautradition kontinuierlich bei.

Im *Burgenbau* wurde anstelle von Holz ab dem 13.Jh. fast nur noch Stein verwendet. Vielleicht in Anlehnung an die keltischen Brochs kristallisierte sich als Bauform der niederen Aristokratie im 14.Jh. das ›Tower-House‹ heraus, der typisch-schottische *Wohnturm*. Zunächst war dies ein massiver Turm mit quadratischem, rechteckigem oder L-förmigem Grundriß, dessen hauptsächliche Funktion in der Verteidigung bestand (*Drum Castle;* Nr. 37, S. 176). Es herrschten die vertikalen Linien vor, der Turm hatte nur wenige schmale Fenster, einen Raum pro Etage und rauhe, schmucklose Mauern – eine karge, funktionale Architektur *(Baronialstil).*

Zu dem populären L-Plan des Tower-House kamen gegen Ende des 16.Jh. kompliziertere Grundrisse in E-, H-, T- und Z-Form. Langsam wandelte sich der Wehrturm zum Wohnturm; in den friedlicheren Zeiten des 16. und 17.Jh. konnte man dem Wunsch nach mehr Bequemlichkeit nachgeben. Zu den defensiven Bauprinzipien gesellten sich nun auch ästhetische. Aus den oberen Stockwerken der Türme springen nun Türmchen und Erker hervor; Konsolgesimse, Giebel und Balustraden schaffen pittoreske Effekte (*Craigievar Castle;* Nr. 37, S. 178). Eine interessante kleinere architektonische Besonderheit des 17.Jh. sind die häufig anzutreffenden *Taubenschläge,* die ›dovecots‹ oder ›doo-

Sonnenuhr im Park von Lennoxlove   *Ein schottischer ›Doocot‹ aus dem 17.Jh.*

cots‹. Rüben als Winterfutter für das Vieh wurden erst im 18.Jh. eingeführt; bis dahin mußten außer dem Zuchtvieh alle Tiere im Winter geschlachtet und eingepökelt werden. Einzig durch Tauben bekam man im Winter Frischfleisch. So hatte jeder größere Besitz seinen eigenen Taubenschlag. Man baute ihn in verschiedenen Formen: in einem Ecktürmchen des Hauses inkorporiert oder freistehend, rechteckig oder quadratisch mit Löchern auf dem schrägen Riltdach, oder bienenkorbförmig mit einem runden Loch in der Dachmitte.

Neben dem *Tower-House* als spezifisch-schottischer architektonischer Besonderheit sind die größeren Schlösser und Burgen meist nach internationalem Muster gebaut. Mit den königlichen Palästen des 16.Jh. wurde die *Renaissance* in Schottland eingeführt, allerdings vorerst nur im dekorativen Design, so u.a. in Fensteraufsätzen, Stuckornamenten und Kaminen. Erst nach 1660 baute man auch nach den architektonischen Grundprinzipien der Renaissance, ging aber sehr bald schon in den *Klassizismus* über.

Eine populäre Erscheinung im 17. und 18.Jh. sind freistehende steinerne *Sonnenuhren*, meist in Form von Obelisken oder facettenförmig gemeißelten Aufsätzen auf kleinen Säulen oder Statuen, wobei hier jede Facette einen Zeiger trägt. Die Kunst der Sonnenuhren war von 1620–1770 weit verbreitet und hochentwickelt – ein 1891 erstelltes Inventar nennt 300 bedeutende Sonnenuhren in Schottland. Als phantasie- und ausdrucksvolle Kunstwerke wurden sie an zentraler Stelle in eine Parkanlage integriert oder als Blickfang vor dem Haus aufgestellt (s. *Lennoxlove;* Nr. 15, S. 62, *Drummond Gardens,* Nr. 32, S. 139).

Mit dem *Klassizismus* begann das *georgianische Zeitalter* (1700–1830). Seine ersten schottischen Architekten waren *Sir William Bruce* und *William Adam*. Inspirationsquelle waren vor allem die Bauten des italienischen Architekten *Andrea Palladio* (1508–1580) und der englische Klassizismus von *Inigo Jones* und *Christopher Wren*. Symmetrischer Grundriß, gleichmäßige Fassadeneinteilung durch die Fenster, ein zentraler Eingang und korinthische Pilaster sind hier typische Kennzeichen.

Seinen Höhepunkt aber erreichte der britische Klassizismus unter *Robert Adam* (1728–1792), einem der vier Architektensöhne von *William Adam*. *Robert Adam* ging in Edinburgh zur Schule, studierte dann drei Jahre in Frankreich und Italien die klassischen Baustile, ließ sich 1759 in London nieder und wurde zum *gefragtesten Architekten seiner Zeit*. Seine Pläne zeigen disziplinierte Proportionen, graziöse Eleganz und Harmonie. Adam war Perfektionist – er beschränkte sich nicht auf eine vollkommene Architektur, sondern vollendete seinen Stil in einer ästhetischen Kultivierung des Interieurs. Bei Adam ist alles aufeinander abgestimmt, eine geschlossene kompositorische Einheit. Das ›Adam-Dekor‹, die zarten Pastellfarben der Stuckdekorationen, die geometrischen Ornamente der Kamine, Möbel, ja sogar Türklinken, wurden berühmt in aller Welt und im 19.Jh. sogar serienmäßig hergestellt.

In der Stadtarchitektur brachte der Klassizismus entscheidende Im-

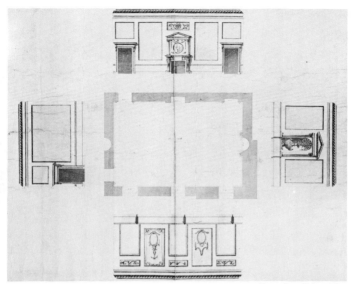

Entwurf von Robert Adam

pulse. Nun wurden ganze Häuserreihen, Plätze, Stadtviertel als geschlossene Komposition entworfen, mit gleichmäßigen Fronten und gebändigten Formen (Edinburgh, *Charlotte Square;* Nr. 11).

Neben dem *klassizistischen Bautyp* tauchte in Schottland ab etwa Mitte des 18. Jh. noch ein zweiter, *gotischer,* auf – bedingt durch das wiedererwachte Interesse am Mittelalter. Der Grundriß ist auch hier meist symmetrisch, regelmäßig, doch trägt das Fassadendesign die Züge der mittelalterlichen Burgen und Kirchen (*Inveraray Castle;* Nr. 34, S. 154, *Culzean Castle;* Nr. 26, S. 97). In der spätgeorgianischen Phase (bis 1830) entwickelte sich diese Bauform, die hauptsächlich bei großen Herrenhäusern zu finden ist, mit einer steigenden Vorliebe für das *Romantisch-Unregelmäßige* weiter und entfernte sich immer mehr von symmetrisch-einheitlichen Plänen. Willkürliche Häufungen pittoresker Türmchen und Zinnen, spätgotische Fenster, die Betonung des Uneinheitlichen sind hier die Hauptmerkmale.

Parallel hierzu bringt diese Zeit auch den *Neo-Klassizismus* hervor, der nicht mehr auf die Renaissance als Inspirationsquelle zurückgreift, sondern auf die *Antike* (Edinburgh, *Calton Hill;* Nr. 8).

Im *Viktorianismus* befreite sich die Architektur von den strengen formalen Regeln, die die georgianische Zeit bestimmt hatten. Das Kennzeichen viktorianischer Architektur ist die *Mischung historischer Stile,*

Chr. R. Makintosh: Jugendstilfassade der Kunstakademie in Glasgow

fremder und eigener, in völliger Interpretationsfreiheit des Architekten. Klassische Stile verwendete man vor allem beim Bau öffentlicher Gebäude, den gotischen Stil für Kirchen. Für die Architektur der Schlösser wurde der *Neo-Baronialstil* von Balmoral (Nr. 37, S. 180) richtungweisend, dem Schloß von *Königin Victoria,* das die schottische Architektur des 16. und 17.Jh. nachempfand.

Der letzte schottische Architekt von internationaler Bedeutung war *Charles Rennie Mackintosh* (1868–1928), Glasgows genialer Künstler des *Jugendstils.* Mit dem Entwurf von Glasgows Kunstakademie (Nr. 20) brach er mit jeglichen architektonischen Traditionen, wenngleich auch der karge Funktionalismus unverwechselbar ›schottisch‹ blieb. Mackintosh prägte das Glasgow der Jahrhundertwende, doch der Sinn für künstlerische Avantgarde fehlte in dieser Stadt. Die berühmten Tearooms der Miss Cranston, für die Mackintosh die bis zu den Menükarten vollständigen Entwürfe lieferte, sind später umgebaut oder abgerissen worden. Mackintosh konnte sich in Glasgow nicht durchsetzen und zog nach London, arbeitete auch dort wenig erfolgreich als Designer und Architekt und starb 1928 in fast völliger Vergessenheit. Sein Nachlaß, seine Zeichnungen, Möbel und anderen Werke galten als nahezu wertlos. Der eigentliche Ruhm begann im Ausland im Jahre 1900 bei einer vielbeachteten Ausstellung zusammen mit der Wiener Sezession. In England und Schottland wurde die schöpferische Größe von Charles Rennie Mackintosh erst lange nach seinem Tode erkannt.

C. DIE SCHOTTISCHE MALEREI IM 18. UND 19. JAHRHUNDERT

Die materielle Armut Schottlands im 16. und 17.Jh. und die auf die Union von 1707 folgende Abwanderung eines großen Teils der Aristokratie nach London hatten vor etwa 1750 die Entstehung einer eigenen schottischen Malschule verhindert. Es gab nur wenige einheimische Maler von Bedeutung – so den Rubensschüler *George Jameson* (1587–1644) oder *William Aikman* (1682–1731), dessen Porträts gelungene Kompositionen im Geschmack der Zeit sind, jedoch eigene schöpferische Kraft vermissen lassen.

Erst ab der 2.Hälfte des 18.Jh., mit wachsendem Wohlstand und schwindendem Einfluß der kunstfeindlichen puritanischen Kirche, begannen sich große Talente zu entwickeln – in einem Land, das auf so gut wie gar keine Tradition in der Malerei zurückgreifen konnte. Die *Schule von St. Luke* in Edinburgh (gegründet 1729) und die *Foulis-Akademie* in Glasgow (1753) machten die ersten Versuche einer systematischen Ausbildung junger Künstler. Später folgten die *Trustee's Akademie* (1760) und die Gründung der *Royal Scottish Academy* (1826).

In der Porträtmalerei erlangten *Allan Ramsay* und *Henry Raeburn* eine Bedeutung, die außer *William Hogarth* und *Thomas Gainsborough* in England, keine Vergleiche kennt. *Allan Ramsay* (1713–1784), der Sohn des dichtenden Perückenmachers aus Edinburgh, wurde schon von Kindheit an von seinem Vater gefördert. Unter Hogarth studierte er zunächst in London, dann an der französischen Akademie. Vor allem diese französischen Einflüsse prägten Ramsays Stil. Sein Atelier richtete er zuerst in Edinburgh ein. Später ließ er sich in London nieder, wo er schon bald Hofmaler und einer der meistgefragten Porträtisten der Londoner Gesellschaft wurde. Berühmtheit erlangte Ramsay vor allem durch seine *Frauenporträts*. Horace Walpole sagte über ihn: »Mr. Reynolds gelingen die Frauen selten; Mr. Ramsay ist dafür geschaffen, sie zu malen.«

Ramsay rückt in diesen Bildern von dem konventionellen, oft starren Porträtstil der Zeit ab und vereint Watteausche Eleganz und Grazie mit spontaner Natürlichkeit und Frische. Eines der gelungensten Beispiele hierfür ist das Porträt seiner zweiten Frau. In der hellen, leichten Komposition, den zart hingetuschten Spitzen und Blumen, dem bezaubernden Charme des jungen Gesichts kommt Ramsays künstlerische Sensibilität vollendet zum Ausdruck.

Henry Raeburn (1756–1823), Sohn eines Garnspinners aus Stockbridge (heute Stadtteil von Edinburgh) und nahezu völliger Autodidakt, lebte und malte fast Zeit seines Lebens in Edinburgh – von einigen London-Besuchen und der für einen Künstler des 18.Jh. üblichen Italienreise abgesehen. Raeburn fehlte die zarte Feinheit Ramsays; er malte mit vollem, kräftigem Pinselstrich. In seinen *Porträts* drückt sich bereits das

Allan Ramsay: ›Die Frau des Malers‹

romantische Interesse an der *Individualität,* am subjektiven Ausdruck aus, den Raeburn mit subtiler Einfühlungsgabe und vitaler Virtuosität wiederzugeben wußte. Raeburn war immer klar und treffend in der Darstellung. Er konzentrierte sich auf das Wesentliche, übertrieb nie um des künstlerischen Selbstzwecks willen.

Im 19.Jh. verlagerte sich das Gewicht in der Malerei vom Porträt auf die *Landschafts- und Genremalerei.* Entscheidenden Einfluß hatten hier die historischen Romane *Sir Walter Scotts.* Mit der heroischen Darstellung der schottischen Vergangenheit restaurierte Scott das schottische Nationalgefühl und bereitete den Weg für einen *romantischen Highland-Kult.* In dem auf rationale Ordnung und Formung bedachten 18.Jh. hatten die Highlands allgemein als barbarische, unzivilisierte und rauhe Landschaft gegolten. Dank der Romantik öffnete man nun die Augen für ihre wilde, malerische Schönheit. Ebenso gab Scott der *Historienmalerei* neue Impulse, die sich jedoch oft sehr zu ihrem Nachteil auswirken sollte. Denn nach Scotts Vorlage schufen viele Maler ein falsches, sentimentales und anachronistisches Bild der schottischen Geschichte. Anders die *Genremalerei. David Allan* (1744-1796) malte die ersten Bilder zeitgenössischen schottischen Lebens. In diesen Zeichnungen und Aquarellen, wenngleich von der Technik her weniger bedeutend, drückte sich nun zum ersten Mal der nationale Charakter aus, die enge Verbundenheit zum Land und dem bäuerlichen Leben.

David Wilkie (1785-1841), stark von der *holländischen Genremalerei* geprägt, zeigte das pastorale Schottland der Jahrhundertwende mit realistischem Charme. Wilkies Feinheit der Zeichnung, die perfekte Licht- und Schattensetzung wurden annähernd nur noch von seinem Freund *Andrew Geddes* erreicht, der, wie auch Wilkie, als Kupferstecher und Porträtmaler Bedeutung erlangte.

Die Tradition der schottischen Landschaftsmalerei begann mit dem Ramsay-Schüler *Alexander Nasmyth* (1758-1840), obschon dieser noch sehr mit der italienischen und französischen Tradition verhaftet war. Doch ist bei ihm Landschaft bereits nicht mehr dekorativer Hintergrund, sondern eigenständiges Sujet.

Herausragende Figur auf dem Weg zu einer naturnahen Landschaftsdarstellung ist der Maler *John Thomson* (1787-1840), der als erster die pittoreske Szenerie der Highlands entdeckte und in wilden, romantisch-expressiven Gemälden festhielt. Mit *Horatio McCulloch* (1805 bis 1867) ging die Entwicklung zum direkten, unmittelbaren Kontakt der Maler mit der Natur weiter. Man verließ die Studios, skizzierte und aquarellierte vor Ort. Dies kulminierte schließlich im kraftvollen, lyrisch-intensiven Impressionismus von *William McTaggart* (1855-1910). McTaggart war so besessen vom unmittelbaren Malen, daß er bei jedem Wetter hinausging. Beim Malen des ›Sturm‹ mußte ihm sein kleiner Sohn die Staffelei festhalten. Nicht mehr die statische Natur fesselte nun das Interesse, sondern die momentanen Effekte, die sich aus Licht- und Wetterveränderungen ergeben.

D. DIE KUNSTDENKMÄLER IN EDINBURGH

Überblick über die Geschichte Edinburghs

Der erste Eindruck, den der Besucher von Edinburgh erhält, wird durch das grandiose Zusammenspiel von Natur und Stadt bestimmt. Wie kaum in einer anderen Stadt überwältigt hier die Szenerie, die Dramatik der Lage. Drei geologische Hauptmerkmale prägen das Gesicht der Stadt: *Arthur's Seat,* der erloschene Vulkan, oft mit einem behäbigen Löwen verglichen; *Calton Hill,* ebenfalls vulkanischen Ursprungs, dessen klassizistische Bauten ihr das Flair eines ›nordischen Athens‹ verleihen; und der *schwarze Basaltfelsen* inmitten der Stadt, auf dem hoch oben die *Burg* der Skyline Edinburghs beherrscht.

Zu den topographischen Besonderheit kommt eine architektonische Vielfalt und Originalität, die die alte Metropole des Nordens zu einer der schönsten Städte Europas werden lassen.

Der Ursprung Edinburghs liegt im dunkeln. Ein schottisch-piktisches ›oppidum Eden‹ ist historisch nicht sicher zu belegen. Somit ist die Gründung der Stadt nicht genau datierbar. Das älteste erhaltene Gebäude der Stadt stammt aus dem Jahre 1093. Es ist die Kapelle der hl. *Königin Margaret* auf dem Burgfelsen (Nr. 1), einziger Rest der ursprünglichen Burg, die ihr Gemahl *König Malcolm III. Canmore* hier errichten ließ. Mit dieser Burg als Zentrum entstand im späten 11.Jh. das frühe Edinburgh.

1128 gründete Margarets und Malcolm Canmores Sohn *König David I.* (1124–1153) eine Meile weiter östlich auf dem auslaufenden Rückgrat des Burgfelsens die *Augustiner-Abtei von Holyrood* (Nr. 7), aus der sich die Gemeinde von *Canongate* entwickelte. Zwischen der Burg, die Sicherheit garantierte, und der Abtei, die Wohlstand bot, begannen sich Edinburgh und Canongate gegeneinander hin auszubreiten (bis zu seiner Eingemeindung 1856 behielt Canongate das eigene Stadtrecht). Allmählich formierte sich der Straßenzug der *Royal Mile,* der Königlichen Meile, wie die Verbindung der beiden Pole Edinburgh Castle und Holyrood noch heute genannt wird.

Die frühe Burg und die Häuser Edinburghs hatten während der Unabhängigkeitskriege (1286–1371) schwer unter Belagerungen und Verwüstungen gelitten. Erst unter der Regierung *James II.* (1437–1460) entwickelte Edinburgh eine städtische Verwaltung und gewann an Bedeutung, bis es unter *James IV.* (1488–1513) zur *Hauptstadt Schottlands* erklärt wurde. Der erste Schutzwall wurde um die Stadt gezogen, 100 Jahre später im weiteren Kreis ein zweiter, als man nach der Niederlage bei Flodden (1513) eine englische Invasion fürchtete.

Trotz der religiösen und politischen Unruhen des 16.Jh., wie den Wirren der Reformation, den Invasionen der Armee *Heinrichs VII.* 1544 und 1545, und der tragischen Herrschaft *Maria Stuarts,* brachte diese

Ansicht von Edinburgh

Zeit große Fortschritte in der Entwicklung der Stadt. 1538 wurde das College of Justice gegründet, 1582 die Universität. Kirche, Rechtsprechung, nationale und städtische Gesetzgebung waren in Edinburgh etabliert, als *König James VI. von Schottland* (1567–1625) nach dem Tod der englischen Königin *Elizabeth I.* im Jahre 1603 die Thronfolge antrat und als *König James I. von England* seinen Hof von Holyrood nach London verlegte. Damit verlor Edinburgh an Bedeutung und Prestige. Die Architektur der Stadt hatte im Laufe der Zeit, bedingt durch die geographischen Gegebenheiten, charakteristische Züge angenommen, die noch heute fast unverändert erhalten sind. Die Expansion Edinburgs war beschränkt durch das rechts und links der Royal Mile steil abfallende Land, den die Stadt umschließenden Flodden Wall und den Nor' Loch am Fuß des Burgfelsens – einen künstlichen See, der im 15. Jh. zu Verteidigungszwecken angelegt worden war. Nach den Seiten konnte sich die Stadt also kaum ausdehnen. Um die steigenden Einwohnerzahlen zu bewältigen, blieb als einziger Ausweg, in Höhe und Dichte zu wachsen. Es entstand, auf engstem Raum im Schatten des Castle, eine pittoreske Häufung hoher, schmaler Häuser, oft bis zu zehn Stockwerken hoch, die sich dicht aneinandergepreßt an die Burg drängten – die ersten ›Wolkenkratzer‹ in Europa.

Nur die wohlhabendsten Leute konnten sich eines dieser ›Lands‹ an der High Street leisten. In den schmalen Durchgängen (Closes) und Gäßchen war reges Leben; Handwerker hatten hier ihre Werkstatt, Kaufleute ihren Laden, daneben gab es zahlreiche Tavernen und Clubs. Die High Street und ihre Umgebung war damit gleichzeitig Zentrum des Geschäftslebens wie Wohngegend der vornehmen Gesellschaft.
Nach 250 Jahren war aus der einst schützenden Umfriedung des Flodden Wall eine Umklammerung geworden. Wohnungsnot, Schmutz, Enge und Gestank machten das Leben unerträglich. Abfall und schmutziges Wasser schüttete man einfach aus dem Fenster, die Abwässerkanäle flossen ohne Abdeckung. So ist Edinburghs Spitzname ›Auld Reekie‹ (to reek = stinken, dampfen) wohl nicht nur auf die rauchenden Kamine zurückzuführen. Die allgemeine Verschmutzung führte zu Trinkwasserverseuchung und Epidemien, hoher Kindersterblichkeit und Todesrate.
Unter *Bürgermeister Drummond* entschloß sich der Stadtrat 1767 zum Bau eines neuen Stadtteils jenseits des Nor' Loch. Für den besten architektonischen Lösungsvorschlag schrieb man einen Wettbewerb aus. Ihn gewann der junge Architekt *James Craig* mit dem Entwurf der großzügigen, klassizistisch-klaren Anlage der *New Town*. Craigs Plan umfaßt ein Rechteck aus drei parallel zueinander laufenden Straßen. Die mittlere Straße, *George Street,* begrenzt an ihren beiden Enden je einen Platz: *Charlotte Square* im Westen und *St. Andrews Square* im Osten – somit ein Äquivalent zur Royal Mile mit dem Castle und Holyrood Palace an ihren beiden Enden. Rechts und links parallel zur George Street laufen die *Princes Street,* im Süden zur Burg hin offen, und die *Queen Street,* die nach Norden über den Firth of Forth blickt. Senkrecht hierzu teilen kleinere Verbindungsstraßen das Gebiet in regelmäßige Rechtecke.
War das Stadtbild der Old Town bestimmt durch gewachsene, individualistische Vielgestalt und den Formenreichtum der einzelnen Häuser, so dominierten in der New Town nun Homogenität der Straßenzüge, harmonische Einheit, Klarheit von Form und Linie. *David Hume* (1711–1776), Historiker und Philosoph, schrieb 1771 an einen Freund: »Ich ersuche Sie eindringlich, an ein Niederlassen in London nicht zu denken, bevor Sie nicht unsere New Town gesehen haben, die alles übertrifft, was Sie je in irgendeinem Teil der Welt gesehen haben.«
Großartige Bereicherung und Erweiterung erfuhr Craigs Konzept durch Bauten von *Sir William Chambers* (Bank of Scotland am St. Andrews Square), durch Schottlands genialsten und größten Architekten *Robert Adam* (Charlotte Square, Register House, Old College, einzelne Häuser in der Queen und Castle Street) und im 19.Jh. durch *Robert Reid* und *William Playfair* (St. Stephens Church, National Gallery, Royal Academy, Calton Hill). Sie alle trugen dazu bei, im Zeitalter der Vernunft und Aufklärung ein ›Athen des Nordens‹ entstehen zu lassen.

Von etwa 1750–1830 erlebte Edinburgh eine Blütezeit kreativer Vitalität in Kunst und Wissenschaft, die die Stadt in eine Reihe mit Europas geistigen Zentren wie Paris oder Weimar stellt. Mit wachsendem Wohlstand, einer schwächer werdenden Position der Kirche und mit Ausbau und Verbesserung des Schul- und Universitätswesens waren die Voraussetzungen für den geistigen und kulturellen Aufschwung Schottlands und seiner Hauptstadt geschaffen. Die fruchtbare intellektuelle Atmosphäre Edinburghs zog bedeutende Männer aller Gebiete der Wissenschaften und Künste an. Große Philosophen wie *David Hume* und *Adam Smith,* der Vater der klassischen Nationalökonomie, lebten hier und prägten die geistige Szene. Herausragende Leistungen wurden in den *Naturwissenschaften* erreicht. Edinburgh erlangte in der *Medizin* eine Bedeutung, die der Leydens gleichkam. Der Ruf schottischer Ärzte wurde in der ganzen Welt berühmt; so waren die Leibärzte der russischen Zaren seit Peter dem Großen fast alle in Edinburgh ausgebildete Schotten.

Von ebenso epochaler Bedeutung waren die Ereignisse in *Kunst und Literatur*. Auf dem Gebiet der *Porträtkunst* erlangten *Allan Ramsay* und *Henry Raeburn,* der beinahe jede bedeutende Persönlichkeit der Edinburgher Gesellschaft kannte und porträtierte, Weltgeltung. *David Allan,* die *Brüder Nasmyth* und *David Wilkie* setzten die Reihe im frühen 19.Jh. fort. Neben *Robert Burns,* der dichterischen Zentralfigur Schottlands im 18.Jh., der Edinburgh 1786 und 1787 besuchte, sind als seine bedeutenden Vorgänger *Robert Fergusson* und *Allan Ramsay,* Dichter, Perückenmacher und Vater des Malers, zu nennen.

Ebenfalls Beispiel für die vielseitige, aufgeklärte Atmosphäre der Stadt ist *Sir Walter Scott*. Tagsüber praktizierender Jurist am Gericht, kehrte er abends in sein Haus (Castle Street Nr. 39) zurück und arbeitete an den ›Waverley‹-Romanen. Wie Scott war auch *Robert Louis Stevenson* Schriftsteller und Jurist in Edinburgh (Heriot Row Nr. 17). Zu seiner berühmten Erzählung von Dr. Jekyll und Mr. Hyde wurde er durch das Doppelleben des *Deacon William Brodie* inspiriert. Bei Tag ein angesehener, frommer Edinburgher Ratsherr, brach dieser des Nachts in fremde Häuser ein. 1788 wurde er entdeckt und gehängt – sein Bild hängt heute noch auf dem Schild des Pubs ›Deacon Brodie's Tavern‹ in der High Street.

Etwa ab 1830 ließ Edinburghs zentrale kulturelle Bedeutung nach. Die Literaten, Künstler, Philosophen und Wissenschaftler wanderten nach London ab. Das Goldene Zeitalter der Stadt fand sein Ende.

In Erinnerung an das große kulturelle Erbe der Stadt und mit dem Gedanken an die völkerverbindende, friedenstiftende Kraft der Kunst, wurde 1947 das *Edinburgher Festival* zum ersten Mal veranstaltet. Seither wird die Stadt alljährlich im Sommer für drei Wochen zum internationalen Mittelpunkt des kulturellen Lebens. Ihre theatralische Bühnenwirksamkeit und geistige Tradition sind Kulisse und Boden für eine Vielzahl von Höhepunkten in Theater, Musik und Kunst.

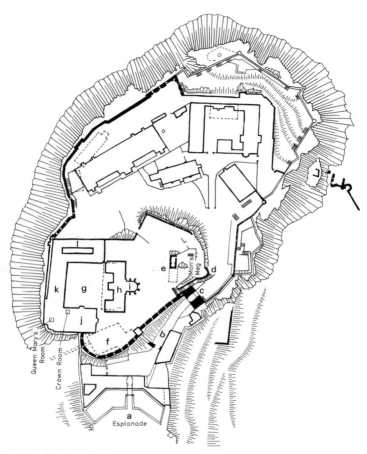

Edinburgh Castle: Grundriß
a Esplanade – b Portcullis Gate – c Argyll's Tower – d Grüne Mittagskanone – e St. Margaret's Chapel – f Halbmondbastion – g Crown Square – h Scottish War Memorial – i ›The Shrine‹ – j Old Palace – k Great Hall – l Heeres-, Marine- und Luftwaffenmuseum

I   Edinburgh Castle

Lage: Am westlichen Ende der Royal Mile. *Geöffnet:* Mai–Okt. 9.30–18 Uhr, So 11–18 Uhr, Nov.–Apr. 9.30–17.15 Uhr, So 12.30–14.30 Uhr.

Über die breite *Esplanade* (a), auf der man früher Hexen verbrannte und heute während des Festivals der großen ›Military Tattoo‹ aufgeführt wird, erreicht man durch das *Portcullis Gate* (b) und den *Argyll's Tower* (c) den inneren Bezirk. Der Turm, erbaut 1369 von *David II.*, diente als Gefängnis. Benannt wurde er nach dem *Herzog von Argyll,* der hier bis zu seiner Hinrichtung gefangengehalten wurde (1661).
Geradeaus, neben dem Tea Room, steht die *grüne Mittagskanone* (d). Mit ihr wird täglich (außer Sonntag, Weihnachten und Karfreitag) das Ein-Uhr-Signal gefeuert. Linker Hand führt eine Treppe auf den höchsten Punkt der Anlage.
Hier steht die *St. Margaret's Chapel* (e), *das älteste Gebäude der Burg* (1093). Die schlichte, einschiffige Kapelle, von Schottlands heiliger Königin gegründet, endet in einer runden Apsis. Sie ist – wenn auch fast völlig neu wieder aufgebaut und restauriert – das einzige erhaltene Beispiel *normannischer Architektur* in Edinburgh. Bis auf den typischen doppelten Zickzackfries und Rhombenmuster im Chorbogen, der in je zwei Rundsäulen endet, ist der weiß gekalkte kleine Raum einfach und schmucklos. Die Fenster (1921) zeigen Bilder von Schottlands Nationalheiligen: *St. Margaret, St. Andreas, St. Columba, St. Ninian,* und dem schottischen Nationalhelden des 14.Jh., *William Wallace.* Nahe bei der Kapelle liegt die *Halbmondbastion* (f), eine beeindruckende Verteidigungsanlage aus der Zeit Maria Stuarts.
Der quadratische *Crown Square* (g) wird an drei Seiten von Palastgebäuden aus dem 15. und 16.Jh. umgeben. Im Norden, anstelle der ehemaligen Schloßkirche, beschließt den Hof das *Scottish War Memorial* (h), 1927 von *Robert Lorimer* entworfen, in dem die Namen aller Schotten, die Opfer der zwei Weltkriege wurden, verewigt sind. Jenseits der *Ehrengalerie,* die sich links und rechts vom Eingang erstreckt, liegt ein kleiner, oktogonaler Raum, ›The Shrine‹ (i). Auf dem blanken Felsboden steht der *Stein der Erinnerung,* ein Block aus grünem italienischem Marmor mit dem Opferkreuz. Die sieben bunten Glasfenster (*Douglas Strachan*) zeigen Kriegsszenen, die Bronzereliefs darunter Darstellungen all derer, die im Kriege dienten: Männer, Frauen, Tiere – sogar Brieftauben. Die Ehrengalerie ist in Nischen unterteilt, die je einem der zwölf schottischen Regimenter gewidmet sind.
Auf der Ostseite des *Crown Square* steht der *Old Palace* (j), erbaut von *James IV.* Über eine Treppe gelangt man zum *Crown Room,* in dem die schottischen Kronjuwelen ausgestellt sind. Das Alter der Krone ist nicht genau zu bestimmen. 1540 wurde sie für *James V.* neu mit Gold, Perlen und Edelsteinen verziert. Zuletzt wurde die Krone bei der Krönung *Charles II.* in Scone, dem alten schottischen Krönungsort, am 1.1.1651 getragen. Das Zepter, ältestes Stück der Regalien, ist ein Ge-

›Great Hall‹

schenk des Papstes an *James IV.* Auf dem Knauf ist die Muttergottes mit den Heiligen Andreas und Jakobus dargestellt. Das Staatsschwert, ebenfalls päpstliches Geschenk aus dem Jahre 1507, ist ein Meisterstück italienischer Schmiedekunst.

An den Crown Room schließt sich ein *Marine-* und *Kavalleriemuseum* der *Royal Scots Greys* an.

Im südlichen Teil des Palastes liegen die Gemächer der Königin *Marie von Guise,* der Gemahlin *James V.* In einem kleinen, holzgetäfelten dunklen Raum im Parterre brachte ihre Tochter *Maria Stuart* 1566 ihren Sohn *James VI.* zur Welt. An der Decke dieses unköniglich-winzigen, aber dafür sicheren Zimmers sieht man unter dem Emblem der Krone die Initialen James VI. und seiner Mutter.

Die *Great Hall* (k) aus dem 15. und 16.Jh. (restauriert 1888) im Süden des Hofs ist ein beeindruckendes Beispiel einer *mittelalterlichen Bankett-halle.* Hier dinierte *Cromwell* im Oktober 1648, und hier fand 200 Jahre früher das berüchtigte ›schwarze Dinner‹ statt, ein Abendessen, zu dem der Regent für den jungen König *James II.,* der Lordkanzler *Crichton,* seinen Rivalen, den jungen *Earl of Douglas,* und dessen Bruder einlud. Crichton ließ das Haupt eines schwarzen Bullen servieren; nach dem Essen wurden der Earl und sein Bruder kurzerhand ermordet und damit die gefährlich werdende Macht des Douglas-Clans gebrochen.

In den anschließenden Gebäuden an der Westseite des Platzes sind die schottischen *Heeres-, Marine-* und *Luftwaffenmuseen* (l) untergebracht, mit zahlreichen Zeugnissen aus der schottischen Kriegsgeschichte.

2 Lawnmarket

Mit Gladstone's Land, James Court, Lady Stair's House

Gladstone's Land

Lage: Lawnmarket Nr. 483. *Geöffnet:* 10–17 Uhr, So 14–17 Uhr.

Das schmale, fünfstöckige Bürgerhaus, 1620 von dem Edinburgher Kaufmann *Thomas Gledstanes* erbaut, zeigt eine unverändert erhaltene Fassade. Die steinernen Arkaden, die im frühen 17.Jh. eine der damals üblichen Holzgalerien ersetzten, und die geschwungene Außentreppe, die in den ersten Stock führt, sind typische Merkmale schottischer Stadtarchitektur des 17.Jh.

1935 wurde das Haus vom *National Trust for Scotland,* in dessen Besitz es sich befindet, restauriert. Dabei entdeckte man unter den Tapeten und Gipsschichten prachtvolle originale *Holzbalkendecken,* bunt bemalt mit Vögeln, Blumen und verschlungenen Arabesken. Das erste Stockwerk wurde vom National Trust mit Möbeln aus der Zeit als *charakteristisches Heim der Old Town* eingerichtet.

James' Court   Nr. 2

Lage: Lawnmarket, wenige Meter hinter Gladstone's Land.

James' Court wurde berühmt durch seine Bewohner. *David Hume* besaß die Wohnung im 3. Stock an der Ostseite der Treppe. Nach ihm wohnte hier der Chronist und Dr. Johnson-Biograph *James Boswell*. Im Jahre 1773 hatte er seinen berühmten Freund *Dr. Samuel Johnson*, den führenden Literaten Englands im 18. Jh., bei sich zu Gast. Johnson zeigte sich kaum von Edinburghs Schönheit, um so mehr aber von den ›Gerüchen‹ der Stadt berührt, wie Boswell überliefert hat.

Lady Stair's House   Nr. 2

Lage: Lawnmarket. *Geöffnet:* Mo–Sa 10–17 Uhr, Juni–Sept. 10–18 Uhr.

Im 18. Jh. gehörte das Haus der verwitweten *Lady Stair,* einer führenden Dame der Edinburgher Gesellschaft, der *Sir Walter Scott* mit der Geschichte ›Der Spiegel meiner Tante Margaret‹ ein Denkmal setzte. Heute ist hier als Teil des Stadtmuseums ein *literarisches Museum* untergebracht mit Zeugnissen dreier schottischer Dichter: *Burns, Scott* und *Stevenson*. Zu besichtigen sind Originalhandschriften, Briefe, Erstausgaben und zeitgenössische Porträts und Photographien.

3   Grassmarket

Mit Magdalen Chapel, Kirk of the Greyfriars, George Heriot's Hospital

Der Grassmarket

Der lange schmale Platz unterhalb des Burgfelsens war nach 1660 für mehr als ein Jahrhundert der *öffentliche Richtplatz* der Stadt. Ein Kreuz an seiner Ostseite markiert die Stelle, wo einst die Galgen standen.
1736 fand hier der berühmte ›Porteous Aufstand‹ statt, der von *Scott* als eine der zentralen Episoden im Roman ›Das Herz von Midlothian‹ geschildert wird. *John Porteous,* Hauptmann der Stadtwache, hatte anläßlich der Hinrichtung eines Verbrechers in die aufgebrachte Volksmenge schießen lassen, wobei mehrere unschuldige Zuschauer getötet wurden. Daraufhin wurde er wegen Mordes verurteilt, jedoch von Königin *Caroline* begnadigt. Eine Gruppe darob empörter Bürger holte ihn unter Vermeidung jeglichen Aufruhrs aus dem Gefängnis ›Old Tolbooth‹ – im Volksmund ›Herz von Midlothian‹ genannt – und lynchte ihn auf dem Grassmarket. Mit welch starkem Gerechtigkeitsempfinden und militärischer Disziplin diese Operation ausgeführt wurde, zeigt sich auch darin, daß für das gestohlene Seil, mit dem man Porteous hängte, eine Guinea im Laden des Seilers zurückgelassen wurde.
Das *White Hart Inn* ist eines der ältesten Gasthäuser der Stadt. Es zählte schon *Robert Burns* und *William Wordsworth,* Dichter der englischen Romantik, Naturprophet und Verfechter des bäuerlichen Lebens, zu seinen Gästen.
Am Ostende des Platzes, versteckt in einem Rückgebäude, residiert der

Traverse Theatre Club, die Avantgarde des modernen schottischen Theaters und eine der bedeutensten Experimentierbühnen Großbritanniens.

Magdalen Chapel   Nr. 3

Lage: Cowgate. *Geöffnet:* Freitags 9–17 Uhr, sonst Schlüssel nebenan beim Pförtner.

Die kleine Kapelle, heute Hauskapelle der *Heriot-Watt-University,* und das dazugehörige St.-Magdalenenhospital wurden 1547 von der *Gilde der Hammerschmiede* gestiftet, einer der einflußreichsten Edinburgher Gilden, die alle Metallhandwerker außer den Goldschmieden umfaßte. Der Turm und der Giebel über dem alten Portal, der das Gildenzeichen trägt, sind späteren Datums; sie wurden erst im frühen 17. Jh. hinzugefügt. Nach der Reformation diente die Kapelle hauptsächlich als Treffpunkt für die Gilde.
Eine Längs- und eine Querseite sind mit dunklem Holz vertäfelt. Es sind drei übereinanderliegende, geschnitzte Arkadenreihen, in deren Bögenzwischenräumen die Namen von Spendern für die Armen gemalt sind, nebst Datum und Spendensumme.
Zentrale kunsthistorische Bedeutung erhält die Kapelle aber durch das mittlere bunte *Glasfenster,* das als einziges vor der Reformation entstandenes Glasfenster in Schottland erhalten blieb. Vier Medaillons zeigen in zarten, leuchtenden Farben die Wappen von Schottland, der Marie von Guise und der Gründer der Kapelle.

Kirk of the Greyfriars   Nr. 3

Lage: Greyfriars Place, am Südende der George IV. Bridge.

Die heutige Kirche steht auf dem Grund eines *Franziskanerklosters* aus dem 15. Jh. Die in den Jahren 1612–1614 entstandene Kirche wurde 1721 durch eine Mauer geteilt, an der Westseite wurden zwei Flügel angebaut. Bei der Restauration 1936 stellte man sie in ihrer ursprünglichen Form als eine Kirche wieder her.
Der Historiker *William Robertson* war hier Pfarrer, ehe er 1762 zum Prinzipal der Edinburgher Universität ernannt wurde. 1638 war die Greyfriars-Kirche Schauplatz der Unterzeichnung des ›National Convenant‹. Als König *Charles I.* versuchte, Schottland die Hierarchie und Liturgie der anglikanischen Kirche aufzuzwingen, formierten sich führende Männer des Adels, Bürgertums und der Geistlichkeit zum Aufstand. Mit der Unterschrift unter die ›Convenanter Resolution‹ erklärten sie sich bereit, den presbyterianischen Glauben und damit Freiheit und Unabhängigkeit der schottischen Kirche bis zum Äußersten zu verteidigen. Kriegerische Auseinandersetzungen mit England, blutige Schlachten, grausame Exzesse unter frommen Pretexten auf beiden Seiten waren die Folge. 1679 wurden 1400 gefangene Convenanter für fünf Monate im Friedhof der Kirche eingepfercht, obdachlos und schlecht ernährt. In der nordöstlichen Ecke des Friedhofs ist all denen, die für ihren Glauben starben, ein Denkmal gesetzt: das ›Martyr's Monument‹.
Von kunsthistorischem Interesse ist die große Anzahl prachtvoller *Grabdenkmäler.* Durch sie wird der Greyfriars-Friedhof zu einem *einzigartigen Zeugnis der Denkmalkunst des 17. und 18. Jh.* Unter würdigen

Greyfriars Friedhof

Monumenten liegen berühmte Edinburgher Persönlichkeiten begraben: Robert Adams Vater, der Architekt *William Adam;* der Dichter und Liedersammler *Allan Ramsay;* der Architekt der New Town *James Craig.*

Vor dem Eingang zum Friedhof, am Ende der Candlemaker Row, steht an einem kleinen gußeisernen Brunnen die *Statuette eines Terriers,* sentimentales Andenken an ›Greyfriars Bobby‹, einen treuen Hund, der bis zu seinem Tod 14 Jahre lang das Grab seines Herrn bewachte.

George Heriot's Hospital   Nr. 3

Lage: Hinter dem Greyfriars Friedhof.

Der Stifter des massiv-imposanten Baus, einer Tagesschule für Jungen, war *George Heriot,* Goldschmied und Juwelier *James' IV.,* der seinen Laden am Parliament Square hatte. Sein Vermögen war so groß, daß er einst lachend vor den Augen des Königs dessen Schuldschein über 2000 £ zerrissen haben soll. Mit 23 000 £ finanzierte er den Bau der Schule und einen Fundus für die Erziehung armer Edinburgher Waisenknaben. 1627 wurde mit dem Bau unter dem Architekten *William Wallace* begonnen. Nach seinem Tod 1631 führte *William Ayton* das Werk bis zur Fertigstellung im Jahre 1650 fort. Das Gebäude gilt als typisches Beispiel für den Übergang vom Stil des befestigten Kastells zu dem der Renaissance.

Der quadratische Baukörper umschließt einen Innenhof und verwirklicht somit als einer der ersten Bauten in Schottland das Renaissance-Ideal des Zentralbaus: die gleichmäßige Entwicklung von Hülle und Form vom Zentrum aus. Dieser Grundriß ist zwar auch bei früheren

Bauten zu finden – z.B. *Linlithgow Palace* (Nr. 13, S. 54) –, doch war dieser nicht ursprünglich als Zentralbau gedacht. Erst durch spätere Anbauten wurde dort das Konzept eines symmetrisch um einen Innenhof gelagerten Gebäudes erreicht.

Bei George Heriot's Hospital verbinden sich *gotisch-palladianische Mischformen* zu einem pittoresken Effekt. Deutliche Renaissance-Merkmale sind die symmetrische Anlage, die harmonisch-klare Gliederung der Fronten durch die Fenster, das Dekor der Fenstergiebel, von denen keiner dem anderen gleicht. Aus der Zeit der mittelalterlichen Wehranlagen sind die vier deutlich ausgeprägten Ecktürme und der Reichtum an kleinen Türmchen als Dachaufbauten erhalten. Dies verleiht dem Bau eine Art Befestigungscharakter.

Die Kombination verschiedener Elemente dieser beiden Baustilepochen ist kennzeichnendes Merkmal vieler schottischer Schlösser dieser Bauperiode und später eine Quelle von Inspirationen für den Neo-Baronialstil des 19Jh.

4 George Square

Mit Royal Scottish Museum und Old College

George Square

Der Entwurf zu dieser großzügigen, vornehmen Anlage war 1766 der erste Schritt zur Bewältigung der Wohnungsnot in der Altstadt. Mit dem George Square schuf sein Architekt *James Brown* ein frühes Beispiel klassizistischer Stadtarchitektur, bei dem die Wirkung der einzelnen Häuser vor dem Gesamteindruck des Platzes zurücktritt. Benannt wurde der George Square, der ein neues Zentrum der illustren Edinburgher Gesellschaft werden sollte, übrigens nicht nach dem regierenden Monarchen, sondern nach dem Bruder des Architekten, *George Brown*.

Vornehmlich Advokaten hatten hier ihre Wohnungen. In den Salons konzentrierte sich die intellektuelle Elite der Stadt. *Sir Walter Scott's* Eltern zogen mit ihrem einjährigen Sohn 1772 in das Haus Nr.25. In den 60er Jahren unseres Jahrhunderts mußte die Südfront des Platzes modernen Universitätsgebäuden weichen, wodurch viel von der ursprünglichen Atmosphäre und Eleganz zerstört wurde.

Royal Scottish Museum   Nr.4

Lage: Chambers Street. *Geöffnet:* Mo–Sa 10–17 Uhr, So 14–17 Uhr.

Versteckt hinter einer Fassade im ›Venezianischen Stil‹, ist der Bau, 1866 von *Captain Fowke* entworfen, eine der schönsten und bedeutendsten *Gußeisenkonstruktionen* Schottlands. Palmen und Brunnen in der weiträumig, hoch und licht konzipierten Eingangshalle vermitteln eine fast südliche Atmosphäre.

Das Museum enthält die größten naturwissenschaftlichen, technischen und kunstgewerblichen Sammlungen Schottlands aus den Bereichen schottischer Archäologie, Geologie und Kulturgeschichte.

Old College   Nr. 4

Lage: South Bridge, Ecke Chambers Street.

Das alte Universitätsgebäude wurde 1789 von *Robert Adam* entworfen und um 1834 von *William Playfair* fertiggestellt. Adams originaler Entwurf stellte eine kompakte symmetrische Anlage dar, die zwei Innenhöfe umschloß. Der Eingang führte durch einen Portikus von klassischer Schlichtheit und Größe in das Atrium (Vorhof), das durch Säulengänge mit dem großen Hof verbunden war. In Playfairs Bearbeitung wurde das Atrium gestrichen. Durch den Verlust dieses Vorhofs ging viel von der Eleganz und Genialität des ursprünglichen Plans verloren. Die Kuppel, ein Entwurf von *Rowand Anderson*, wurde 1887 aufgesetzt. Auf ihr steht eine allegorische Figur der Jugend.

5   St. Giles Cathedral

Lage: High Street.

Geschichte: St. Giles, der Namenspatron der ›High Kirk of Scotland‹, weist ebenfalls auf die enge Verbindung Schottlands mit Frankreich hin; denn er ist der *hl. Ägidius, St. Gilles-du-Gar,* Eremit in der Provence im 8. Jh., der das nach ihm benannte Benediktinerkloster gründete. Als einer der 14 Nothelfer ist er zuständig bei Epilepsie und Unfruchtbarkeit und außerdem Schutzheiliger der stillenden Mütter.
Der gotische Bau steht auf dem Grund von zwei früheren Kirchen. Die erste, aus dem 9. Jh., wurde 1120 durch eine normannische Kirche ersetzt, die 1385 *Richard II.* von England zerstörte. Von ihr sind noch die vier oktogonalen zentralen Stützpfeiler erhalten, die den Turm der Kirche tragen. 1387 begann man mit dem Bau der jetzigen Kirche; vollendet wurde er im 15. Jh. 1460 entstand der Lichtgaden, das Dach wurde aufgesetzt und die Kirche noch einmal nach Osten hin erweitert. Der berühmte spätgotische ›crown steeple‹, der kronenförmige Kirchturm, war 1495 vollendet. Aus der großen Stadtkirche wurde 1495 eine *Stiftskirche.* Mit öffentlichen Steuer- und Strafgeldern wurde die Ausstattung mit kostbaren Schreinen, Nischen und Statuen finanziert. Der merkwürdige, beinahe quadratische Grundriß von St. Giles ist auf diesen allmählichen Anbau zahlreicher kleinerer Nebenkapellen zurückzuführen.
Korruption und Glaubensmißbrauch waren im 16. Jh. Anlaß für die weitausgreifende Bewegung der Reformation, deren schottischer Führer *John Knox* viele berühmt gewordene flammende Predigten in der Kirche hielt. Der Sieg der Protestanten änderte das Aussehen der Kirche. Die 44 Altäre wurden entfernt, die Statue des *hl. Ägidius* in den Nor' Loch geworfen. *John Knox,* 1559–1572 ›minister‹ (= Hauptgeistlicher) der Kirche, verlegte die zentrale Bedeutung von Altar und Abendmahlstisch auf die Kanzel. *James VI.* führte Bischöfe in die presbyterianische schottische Kirche ein. St. Giles wurde *Episkopatskirche.* Als *Charles I.* mit dem Versuch, die anglikanische Kirchenreform auf die schottische Kirche zu übertragen, scheiterte, wurde nach der ›Glorious Revolution‹ von 1688 das Episkopat wieder abgeschafft. Während des Bürgerkriegs im 17. Jh. wurde die Kathedrale zuerst in zwei, dann in vier und zuletzt in drei separate Kirchen aufgeteilt, der Kirchturm sogar als Gefängnis benutzt.

Die Fassade

Unglückliche Restaurierungen im 19. Jh. haben dem gotischen Bau viel von seiner einstigen Schönheit genommen. Besonders die Fassade litt darunter. Einzig der gedrungene Turm, auf dem sich acht Strebepfeiler leicht und fast schwerelos zu einer prachtvollen *steinernen Krone* formen, ist in originalem Zustand erhalten. Der goldene *Wetterhahn,* der seit dem 17. Jh. die Krone schmückt, wurde im Februar 1980 abgenom-

St. Giles Cathedral

men; denn im Dezember 1979 hatte während eines starken Sturms Einsturzgefahr für den Turm bestanden. Die Krone wurde sofort restauriert (Kosten ca. £ 250 000) und der Hahn neu vergoldet. Im Sommer 1981 brachte man ihn wieder auf seinen alten Platz.

Der Innenraum

Vom *Hauptportal* im Westen überblickt man den Innenraum in seiner ganzen Weite. Hauptschiff und Chor sind von gleicher Länge (fünf

Joche) und werden durch ein kurzes Querschiff geteilt. Auffallend sind in der Mitte der Kirche die vier massiven normannischen Säulen, die Träger des Turms, an denen viele *Standarten der schottischen Regimenter* aufgehängt sind.

Links vom Eingang befindet sich der *Albany-Aisle,* ein Seitenflügel, den 1409 der *Duke of Albany* als Buße für die Ermordung seines Neffen stiftete. Heute dient er als Gedenkstätte für die gefallenen schottischen Soldaten des 1. Weltkriegs. Bemerkenswert sind auch die meisterhaften *Glasfenster* der Präraffaeliten *Burne-Jones* und *William Morris.*

Anschließend an den Albany-Aisle erinnert in der *Eloi's Chapel* neben dem Nordportal ein monumentales *Marmorgrabmal* an den 1661 enthaupteten Convenanter-Führer, den *Marquess of Argyll.*

Im Chor sind besonders das *Fächergewölbe* und die mit kunstvollen Kapitellen geschmückten Säulen (1460) beachtenswert, die die *Wappen* von *James II.* und der *Marie von Geldern* tragen sowie die französischen Lilien als Zeichen der ›Auld Alliance‹, der alten schottisch-französischen Verbundenheit.

In der südöstlichen Ecke steht die kleine *Thistle Chapel,* die ›Distelkapelle‹, Hauskapelle des ältesten schottischen Ordens. Gegründet wurde der ›Most Ancient and Most Noble Order of the Thistle‹, der außer dem regierenden Monarchen nie mehr als 16 Mitglieder hat, 1470 von *James III.* An den Säulen vor der Kapelle sind die Standarten der ›Knights of the Thistle‹ zu sehen. Der reich geschmückte Raum beeindruckt durch die Fülle preziöser Details, wie der mit komplizierten Ornamenten verzierte Baldachin, die Schnitzereien der eichenen Chorstühle, die heraldischen Embleme und natürlich überall das Signet des Ordens, die schottische Distel.

Westlich der Kapelle, im *Preston-Aisle,* befindet sich der für die königliche Familie reservierte Kirchenstuhl. Der Seitenflügel wurde zu Ehren von *Sir William Preston* erbaut, der 1453 der Kirche eine heilige Reliquie, den Armknochen von St. Giles, stiftete.

Anschließend, in der südwestlichen Ecke, im *Chepman-Aisle,* liegt unter einem ebenso prächtigen *Grabmal* wie dem seines Widersachers Argyll der *Marquess of Montrose* begraben. Er war einer der romantischsten und konträrsten Charaktere des Bürgerkriegs. Zuerst mit ganzer Seele Convenanter, trat er später auf die Seite des Königs und kämpfte gegen die einstigen Verbündeten, bis er von Argyll gefangengenommen und dem Henker übergeben wurde.

Vorbei an der *Orgel* und dem *Grabmal* für den *Regenten Moray* (1864), überquert man das südliche Querschiff und blickt von hier aus auf die leuchtend-blauen Farben des großen *Nordfensters* von *Douglas Strachan.* An *Robert Louis Stevenson* erinnert eine *Bronzetafel* an der Westwand. Der Dichter starb 1894 an Tuberkulose auf Samoa, fern von seiner Heimatstadt Edinburgh, deren Klima er als ›meteorologisches Fegefeuer‹ beschrieb.

John Knox House

Parliament Square Nr. 5

Hinter der Kirche markiert ein schlichter Stein mit den Initialen ›J.K.‹ und der Jahreszahl 1572 das Grab von *John Knox*. Man vermutet jedoch, daß der große Reformator eher unter der *Reiterstatue Charles' II.* begraben liegt, die 1685 errichtet wurde. Das steinerne Herz im Pflaster vor der *Statue des Duke of Buccleuch* (spr.: Baklu) ist der Standort des alten Gefängnisses, des ›Heart of Midlothian‹. Einem alten Edinburgher Brauch zufolge, hat derjenige Glück, der, vor der Umrandung stehend, mitten in das Herz hinein zu spucken vermag.

Parliament House Nr. 5

Das in den Jahren 1632–1639 errichtete Gebäude war bis 1707 Sitz des schottischen Parlaments. Heute beherbergt es den *schottischen Gerichtshof*. Sehenswert sind vor allem die neugotische Stichbalkendecke der großen Halle und einige Raeburn-Porträts.

John Knox House Nr. 5

Lage: High Street. *Geöffnet:* Mo–Fr 10–17 Uhr.

Ob der große Reformator wirklich bis zu seinem Tod 1572 in diesem Haus an der High Street gelebt hat, ist umstritten. Sicher ist aber das Gebäude eines der wenigen original erhaltenen Häuser des 16.Jh., mit umlaufenden Holzgalerien, einer Außentreppe und überhängenden Stockwerken. An den Wänden der Innenräume sind im Verputz *Austernschalen* eingelassen. Als billigstes Material dienten sie seinerzeit zur Festigung des Putzes. Gleichzeitig wurden ihnen magische Kräfte zur Abwehr böser Geister zugeschrieben.
In Vitrinen sind Faksimile der berühmten Schriften von John Knox ausgestellt, sein Hauptwerk ›History of Religion within the Realme of Scotland‹, und das berühmte Pamphlet gegen das ›monströse Regiment der Weiber‹. Briefe und zeitgenössische Stiche erläutern die Geschichte und den Hintergrund der Reformation.

Canongate Tolbooth

6 Canongate Tolbooth · Huntly House · White Horse Close

Lage: Canongate, Royal Mile. *Geöffnet:* Mo–Sa 10–17 Uhr.

Das charakteristische Haus mit dem vorspringenden Türmchen und der großen Uhr (1591) war *Gefängnis* und *Rathaus* der Gemeinde von Canongate. Heute ist es, wie auch das gegenüberliegende *Huntly House* (1570), Teil des Stadtmuseums; beide illustrieren das Edinburgher Leben durch die Jahrhunderte.
Neben dem Tolbooth ist der *Friedhof* der Canongate Kirk (Kirk = Kirche) von Interesse. Hier liegen *Adam Smith,* der Edinburgher Dichter *Robert Fergusson* (1750–1774), und ›Clarinda‹, *Robert Burns'* romantische Liebe, begraben.
Der *White Horse Close* vermittelt ein typisches Bild der Stadtarchitektur des 17. Jh. Hier befand sich früher ein Gasthof mit Ställen, die für ca. 100 Pferde Platz boten. Die Postkutschen nach Newcastle und London fuhren von diesem Close ab.

7 Holyrood Palace

Lage: Am unteren Ende der Royal Mile. *Geöffnet:* Mai–Okt. 9.30–18 Uhr, So 11–18 Uhr, Nov.–Apr. 9.30–17.15 Uhr, So 12.30–16.30 Uhr. Während der Besuche der kgl. Familie geschlossen.

Geschichte: 1128 gründete *David I.* die *Augustinerabtei* von Holyrood. Das dazugehörige Gästehaus wurde von *James IV.* und seinem Sohn *James V.* im frühen 16. Jh. zu einem königlichen Palast ausgebaut. Von diesem ursprünglichen Gebäude ist noch der 1529–1532 unter *James V.* erbaute *Nordwest-Turm* erhalten. In diesem Turm befinden sich die *Gemächer Maria Stuarts,* in denen sich am 9. März 1566 der brutale Mord an ihrem Sekretär und Vertrauten, dem Piemonteser *David Rizzio,* ereignete. Marias

Gemahl *Lord Darnley* drang mit einer Gruppe von Anhängern in die Privatgemächer der Königin ein. Seine Leute ergriffen Rizzio und erstachen ihn vor den Augen der Königin. An der Leiche wurden später über 50 Messerstiche gezählt.
Nachdem Marias Sohn *James VI.* 1603 den Hof nach London verlegt hatte, wurde Holyrood in den beiden folgenden Jahrhunderten nur noch selten als königliches Quartier benutzt. Als *Cromwells* Soldaten 1650 einquartiert waren, geriet das Schloß durch Unachtsamkeit in Brand. *Charles II.* begann 1671 mit durchgreifenden Umbauten und Renovierungen. Er beauftragte den Architekten *Sir William Bruce*, der mit dem Umbau (1671–1679) das erste große Beispiel palladianischer Architektur (*Andrea Palladio* 1518–1580) in Schottland schuf. Ausgeführt wurden die Arbeiten nach den Plänen von Bruce unter dem königlichen Baumeister *Robert Mylne*.

Das Äußere

Der alte *Nordwestturm* wurde, von einigen Änderungen der Fassade abgesehen, beibehalten. Am Südende wurde ein zweiter Turm hinzugefügt und beide durch einen niederen Mitteltrakt mit aufgesetzter Balustrade verbunden. Das zentrale *Eingangsportal* betonen wuchtige, dorische Doppelsäulen auf beiden Seiten und das große *Wappen* der schottischen Könige in der Mitte, über dem sich eine kleine Kuppel mit Königskrone erhebt. Durch das Portal gelangt man in einen Innenhof reinsten palladianischen Stils. Rundum laufen Arkaden, die Fassaden des quadratischen Platzes werden durch dorische, ionische und korinthische Pilaster dreigeteilt.

Holyrood Palace

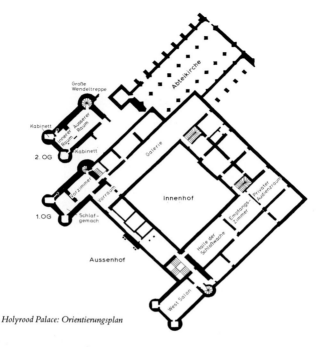

Holyrood Palace: Orientierungsplan

Die Innenräume

Die für *Charles II.* entworfenen *Staatsgemächer,* die heute die Königin bewohnt, wenn sie sich in Edinburgh aufhält, wurden von holländischen Künstlern eingerichtet. Der Holzschnitzer *Jan Vansantvoort* schuf die reichen Schnitzereien an Türrahmen und Kamineinfassungen, der Maler *de Wet* entwarf die Deckengemälde und königlichen Wappen. Die üppigen Stuckverzierungen stammen von den beiden englischen Stukkateuren *Houlbert* und *Dunserfield*. Besonders hervorzuheben sind die feingearbeiteten Tapisserien aus dem späten 16. und 17. Jh.; sie stammen aus flämischen und Pariser Manufakturen.

Dem Maler *Jakob de Wet* begegnet man wieder in der *Gemäldegalerie*. Zwei Jahre lang malte er im Auftrag *Charles II.* die lange Ahnenreihe der Stewarts – 111 Porträts! Das erste stellt als Begründer der Dynastie im Jahre 330 (!) den Stammherrn *Fergus* dar. Als Vorlage gab man de Wet nur einige alte Porträts, die wohl als Inspirationsquelle nicht ausreichten – de Wet soll sich zwei Modelle von der Straße geholt haben, die er in 111 Stewart-Variationen porträtierte. In dieser Gemäldegalerie heiratete *Maria Stuart* 1567 ihren dritten Gemahl, den *Earl of Bothwell.* 1745 gab *Prince Charles Edward Stuart* hier einen rauschenden

Ball – ein letztes, glänzendes Fest vor seiner fatalen Niederlage bei *Culloden* (beschrieben in *Scotts* Roman ›Waverley‹).
Die historischen Gemächer (im Turm des 16.Jh.) *Lord Darnleys* und *Maria Stuarts* sind nicht mehr original erhalten, sondern im Stil *Charles II.* ausgestattet und mit Marmorkaminen aus holländischen Kacheln und holzvertäfelten Wänden versehen. Nur die eichenen Kassettendecken im Audienzzimmer und Schlafgemach der Königin, die in kleinen Medaillons die Initialen ihrer Eltern tragen, sowie der umlaufende Fries im Renaissancestil, der die ›Heimkehr‹ *James VI.* nach Schottland (1607) symbolisiert, stammen aus jener Zeit.
An der nördlichen Seite befindet sich eine kleine *Wendeltreppe*, über die einst Rizzios Mörder in das Gemach der Königin eingedrungen sein sollen. Der angrenzende kleine Raum war der Historie nach der Schauplatz des Mordes. Eine kleine, im Boden eingelassene *Messingplatte* markiert den Ort. Zu *Theodor Fontanes* Zeiten war der Hinweis auf die Bluttat weniger dezent; ein gemalter braungrauer Fleck bezeichnete deutlich sichtbar Rizzios Todesstelle. Als Fontane 1857 den Palast besichtigte, zeigte er sich hiervon nicht sonderlich berührt: »Das Grauen ist vorbei, wenn man uns das Blut tischbreit auf die Diele malt.«

Holyrood Abbey Nr. 7

Von der 1128 von *David I.* gegründeten Abteikirche ist lediglich das zerstörte Kirchenschiff erhalten. Eine Reihe schottischer Könige wurde in dieser Kirche getauft, getraut und begraben – die berühmteste Hochzeit fand 1565 statt, als *Maria Stuart*, ganz in Schwarz gekleidet, *Lord Darnley* heiratete.
Von englischen Truppen wurde die Kirche im 16.Jh. schwer beschädigt, jedoch wieder aufgebaut. Den endgültigen Verfall bewirkte der Zusammenbruch des Dachs (1768), der auf zu große Belastung durch 10 Jahre vorher ausgeführte Rekonstruktionen zurückgeführt wird.
Von *König Davids* Bau ist lediglich noch ein normannischer Bogen erhalten, das meiste der Ruinen datiert aus dem frühen 13.Jh. In der Kirche liegen *David II., James II.* und seine Gemahlin, *James V.* und *Lord Darnley* begraben.

8 Calton Hill

Zugang: Treppen von Waterloo Place / Regent Road.

Das Besteigen von Edinburghs ›Akropolis‹ lohnt sich mehr des Ausblicks wegen als der dort befindlichen Gebäude. Es sind zum größten Teil Kopien Athener Bauten, die Ruhm und Anspruch der Stadt als ›Athen des Nordens‹ demonstrieren sollen. Sie sind Ausdruck einer Leidenschaft für das Griechisch-Klassische, die Edinburghs Architektur in der 1.Hälfte des 19.Jh. kennzeichnete, bevor die Neogotik dominierte.
Als Kopie des *Lysikrates-Denkmals* zeigt sich ein Monument für den schottischen Philosophen *Dugald Stewart* (1753–1829), 1831 von *W.H.*

Playfair errichtet. Der unvollendete Parthenon von 12 Säulen war 1822 von *W.H. Playfair*, ›Schottlands Schinkel‹ (Sager), begonnen worden. Als großes nationales Monument sollte er an die schottischen Gefallenen der Napoleonischen Kriege erinnern. Doch als 1830 die finanziellen Mittel ausgingen, stellte man den Bau ein. Ebenfalls im Athener Stil erscheinen die städtischen *Observatorien* von *Robert Adam* (1774) und *William Playfair* (1818). *Thomas Hamilton* baute an die Südseite des Hügels eine Nachempfindung des *Theseus-Tempels*: die *Royal High School* (1825–1829). Diese klassische Kontinuität durchbricht als einziger Bau das *Nelson Monument*, das in Form eines Teleskops errichtet wurde.

9 Scottish National Portrait Gallery · Museum of Antiquities

Lage: Ostende der Queen Street. *Geöffnet:* Mo–Sa 10–17 Uhr, So 14–17 Uhr (während des Festivals bis 18 Uhr).

Als ›Spiegel der Geschichte einer Nation‹ offeriert die National Portrait Gallery einen historischen Überblick anhand von Porträts geschichtlich bedeutender Schotten. In der Eingangshalle illustrieren die Gemälde die Entwicklung der nationalen schottischen *Highland-Tracht* vom 17.–19.Jh. Die Bilder hängen in chronologischer Ordnung: Beginnend mit der Reformation und ihren Folgen im Parterre (beachtenswert insbesondere Werke von *Lely, Dobson* und *Mytens*), wird die Sammlung im 1.Stock mit dem 18.–20.Jh. fortgesetzt. Bedeutende Werke von *Kneller, Aikman, Reynolds, Ramsay, Gainsborough, Wilkie, Raeburn* und *Kokoschka* sind hier vertreten. Beachtung verdient auch *Epsteins* Bronzebüste von *R.B. Cunninghame Graham*.

Im *National Museum of Antiquities* konzentrieren sich die bedeutendsten und schönsten Zeugnisse der schottischen Geschichte. Die Ausstellungsstücke reichen von prähistorischen Funden über historisch wichtige Gegenstände zu Materialien aus dem täglichen Leben und dokumentieren damit vielfältige Aspekte von Leben und Geschichte Schottlands.

10 National Gallery

Lage: Princes Street / The Mound. *Geöffnet:* Mo–Sa 10–17 Uhr, So 14–17 Uhr (länger während des Festivals).

Die National Gallery und die davor liegende Royal Scottish Academy wurden als *neoklassische Tempel* von *W.H. Playfair* erbaut. In den Jahren 1823–1836 entstand die Royal Scottish Academy als dorischer Tempel; die National Gallery wurde mit ionischen Vorhallen und Pilastern von 1850–1859 erbaut. Sie besitzt eine relativ kleine, jedoch herausragende *Sammlung europäischer Malerei des 15.–19.Jh.* sowie eine gesondert in sechs Räumen untergebrachte *Sammlung schottischer Malerei*. Für kurze und schnelle Information empfiehlt sich der Kauf des ›Guide to the Gallery‹ (£ 1), in dem die Maler alphabetisch aufgeführt sind, die schottischen Künstler in einer eigenen Abteilung.

Erdgeschoß
Saal 13: Künstler des 17.Jh. in Rom – Adam Elsheimer, Claude Lorraine (›Landschaft mit Apollo und den Musen‹). *Saal 12:* Flämische Malerei des 17.Jh.: P.P. Rubens (›Die Anbetung der Hirten‹), A. Van Dyck (›St. Sebastian‹), Vermeer. *Saal 11:* Niederländische, französische und deutsche Malerei 1500–1530 – Holbein, Cranach, Clouet, David. *Saal 10:* Italienische Malerei 1550–1650 – Tintoretto, J. Bassano (›Anbetung der Könige‹). Spanische Malerei des 17.Jh. – El Greco (›Fábula‹, ›Der Erlöser der Welt‹, ›Der hl. Hieronymus‹), Velasquez (›Zurbaran‹). *Saal 9:* Der ›Dreifaltigkeitsaltar‹ von Hugo van der Goes. Der Altar stammt aus der *Holy Trinity Church*, die 1462 von Marie von Geldern, der Witwe James II., nahe des heutigen Bahnhofs gegründet wurde. 1848 wurde die Kirche abgerissen. Das Mittelstück des Altars wurde wahrscheinlich in der Reformation zerstört, erhalten blieben nur die beiden Seitenflügel. Sie zeigen James III., seine Gemahlin Margarete von Dänemark, James IV. und Sir Edward Boncle, den ersten ›minister‹ der Kirche. *Saal 8:* Venezianische Maler der Renaissance – Lotto, Tizian (›Diana und Actaeon‹, ›Diana und Calisto‹, ›Venus Anadyomene‹, ›Die drei Lebensalter des Menschen‹), Cimo. *Saal 7:* Italienische Malerei 1350–1530 – Filippino Lippi (›Die Geburt Christi‹), Raffael (›Hl. Familie mit Palme‹), Andrea del Sarto.

Neuer Flügel; Räume 1–6
Eine Treppe führt hinunter in den Neuen Flügel (eröffnet 1978), in dem in den Räumen 1–6 die ständige Ausstellung *schottischer Gemälde* untergebracht ist. In der *Prints and Drawings Gallery* werden ca. alle 2 Monate wechselnde Ausstellungen aus dem ca. 20000 Exponate umfassenden Archiv der National Gallery gezeigt. Alljährlich im Januar ist hier die 38 Blätter umfassende Sammlung von Aquarellen *J.M.W. Turners* zu besichtigen, die wegen ihrer starken Lichtempfindlichkeit nur im Winter ausgestellt werden können.
Besondere Beachtung in der schottischen Sammlung verdienen folgende Maler und ihre Werke: *Allan Ramsay* (verschiedene Porträts, darunter ›Jean Jacques Rousseau‹ und die ›Frau des Malers‹; s. Abb. S. 20), *David Wilkie* (›Selbstporträt‹, ›Die irische Whisky-Brennerei‹, ›Pitlessie Jahrmarkt‹), *Henry Raeburn* (verschiedene Porträts, darunter ›Sir John Sinclair‹, ›Rev. Robert Walker‹, ›Selbstporträt‹, ›Colonel Macdonell of Glengarry‹; s. Abb. S. 151), *Alexander Nasmyth* (›Edinburgh Castle‹), *Noel Paton* (›Oberon und Titania‹, ›Luther in Erfurt‹), *Horatio McCulloch* (›Inverlochy Castle‹), *Andrew Geddes* (›Sommer‹, ›Mutter des Malers‹), *James Guthrie* (›Oban‹), *William McTaggart* (›Frühling‹, ›Der Sturm‹).

Der 1. Stock
Raum 19: Englische Malerei des 19.Jh. – J.M.W. Turner, John Constable (›Das Tal von Dedham‹). *Raum 20 und 21:* Französische Malerei des 19.Jh. – Camille Corot (›Mutter des Malers‹, ›Waldrand‹, ›Landschaft mit Schloß‹), Gustave Courbet, Eugène Delacroix (›Schachspieler‹). *Raum 22:* Französische Impressionisten – Claude Monet (›Heuschober‹), L.E. Boudin, Auguste Renoir (›Mutter und Kind‹), C. Pissaro, Alfred Sisley, Edgar Degas (›Diego Martinelli‹, ›Studie eines Mädchenkopfs‹). *Raum 23:* Impressionisten und Post-Impressionisten – Paul Gauguin (›Landschaft auf Martinique‹), Vincent van Gogh (›Olivenbäume‹, ›Holländische Bäuerin‹), Pierre Bonnard.
Skulpturen: Rodin (›Die junge Mutter‹), Degas (›Die Badewanne‹, ›Große Arabesque‹).

Erdgeschoß: 2. Hälfte
Raum 18: Französische und englische Malerei des 18.Jh. – Chardin, Watteau, Thomas Gainsborough (›Porträt der Mrs. Graham‹), Joshua Reynolds. *Raum 17:* Venezianische Malerei des 18.Jh. – Maler im Rom des 18.Jh. – G. Tiepolo (›Moses‹), Bellotto, Guardi, Pittoni, Goya. *Raum 16:* Holländische Malerei des 17.Jh. – Rembrandt (›Frau im Bett‹, ›Selbstporträt‹), Frans Hals (›Verdonck‹), Ruisdael. *Raum 15:* Nicolas Poussin (›Die sieben Sakramente‹).
Die ›Reserve-Sammlung‹ der National Gallery ist im 1. Stock in *Raum 14* untergebracht.

I I   Charlotte Square

Der Platz, benannt nach *Königin Charlotte,* der Gemahlin *Georges III.,* wurde 1791 von *Robert Adam* entworfen, jedoch erst nach seinem Tod (1792) vollendet. Der quadratische, großzügige Platz wird zu den *schönsten Plätzen Europas* gezählt; seine Nordseite gilt als Adams Meisterwerk in Eleganz und Ausgewogenheit der Proportionen. Diese Nordfront ist die einzige Seite, deren Fertigstellung Robert Adam noch erlebte. Sie ist zu Recht berühmt als *Gipfel der klassizistischen Stadtarchitektur.*
Jede Seite des Charlotte Square ist eine geschlossene Komposition; Reihenhäuser sind zu einer palastartigen Frontfassade zusammengefaßt. Schlichte Pilaster, unten meist rundbogige, in den oberen Stockwerken rechteckige Fenster, Mittelrisalite und Giebel ergeben einen vollendeten Zusammenklang zurückhaltender, graziöser und verfeinerter Vornehmheit. Diesen Eindruck durchbricht lediglich *Robert Reids* West Register House (früher *St. George Kirche*) in der Mitte der Westseite. Der Bau mit seinen wuchtigen Säulen und der Kuppel wirkt gegenüber der Eleganz des Platzes zu schwer, beinahe pompös.

Charlotte Square

Georgian House Nr. 11

Lage: Charlotte Square Nr. 7. *Geöffnet:* 15. Apr.–15. Okt. Mo–Sa 10–17 Uhr, So 14–17 Uhr. 15. Okt.–Jan. Sa 10–16.30 Uhr, So 14–16.30 Uhr.

Die 3 Häuser *Nr. 5–7* kamen 1966 in den Besitz des *National Trust for Scotland*. Nr. 5 ist der Hauptsitz des Trusts; die unteren Stockwerke von Nr. 7 wurden als *typisches Heim einer wohlhabenden Familie der georgianischen Zeit* (ca. 1790–1810) eingerichtet. Als repräsentatives Haus der New Town im späten 18./frühen 19. Jh. bildet das Georgian House das Gegenstück zu Gladstone's Land (Nr. 2) in der Old Town, das das mittelalterliche Edinburgh vergegenwärtigt. Beide Häuser ergeben zusammen ein geschlossenes Bild des bürgerlichen Edinburgher Lebens durch die Jahrhunderte.

12 Royal Botanic Garden · National Gallery of Modern Art

Lage: 4 km nördl. der Princes Street, Eingang Inverleith Row (Busse Nr. 8, 9, 19, 23, 27). *Geöffnet:* Tgl. 9 (So 11) Uhr bis zur Dämmerung. *Gallery of Modern Art:* Mo–Sa 10–18 Uhr, So 14–18 Uhr.

Der 1670 am Ort des heutigen Bahnhofs gegründete Botanische Garten wurde 1823 an seinen jetzigen Standort verlegt. Besonderes Interesse verdienen der Felsengarten, die Palmenhäuser und eine ständige Ausstellung über Gartenbau und Botanik.
Mitten im Botanischen Garten, in einem kleinen Herrenhaus des 18. Jh. (Inverleith House), ist die *National Gallery of Modern Art* untergebracht. Das kleine Museum, 1960 eröffnet, beherbergt bis zur Eröffnung eines neuen, größeren Museums (voraussichtlich 1982) Teile des reichhaltigen Bestands der National Gallery an *Kunst des 20. Jh.* Ausgestellt sind Werke der bedeutendsten Künstler unseres Jahrhunderts: Gemälde, Collagen, Skulpturen u. a. von Derain, Picasso, Ernst, Redpath, Magritte, Hodler, Calder, Giacometti, Hepworth, Moore, Pollock, Beuys, Paolozzi, Ian Hamilton Finlay, LeWitt und Hockney. Einige der Skulpturen sind in unmittelbarer Nähe des Hauses im Garten aufgestellt.

E. DIE KUNSTDENKMÄLER IM SÜDOSTEN

Den Südosten Schottlands bilden zwei Teile: *Lothian* zwischen dem Firth of Forth im Norden und den Pentland-, Moorfoot- und Lammermuir-Hills im Süden, und die *Borders,* das Grenzland, südlich der Hügel bis zum oberen Tweed.

Dieses Gebiet war von der Römerzeit bis Mitte des 17.Jh. Schauplatz ständiger Auseinandersetzungen mit England und örtlicher Konflikte. Die Grenze zu England war instabil; Städte und Burgen wechselten von einer Hand in die andere. Auf dieser Bühne des Krieges folgten den schottischen Unabhängigkeitskriegen gegen England die Machtkämpfe der rivalisierenden Aristokratie im 14. und 15.Jh., die Unruhen der Reformation, die Verwüstungen der Feldzüge des englischen *Earl of Hertford* (1544–1547) und *Cromwells* (1650). Bestes Beispiel für die potenzierte Zerstörung sind heute noch die Ruinen der vier großen Abteien des Grenzlands (*Dryburgh, Jedburgh, Kelso* und *Melrose*), einst Zeichen großer kultureller Blüte der christlichen Kultur im 12.Jh. Auch die Tatsache, daß sich das *Tower-House* als vornehmlich defensive Bauform bis ins 17.Jh. hielt, zeigt deutlich die Unsicherheit der Zeiten und Notwendigkeit einer verteidigungsfähigen Architektur.

Touristisch wurden die gesamten *Lowlands* erst viel später erschlossen als die bereits seit der Romantik vielbesuchten *Highlands.* Auch heute noch sind der Südosten und -westen Schottlands Stiefkinder des Fremdenverkehrs – sehr zu Unrecht; denn wenn auch diesem Gebiet die wilde, romantisch-spektakuläre Naturschönheit fehlt, so bietet doch gerade der Südosten einen *Reichtum an Kunstdenkmälern,* der in dieser Dichte in Schottland sonst kaum zu finden ist.

Schließlich ist vor allem der Name *Sir Walter Scotts* mit dieser Region verbunden; der Südosten Schottlands ist ›Scott's-Land‹. Edinburgh war sein Geburtsort, der Ort seiner juristischen Karriere, aber zu Hause war Scott in den *Borders* und ihren vielen historischen, romantischen und poetischen Legenden und Balladen, die er in seiner Jugend sammelte und schriftlich festhielt. Ruhm und Bedeutung Scotts lassen sich nicht nur aus der literarischen Qualität seiner Gedichte und Romane erklären. Scott war vor allem der große *Apostel des schottischen Nationalbewußtseins,* der in den historischen Romanen das Bild einer noblen schottischen Vergangenheit zeichnete und wie kein anderer den schottischen Charakter darzustellen wußte. So gab er einem Volk, das sich unter der englischen Vorherrschaft in einer ständigen Identitätskrise befand, das Bewußtsein nationaler Eigenständigkeit wieder. Popularität und Wirkung Scotts blieben jedoch nicht auf Schottland beschränkt. Die natursuchende, romantische, Mystizismus und Heldenverklärung zugeneigte Zeit schien auf seine Romane nur gewartet zu haben. In ganz Europa fanden sie begeisterte Aufnahme, wurden gelesen, geliebt, nachgeahmt und auch in Opern verarbeitet – die berühmteste ist *Donizettis* ›Lucia von Lammermoor‹. Doch Scott machte nicht nur Kilt und Tartan, sondern auch das schottische Idiom wieder salonfähig. Hatten Männer wie *David Hume* noch ängstlich jegliche ›Scottizismen‹ in ihrer Sprache vermieden, sich allein auf das Englische beschränkt und das Schottische als peinlich und ungebildet empfunden, so machte Sir Walter unbekümmert davon Gebrauch. Mit diesem Bemühen um die *Erhaltung der Sprache* setzte er entscheidende Akzente in der *Bewahrung nationaler Kultur und Identität*.

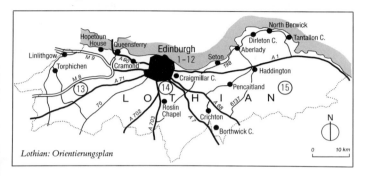

Lothian: Orientierungsplan

13   Westlothian

Lauriston Castle Nr. 13

Lage: Westl. von Edinburgh am Firth of Forth, Queensferry Road. *Geöffnet:* Apr.–Okt. 11–13 Uhr, 14–17 Uhr (außer Fr). Nov.–März Sa u. So 14–16 Uhr.

Das Schlößchen liegt versteckt in einem Rhododendron-Park direkt über dem *Firth of Forth*. In den zum größten Teil aus dem 19.Jh. stammenden Bau ist das alte *Tower-House* von ca. 1590 mit einbegriffen. Es wurde von *Sir Archibald Napier* erbaut, dem Vater des Erfinders der Logarithmen. Der Architekt *William Burn* erweiterte den Turm 1827 zu einem eleganten Gebäude im jakobäischen Stil.

Die Ausstattung der Innenräume verdankt Lauriston seinem letzten Besitzer, *William Reid,* Inhaber der Edinburgher Schreinerfirma Morrison und großer Kunstliebhaber, der in den Jahren nach der Jahrhundertwende das kleine Schloß einrichtete. Die Möbel sind hauptsächlich englisch, spätes 18.Jh. – teils originale Stücke, teils Reproduktionen der Fa. Morrison. Hervorzuheben ist die Kollektion von ›Blue-John‹-Objekten, einem im 18. und 19.Jh. in Derbyshire gebrochenen, porösen Flußspat, aus dem damals vor allem Vasen, Kerzenleuchter und Urnen hergestellt wurden. Die Reidsche Sammlung umfaßt ca. 100 dieser kunstvoll gearbeiteten Kostbarkeiten.

Cramond Village   Nr. 13

Das Dörfchen Cramond, heute hauptsächlich Wohnvorort von Edinburgh, ist durch Ausgrabungen als *Römerlager* bewiesen und somit älter als die Hauptstadt selbst. Reste des *Römerforts,* erbaut unter *Kaiser Antoninus Pius* um 142 n. Chr., sind hinter der Kirche zu sehen. Geht man von hier die alte Dorfstraße hinunter in Richtung Meer, so stößt man neben dem Parkplatz von *Cramond Inn,* dem alten Gasthof, auf ein *römisches Badehaus.* Da jedoch bisher das Geld fehlte, diesen Fund geschützt auszustellen, wurde nach der Freilegung aus Konservierungsgründen alles wieder zugeschüttet. Ein Schaukasten mit Photos macht deutlich, was sich unter dem Schutthaufen befindet. Das Cramond Inn und die gegenüberliegenden weißgekalkten Häuschen sind die einzigen Zeugnisse des alten Dorfs (18. Jh.). Der Großteil wurde im frühen 19. Jh. im Auftrag von *Lady Torphichen,* der Herrin von Cramond House, niedergerissen und anstelle der Häuser Bäume gepflanzt.

Dalmeny House   Nr. 13

Lage: A 90 Richtung Queensferry, vor Dalmeny rechts abbiegen. *Geöffnet:* s. S. 238 (AM).

Der große Bau, im historischen Stil der *Tudor-Gotik* 1815 in traumhafter Lage am Meer errichtet, ist weniger wegen seiner Architektur, sondern vor allem wegen der *erlesenen Kunstsammlungen* von Interesse. Durch die Heirat des *5. Earl of Roseberry* mit der Erbin des Barons *Meyer de Rothschild* (1878) kam die Familie Roseberry in den Besitz einer Reihe prachtvoller *französischer Möbel.* Die meisten datieren aus den Perioden Louis XV und Louis XVI, darunter Arbeiten der berühmtesten Ebenisten der Zeit: *Oeben, Lacroix, Cramer, Boudin, Petit, van Riesenburgh, Riesener* und *Roentgen.* Der Schreibtisch für den Dauphin im Drawing Room wird *Jean-François Oeben* zugeschrieben.

Ebenfalls aus der Rothschild-Sammlung stammen die *Porzellanservice* aus den Manufakturen von Sèvres und Vincennes sowie eine Serie *Beauvais-Gobelins* nach Entwürfen von *François Boucher* (1750). Vier bestickte Seidenvorhänge (im Boudoir) sollen aus der Hand *Marie Antoinettes* und ihrer Hofdamen stammen.

Das *Napoleon-Zimmer* mit Porträts und Stücken aus dem persönlichen Besitz des Kaisers geht auf den 5. Earl of Roseberry zurück, den englischen Premierminister nach Gladstone (1894), der als *Napoleon-Spezialist* diese Sammlung zusammengetragen hat.

Neben einigen guten *Porträts,* hauptsächlich von britischen Malern (u. a. *Reynolds, Gainsborough, Raeburn, Nasmyth*), ist als besondere Rarität eine Gruppe von *Tapisserien* in der Halle zu beachten. Sie wurden nach Entwürfen von *Goya* 1800 in der Teppichmanufaktur von Santa Barbara gewebt und sind die einzigen Goya-Tapisserien außerhalb Spaniens (es existieren nur drei Serien, von denen eine im Prado hängt). Die Dalmeny-Goyas stellen *Kinderszenen* dar.

Dalmeny Church Nr. 13

Lage: Auf der A 90 von Edinburgh vor Queensferry rechts abbiegen.

Die Kirche ist ein *Kleinod normannischer Architektur* und berühmt als die am *besten erhaltene Kirche Schottlands* aus jener Epoche. Ihre Entstehung wird auf Mitte des 12. Jh. datiert.

Am dekorativsten ist das *Südportal,* das durch einen Mauervorsprung aus der Seitenfront hervortritt. Die Verzierungen sind für eine schottische Kirche äußerst reich. Zwei Rundbögen spannen sich über den Eingang, der innere enthält einen Reliefbogen mit *Tierkreiszeichen* und einem *Agnus Dei.* Im äußeren Bogen wechseln Reliefs mit grotesken Masken ab. Rechts und links der Bögen sind zwei kleine Figuren aus dem Stein gemeißelt, die Schwert, Schild und Speer tragen. Zusätzliche Betonung erhält das Portal durch eine Reihe ineinander verschlungener Blendarkaden über den Bögen.

Das Innere

An das rechteckige Kirchenschiff schließt ein schmaler, tiefer Chor an, dessen Apsis sich nochmals verengt und vertieft. Den Übergang vom Hauptschiff zu Chor und Apsis akzentuieren breite normannische Bögen, die in ausgezackte Säulenkapitelle münden. Das ursprüngliche Gewölbe des Hauptschiffs wurde 1766 beim Bau eines neuen Daches zerstört, erhalten blieben jedoch die *Kreuzgewölbe* über Chor und Ap-

Dalmeny Church

sis. Das Profil der Rippen ist rollenförmig, mit Zickzackleisten auf beiden Seiten. Die Rippen münden in Kragsteine mit Ungeheuern und bizarren Köpfen, z.B. an der Südseite des Chors der *Kopf eines Bären mit Maulkorb*.

Hopetoun House   Nr. 13

Lage: An der B924, westlich von Süd-Queensferry. *Geöffnet:* Ostern und Mai–Sept. 11–17.30 Uhr.

Das riesige, weitausladende Schloß, manchmal etwas übertrieben das ›schottische Versailles‹ genannt, ist seit Generationen Sitz der *Marquis von Queensferry*. In seiner Entstehungsgeschichte sind drei Bauphasen zu unterscheiden. Die erste beginnt 1699 mit dem Architekten *Sir William Bruce,* der auch Holyrood Palace (Nr. 7) umgebaut hatte. Unter Bruce entstand der quadratische Mitteltrakt, der nur noch an der Westseite seinen originalen Eindruck vermittelt. Dieser Bau war 1703 fertiggestellt. 1721 übernahm *William Adam,* ein Schüler von Bruce, den Auftrag des Earl of Hopetoun zu großzügigen Erweiterungen. Adam änderte die Ostfront zur Hauptfront, ließ sie in Kolonnaden ausschweifen und schloß an deren Enden zwei gewaltige Seitentrakte an. Die Kolonnaden sind der Schwachpunkt der Komposition; sie vermitteln zwar den Eindruck extensiver Weite, aber keine einheitliche Geschlossenheit der Gesamtfront. Es fehlt die harmonische Verbindung von Haupt- und Seitenbauten. Bruce' bescheidenen Eingang – dreibögige Arkaden, deren mittlerer Bogen das Portal bildet – änderte Adam in gigantische Größe. Er schuf eine komplizierte Frontfassade. Korinthische Pilaster gliedern zwei Stockwerke, darüber befindet sich ein Attikageschoß mit aufgesetzter Balustrade. 1748 führten William Adams Söhne *John* und *Robert* den Bau weiter. Ihr Werk ist hauptsächlich die klassische Eleganz der Seitenpavillons sowie die Inneneinrichtung des Schlosses.

Hopetoun House: Grundriß

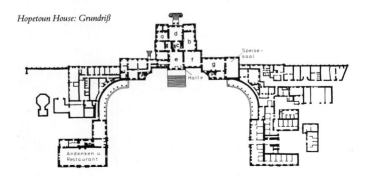

Hopetoun House

Entwurf von William Adam

Die Räume
Die alten Räume in Bruce' Haupttrakt blieben unverändert, so das eichengetäfelte *Antichambre* (a) mit den gemalten Trompe L'œil-Ornamenten (Norie), der *West Wainscot Room* (b) mit Gobelins und Holzvertäfelung und das oktogonale *Treppenhaus* (c). Dessen Wandmalereien wurden erst 1967 zum Gedenken an die verstorbene Frau von Lord Linlithgow angefertigt. Der *Garden-Room* (d) im Parterre war die ursprüngliche *Eingangshalle* des Bruce-Baus. Die eichenvertäfelten Wände mit Pilastern und vergoldeten Kapitellen sind noch in originalem Zustand.
Die Brüder Adam richteten die *Neuen Räume* ein, die Pracht- und Prunkzimmer des Schlosses. Noch ist hier das Interieur nicht von der gleichen vollendeten Eleganz und Leichtigkeit, wie sie *Robert Adam* später in den graziösen ›Fin-de-siècle‹-Dekorationen von Culzean (Nr. 26, S. 97) und Mellerstain (Nr. 16, S. 67) erreichte.
Der gelbe Salon (*Yellow Drawing Room;* f): Über der unteren weißen

Täfelung sind die Wände bis zur Decke mit gelbem Seidendamast bespannt. Mit dem gleichen Stoff sind auch die Sofas und Sessel überzogen. Von der weißen Decke hebt sich eine goldene Rokokostuckierung ab; weiße Türrahmen und ein weißer Marmorkamin sind gegen das Gelb gesetzt.

Der rote Salon (Red Drawing Room; g): Auch hier damastbespannte Wände, reiche Deckenstuckierung und ein großer weißer Marmorkamin, von Karyatiden flankiert, des holländischen Künstlers *Rysbrack.* Die Möbel und Spiegel für diesen wie auch den gelben Salon wurden für Robert Adam von dem Chippendale-Konkurrenten *James Cullen* gefertigt.

Hervorzuheben ist auch die *Gemäldesammlung* des Schlosses: Sie enthält u.a. Bilder aus der *Rubens-Schule* sowie von *Van Dyck, Canaletto* und *Tizian.*

The Binns   Nr. 13

Lage: A904, ca. 6 km östlich von Linlithgow. *Geöffnet:* Mai–Sept. (außer Fr) 14–17.30 Uhr.

Geschichte: Seit 350 Jahren wird das Herrenhaus The Binns kontinuierlich von der Familie der *Dalyells* bewohnt. Seit einigen Jahren ist es im Besitz des *National Trust for Scotland.* Die Dalyells haben jedoch Wohnrecht und Anspruch auf etwaige ›verborgene Schätze‹. Der Edinburgher Kaufmann *Thomas Dalyell* errichtete das symmetrische, dreistöckige Haus in den Jahren 1621–1630. Berühmtestes Mitglied der Familie wurde sein Sohn, *General Tam Delyell* (1599–1685). Diese außergewöhnliche, dynamische Persönlichkeit kämpfte im Bürgerkrieg als loyaler Königstreuer gegen die Convenanter. Als *Charles II.* ins Exil ging, verließ auch Dalyell Schottland, begab sich in die Dienste des russischen Zaren und reformierte dessen Armee. 1666, nach seiner Rückkehr aus Rußland, gründete er 3 Dragonerregimenter und kämpfte wieder gegen die Convenanter. Aus Rußland brachte er, der ›Bluidie Muscovite‹, die bisher noch unbekannten Daumenschrauben nach Schottland mit.

Der Charakter des 17.Jh. ist noch in den frühesten Räumen im Osten des Hauses erhalten. Bemerkenswert sind vor allem die Stuckdecken der *High Hall* (Mitte 1. Stock) und des *Königszimmers;* sie zählen zu den besterhaltenen Decken Schottlands aus dieser Zeit. Die Stukkatur der High Hall ist massiv, fast pompös; die schweren geometrischen Muster treffen sich in der Mitte in einem zentralen, herabhängenden Zapfen (1630). Im *King's Room* ist die Decke mit dem Unionsmotiv dekoriert; englische Rosen und schottische Disteln wechseln einander ab, Blätterbänder unterteilen die Decke.

Tam Dalyell baute um 1680 *Laigh Hall* und zwei *Ostzimmer* an, in denen vor allem die großen *Steinkamine* mit originellen Skulpturen hervorzuheben sind.

Blackness Castle　　　　　　　　　　　　　　　　　　　　　　　　　Nr. 13

Lage: B 903, 6 km nordöstlich von Linlithgow. *Geöffnet:* s. S. 238 (AM).

Die Burg, deren älteste Teile aus dem 15. Jh. stammen, ist in Form eines Schiffes über den Firth of Forth gebaut. Bug und Heck bilden die beiden Endtürme, das Mittelschiff der älteste Turm (15. Jh.). Im Nordturm befinden sich zwei Gewölbekammern und eine Schießplattform; im Südturm sind über der Tür Teile der originalen Brüstung erhalten. Die Geschichte der Burg ist abwechslungsreich: Zu Zeiten der Convenanter wurde sie als Staatsgefängnis benutzt, ab 1870 als Waffenmagazin und in unseren Tagen vorübergehend als Jugendherberge.

Kinneil House　　　　　　　　　　　　　　　　　　　　　　　　　　Nr. 13

Lage: A 904, 6 km nordwestlich von Linlithgow. *Geöffnet:* Mo–Sa 9.30–19 Uhr, So 14–19 Uhr.

Geschichte: Das Haus besteht aus zwei ursprünglich separaten Gebäuden, einem befestigten Turmhaus und einem Seitentrakt, die im 16. Jh. von *James Hamilton, Earl of Arran,* gebaut wurden. Im 17. Jh. fügte der *1. Duke of Hamilton* vierstöckige Seitenpavillons an das Turmhaus und änderte die Fassade dem Stil der Zeit gemäß um. Im Lauf der Zeit verfiel das Haus, so daß man sich 1936 zum Abbruch entschloß. Dabei wurden jedoch unter der Wandvertäfelung in zwei Räumen *Fresken* aus dem 16. und 17. Jh. entdeckt, die die Restaurierung des Hauses bewirkten.

Neben diesen Fresken tragen auch zwei Personen zur Anziehungskraft von Kinneil House bei: *Lady Hamilton,* die Frau des 1. Duke, die sich ihrer unglücklichen Ehe wegen aus dem Fenster stürzte und heute noch als ›Dame in Weiß‹ durch das Haus geistern soll, sowie *James Watt,* der in einem kleinen Schuppen im Garten die entscheidende Verbesserung für die Dampfmaschine fand.

Die Räume
Das Lauben-Zimmer (Arbour Room): In dem gewölbten Raum befinden sich Fresken aus zwei Perioden. Die älteren stammen aus der Mitte des 16. Jh. Verschlungene Äste, Zweige und Spruchbänder ranken sich an der Wand empor; in den freien Zwischenräumen sitzen kleine Tiere, Vögel und Blüten. Vier Medaillons zeigen biblische Szenen: ›Samson und Delila‹ an der Südwand, ›Die Versuchung des hl. Antonius‹ an der Westwand, ›Das Opfer des Isaak‹ an der Nordwand westlich des Fensters, ›David und Bathseba‹ östlich davon. Zwei Medaillons mit den Wappen der Hamiltons schmücken die Decke. Die gemalten Imitationen der unteren Wandvertäfelung und die Deckenstuckierung entstanden im 17. Jh.

Das Parabel-Zimmer: Als Entstehungszeit der Fresken wird die 2. Hälfte des 16. Jh. angenommen. In schwarzer Temperamalerei wird die Parabel vom barmherzigen Samariter illustriert. Vier Bänder mit Blumen, Blättern und Arabesken teilen die Wände in horizontale Linien.

Im Erdgeschoß des Hauses sind alte *Grabsteine* aus der zerstörten Pfarr-

Brunnen im Hof von Linlithgow Palace

kirche aufgestellt sowie ein *Steinkreuz*, das auf Grund seiner Einzigartigkeit nicht genau datierbar ist.

Linlithgow Palace   Nr. 13

Lage: Linlithgow, M 9 oder B 904. *Geöffnet:* s. S. 238 (AM).

Die imponierenden Ruinen des Palastes von Linlithgow liegen mitten in der Stadt über dem *Loch Linlithgow*. Der Königspalast wurde 1425 von *James I.* begonnen und 200 Jahre später unter *James IV.* fertiggestellt. Der kompakte, einfache Grundriß – vier von Ecktürmen begrenzte Flügel um einen quadratischen Innenhof – läßt diese lange Bauzeit nicht vermuten. Sie wird nur ersichtlich durch die Uneinheitlichkeit der Struktur und Ornamente.
James V. und auch seine Tochter *Maria Stuart* wurden in diesem Schloß geboren. Als man dem König, der in Falkland Palace auf dem Sterbebett lag, die Nachricht von der Geburt einer Tochter brachte, sah er das

Reich der Stuarts schwinden: »Es kam mit einem Mädchen, und es wird gehen mit einem Mädchen.« Dann starb der König, und seine kleine Tochter wurde sofort zur Königin proklamiert. Nachdem *James VI.* nach London gezogen war, verwaiste der königliche Palast. Kurze Zeit residierte der *Herzog von Cumberland* darin (1746); beim Abzug setzten ihn seine Soldaten in Brand.

Von außen bietet der Palast den Eindruck blockartiger Kompaktheit, die durch die kleinen Fenster und die Ecktürme nicht gemildert wird. Im Zentrum des *Innenhofs* steht wie ein großer Hochzeitskuchen der *oktogonale Brunnen* (1530), der in der Art von klösterlichen Lavatorien errichtet ist. Seine Architektur ist spätgotisch, die Skulpturen und Ornamente gehören jedoch bereits ganz dem Stil der Renaissance. Die große Halle von *Lyon Chalmer* (spätes 15.Jh.) läßt noch etwas von einstiger Pracht und Größe ahnen: Sie mißt 10 × 33 m, der Kamin nimmt fast die ganze Querfront ein. Ihr gegenüber im Westflügel befanden sich die königlichen Räume, die damals holzvertäfelt und mit Tapisserien geschmückt waren und eine Balkendecke trugen. Die fünf schmalen, schlanken Fenster der *Schloßkapelle* im Südflügel erinnern an den englischen Perpendikularstil, die englische Spätgotik.

St. Michael's Parish Church Nr. 13

Lage: Neben Linlithgow Palace. *Geöffnet:* 10–12 und 14–16 Uhr (außer Do), So 10–12 Uhr.

Die jetzige Kirche wurde 1429 nach dem Brand der früheren Kirche gebaut. Schiff und Chor bilden eine lange Halle ohne Quer- und Seitenschiffe. An ihrer Stelle sind zwei ursprünglich separate Kapellen an die Kirche angefügt. Als das *schönste spätgotische Fenster Schottlands* gilt das der Südkapelle: Sein reiches Maßwerk ist in Schottland eine Seltenheit.

Torpichen Preceptory Nr. 13

Lage: B 792, 8 km südwestlich von Linlithgow. *Geöffnet:* s. S. 238 (AM).

Torpichen war die einzige schottische Niederlassung des Johanniterordens. *David I.* gründete die Kirche 1153. Heute sind nur noch die Querschiffe, Vierung und ein kleiner Teil der Nordwand des Hauptschiffs erhalten. Im 14. und 15.Jh. erfuhr die Kirche Veränderungen und Umbauten; aus dem 13.Jh. stammt jedoch noch das *Lanzettfenster* in der Ostwand des südlichen Querschiffs. In einem kleinen Nebenraum erläutern Photos und Dokumente die Geschichte des Ordens.

Cairnpapple Hill Nr. 13

Lage: B 792, 5 km nördlich von Bathgate. *Geöffnet:* Apr.–Sept. 9.30–19 Uhr, So 14–19 Uhr, im Winter geschlossen.

Auf dem Hügel wurden *Kultstätten* und *Grabkammern* aus fünf verschiedenen Perioden freigelegt. Die älteste ist ein kleiner Friedhof mit Feuerbestattungen aus dem *Neolithikum* (ca. 2200 v.Chr.). In der *frühen Bronzezeit* (ca. 1800 v.Chr.) entstanden hier ein *monumentaler Steinkreis* und *kleine Grabkammern*. Um 1500 v.Chr. wurde der Steinkreis zerstört, die Steine zum Bau von neuen Grabkammern verwendet. Um etwa 1000 v.Chr. wurde die Anlage noch einmal bedeutend erweitert. Aus dieser Zeit sind heute noch vier Gräber erhalten.

14 Midlothian

Roslin Chapel Nr. 14

Lage: A 703, 12 km südlich von Edinburgh. *Geöffnet:* Ostern bis Ende Okt. 10–13 Uhr und 14–17 Uhr (außer So).

Die Kapelle von Roslin ist einzigartig nicht nur in Schottland, sondern in ganz Britannien: Keine andere Kirche entfaltet einen ähnlichen Reichtum in der Verzierung und ornamentalen Pracht. 1446 wurde sie von *William Sinclair, dem 3. Earl of Orkney,* gestiftet. Als er 1484 starb, blieb sie unvollendet. Ursprünglich als große, kreuzförmige Kirche geplant, besteht sie nun lediglich aus dem Chor mit fünf Jochen, Seitenschiffen, Chorumgang und kleiner Kapelle im Osten.
Das Tonnengewölbe des Chors ist durch Querrippen geteilt, die Decke eines jeden Jochs mit anderen Blumenornamenten verziert. Auf den Gewölberippen der Seitenschiffe erzählen kunstvolle *Reliefs* biblische Geschichten: Es werden die 7 Laster und Kardinaltugenden allegorisch dargestellt, daneben ein Totentanz, groteske Figuren und Tiere, exotische Pflanzen, Heilige und musizierende Engel, von denen einer den Dudelsack spielt. Jedes der *Säulenkapitelle* und *-konsolen* ist mit verschiedenen Mustern und Motiven dekoriert; blühende, überbordende Ornamentik beherrscht jede Fläche. Die relativ schlichte architektonische Struktur wird verhüllt von der Überfülle der Verzierung. Die Ornamente sind größtenteils spätgotisches Blätter- und Bänderwerk, überwältigend weniger im Detail als in Dichte und Reichtum der Skulptur. Die Verzierung kulminiert in der berühmtesten Säule der Kapelle: dem ›Prentice Pillar‹. Der Legende nach soll sie ein Lehrling während der Abwesenheit seines Meisters geschaffen haben. Als dieser zurückkam und das vollendete Kunstwerk sah, erschlug er den Lehrling aus Eifersucht. (Die gegenüberstehende Säule soll die des Meisters sein – sie ist schlichter als der ›Prentice Pillar‹ und konventioneller im Dekor.) Um den Fuß des ›Prentice Pillar‹ schlingen sich geflügelte Drachen, aus deren aufgerissenen Mäulern komplizierte Ranken und Blumen wachsen, die sich nach oben um die Säule winden.

Borthwick Castle Nr. 14

Lage: A 7, südlich von Edinburgh, bei Gorebridge. Die Burg ist heute ein *Hotel* und kann als solches (nach Voranmeldung) benützt oder nach vorheriger telephonischer Anmeldung besichtigt werden. Tel. Gorebridge 2 05 14.

Das mächtige *Tower-House* (um 1430) bietet auch heute unverändert den Eindruck ebenso passiver wie massiver Stärke und Dauerhaftigkeit. *Maria Stuart* und *Bothwell* hatten hier kurz nach ihrer Hochzeit einen dramatischen Aufenthalt. Die Burg wurde von ihren Feinden umzingelt, knapp konnten Maria, als Page verkleidet, und Bothwell entfliehen.
Der hervorragend erhaltene, E-förmige Wohnturm aus grauen Quadersteinen ist 24 m hoch. Die maximale Stärke der Mauern beträgt 4,3 m – an einigen Stellen sind darin kleine Räume und Treppen eingebaut.

Roslin Chapel: ›Prentice Pillar‹

Crichton Castle Nr. 14

Lage: B 6367, 11 km südöstlich von Dalkeith. *Geöffnet:* s. S. 238 (AM; freitags geschlossen).

Den Hof von Crichton Castle umgeben Gebäude aus dem späten 14.Jh. bis zum späten 16.Jh. Ein ehemals wehrhaftes *Tower-House* wurde zu einem eleganten Herrenhaus mit stilistischem Einschlag der italienischen Renaissance. Als frühester Teil ist der Hauptturm in der Mitte der Ostfront erhalten. Im 15.Jh. bildeten drei Seitenflügel den Hof. 1585 gab der 5. *Earl of Bothwell,* der Neffe von Maria Stuarts 3. Gemahl, dem Haus seinen kennzeichnenden architektonischen Charakter. Bothwell brachte von einer Italienreise die Eindrücke der Renaissance mit nach Hause und gestaltete Crichton als elegantes Herrenhaus mit einem halbrunden, durch Kragsteine gestützten Balkon und dekorativen Rautenmustern als Mauerwerksverzierung. Dies ergibt einen ungewöhnlichen Kontrast zur grimmigen Trutzburg, deren Kennzeichen von der Renaissancefassade mit ihren prachtvollen Diamantfacetten nicht vollkommen übertönt werden.

Drochil Castle Nr. 14

Lage: B 7507, bei Linton. *Geöffnet:* Nach Voranmeldung. Tel. Aberlady 201.

Drochil Castle, 1570–1581 erbaut, ist ein Musterbeispiel für die Übergangsphase vom Mittelalter zur Renaissance, vom befestigten Wehrturm zum komfortablen Herrenhaus. Es wurde nie vollendet; der Regent *Morton* begann den Bau, und als er 1581 exekutiert wurde, hörten die Arbeiten abrupt auf. Der Grundriß ist Z-förmig, ein quadratischer Mitteltrakt mit zwei Rundtürmen an den diagonalen Enden. In jedem Stockwerk befindet sich ein zentraler Korridor, von dem aus die einzelnen Räume erreicht werden – verglichen mit anderen Burgen der Zeit ein bereits sehr ›modernerǀ Bauplan.
Die *Kirche* von Linton besitzt als einzige Kirche Schottlands noch ein originales *Tympanon aus dem 12. Jh.*

15 Ostlothian

Craigmillar Castle Nr. 15

Lage: A 68, 4 km südöstl. von Edinburgh. *Geöffnet:* s. S. 238 (AM).

Die Burg entstand im 14.Jh. als typisches *Tower-House* mit L-förmigem Grundriß. 1427 wurde zur besseren Verteidigung ein Schutzwall mit runden Ecktürmen um die Burg gezogen. Nach Brand und Zerstörung (1547) wurde sie wiederaufgebaut und um ein dreistöckiges Gebäude im Osten des Hofs erweitert. Im 17.Jh. ersetzte man die beiden Hallen des alten Turms aus dem 15.Jh. durch bequemere kleinere Wohnräume. Der große Kamin in der Halle blieb erhalten. Sehenswert sind ferner die Küche und der Kerker, in dem man im letzten Jahrhundert noch ein Skelett entdeckte.

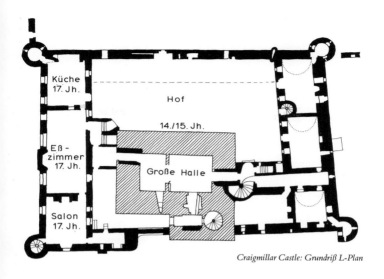

Craigmillar Castle: Grundriß L-Plan

Craigmillar war einer der Lieblingssitze *Maria Stuarts*. Hierher zog sie sich nach dem Mord an Rizzio zurück, hier soll auch der Mord an ihrem Mann Lord Darnley geplant worden sein. Ob Maria davon gewußt hat, ist nicht sicher zu belegen; die Briefe, die dies beweisen sollten, stellten sich später als Fälschungen heraus.

Die Stiftskirche von Seton Nr. 15

Lage: A 198, ca. 20 km östlich von Edinburgh. *Geöffnet:* s. S. 238 (AM).

Die kleine Kirche von Seton ist auf Grund ihrer langen Bauzeit ein typisches Beispiel einer schottischen *Stiftskirche:* An dem unvollendet gebliebenen Bau wurde von ca. 1470 bis ins späte 16. Jh. gebaut. Der Grundriß war kreuzförmig geplant, doch wurde der Bau nach der Fertigstellung von dreiseitiger Apsis, Chor mit Sakristei, Querschiffen und Vierung unterbrochen. Die Turmspitze blieb unvollendet, das Hauptschiff wurde nie gebaut. Vergleicht man die beiden Querschiffe von außen, so kann man an der unterschiedlichen Höhe des Dachs und den verschiedenen Fenstern zwei Bauperioden ablesen.

Rechts vom Eingang steht das *Weihwasserbecken,* das von drei romanischen Köpfen getragen wird. In der Höhe befindet sich der ausdrucksvollste *Kragstein* der Kirche, ein grotesk verzerrter Kopf. Typisch für schottische spätmittelalterliche Kirchenarchitektur ist das steile Tonnengewölbe von Chor und Apsis. Die Rippen, die von verzierten

Kragsteinen ausgehen – einige in Form von grotesken Köpfen – besitzen eine rein dekorative Funktion; denn das Tonnengewölbe trägt sich selbst. Auf Grund dieser Gewölbekonstruktion war die Höhe der Fenster beschränkt. Um nach Einbrechen der Fenster die Stabilität zu halten, wurden zusätzliche Stützpfeiler außen zwischen die Fenster gesetzt.

Neben der Kirche befindet sich das von *Robert Adam* erbaute *Seton House* (1789–1791), eine durch die alternierend eckigen und runden Türme lebhafte Komposition, jedoch in gewohnter Adamscher Harmonie und Symmetrie. Es ist Privatbesitz und daher nicht zu besichtigen.

Winton House Nr. 15

Lage: An der B6355, am Ortsende von Pencaitland links abbiegen. *Geöffnet:* Nur nach Voranmeldung. Tel. Pencaitland 340. 222.

1620 wurde der Architekt *William Wallace* mit Umbau und Erweiterung des Herrenhauses von Winton beauftragt. Es entstand ein Bau, der trotz einiger unglücklicher Veränderungen noch immer zu den *schönsten anglo-schottischen Herrenhäusern der Renaissance* gehört.

Winton House

Dem *Ostturm* des alten Baus, dessen L-Grundriß erhalten blieb, fügte Wallace am gegenüberliegenden Ende noch ein Pendant aus Quadersteinen mit abgerundeten Ecken hinzu. Einen besonderen Blickfang zwischen diesen Ecktürmen bildet die *Dachlinie:* Reihen von skurrilen, verdrehten Kaminen, nach jakobäischer Mode diagonal gesetzt, ragen hinter den Staffelgiebeln hervor. Eine Fülle überbordender kunstvoller Details fällt ins Auge, darunter Renaissance-Ornamente an den Ecken, Balustraden und Dachfenstern, sowie die glockenförmigen Dachtürmchen.

Der Eingang führt in eine hübsche, gewölbte, achteckige *Halle* mit mehreren Nischen. Prächtigster Raum ist das *Königszimmer,* das für *Charles I.* eingerichtet wurde. Über dem Großen Eckkamin befindet sich ein Sims, der in Voluten endet, darüber ein Ziergiebel mit Stuckornamenten und ein Arkadenfries mit Pflanzenornamenten. Der Ziergiebel bildete wahrscheinlich einst den Eingang des alten Turms. Die Hauptlinien der Stuckdecke des Königszimmers treffen sich in herabhängenden Zapfen, im zentralen Quadrat erscheint das königliche Wappen. Ähnlich gestaltet ist die Decke im *Drawing Room,* jedoch ohne die herabhängenden Zapfen. Der umlaufende Fries zeigt verschiedene Gemüse; über dem von dorischen Säulen gerahmten Kamin verläuft ein Seepferdchenfries. Der Teppich wurde passend zum Ornament der Decke gewebt. Unter den Gemälden des Raums befinden sich auch zwei von *Canaletto*.

Luffness   Nr. 15

Lage: A 198, nach dem östlichen Ortsausgang von Aberlady rechts abbiegen. *Geöffnet:* Nur nach Voranmeldung. Tel. 0 87 57/2 18.

Seit 1745 wird das Haus kontinuierlich von der Familie *Hope* bewohnt. Es stammt hauptsächlich aus dem späten 16. Jh., mit einigen viktorianischen Anbauten, die sich jedoch gut in den Stil einfügen. Im jetzigen Gebäude sind noch die beiden unteren Stockwerke des alten Turms aus dem späten 12. Jh. erhalten, der 1549 von den Engländern zerstört wurde. Die Eingangshalle ist originales 12. Jh., mit Steingewölbe und schmalen Schießscharten. Unter dem Fußboden liegen die *Gräber dreier Wikinger* – ein Beweis, daß sich hier einst eine *Wikingersiedlung* befand. Vom Interieur ist besonders die schöne *Sammlung alten Dresdner und Meißner Porzellans* hervorzuheben. Man darf jedoch nicht vergessen, daß Luffness kein Museum, sondern ein bewohntes Haus ist, und daher der Reiz für den Besucher mehr in der sehr persönlichen Atmosphäre als in kunsthistorischen Raritäten liegt.

Dirleton Castle   Nr. 15

Lage: A 198, ca. 11 km westlich von North Berwick. *Geöffnet:* s. S. 238 (AM).

Die markante rote *Sandsteinruine* steht mitten in dem hübschen Dörfchen Dirleton. Einst Sitz der normannischen Familie *de Vaux,* war sie eine der *frühesten Steinburgen Schottlands* (um 1225). Der Verteidigungscharakter ist auch heute noch gut zu erkennen: eine hohe Ringmauer umgab einen Innenhof, der mehrteilige Hauptturm befand sich über dem Eingang; über den Burggraben spannte sich eine Zugbrücke. Die Zerstörung der Burg (1560) ist das Werk *Cromwells*.

Tantallon Castle Nr. 15

Lage: A 198, 5 km östlich von North Berwick. *Geöffnet:* s. S. 238 (AM).

Die *rote Sandsteinfestung der Douglas* beeindruckt durch ihre grandiose Lage. Einen ca. 30 m hohen, ins Meer reichenden Landvorsprung schloß eine steile Mantelmauer vom übrigen Festland ab. Der sehr gut zu verteidigende Mittelturm und zwei flankierende Seitentürme machten die Burg fast uneinnehmbar.

James IV. und *V.* versuchten in ihren Auseinandersetzungen mit dem *Douglas-Clan* die Eroberung der Burg daher vergeblich; sie gelang erst Cromwells *General Monk* nach 12 Tagen Bombardement. Was Monk übrigließ, ist heute noch zu sehen: die Türme und die sie verbindende Wehrmauer, deren Stärke teilweise 6 m beträgt. Im Hof steht ein Brunnen, der 30 m tief bis zum Grundwasser reicht.

Von Tantallon aus ist der *Bass Rock* im Meer zu sehen, ein schwarzer, über 100 m hoher Basaltfelsen. Spuren einer alten Festung und Kapelle sind noch erhalten. Nach 1671 wurde der Felsen als Gefängnis für Convenanter benützt.

Haddington Nr. 15

Lage: A 1, 28 km östlich von Edinburgh.

In der kleinen, verträumten Stadt ist der Charakter des 17.Jh. noch in ganzen Straßenzügen erhalten. *David I.* machte Haddington im 12.Jh. zu einer *königlichen Stadt,* sein Urenkel *Alexander II.* wurde hier geboren, 300 Jahre später der Führer der Reformation, *John Knox* (1505). An ihn erinnert das *John Knox Memorial Institute.*

Die *Kirche St. Mary,* spätmittelalterliche Stadtkirche, bietet das seltene Bild stilistischer Einheitlichkeit. Sie entstand im 14. und 15.Jh. und ist mit ihren 63 m Länge um 0,7 m länger als St. Giles in Edinburgh (Nr. 5). Während der Belagerung von Haddington (1548) wurden Dach und Gewölbe zerstört. Danach wurde nur das Kirchenschiff wiederaufgebaut; Seitenschiffe und Chor wurden erst in den 70er Jahren des 20.Jh. restauriert.

Lennoxlove Nr. 15

Lage: B 6369, 1,5 km südlich von Haddington. *Geöffnet:* Mai–Sept. Mi, Sa u. So 14–17 Uhr, Gruppen jederzeit nach Voranmeldung (Tel. 062082 – 3720).

Der ehemalige *Lethington Tower* – ein befestigtes Turmhaus des 13.Jh. – erhielt im 17.Jh. durch Anbauten im Osten seine jetzige Gestalt. Der Name ›Lennoxlove‹ geht auf eine *Duchess of Lennox* zurück, die als ›La Belle Stewart‹ berühmt wurde. Die tugendhafte und schöne Hofdame der Gemahlin *Charles II.* wehrte alle Anträge des leidenschaftlich in sie verliebten Königs ab und heiratete statt dessen einen Verwandten des Königs, den *Duke of Richmond and Lennox*. Einige Porträts von ihr sowie die Geschenke, mit denen sie Charles umzustimmen versuchte, befinden sich heute in Lennoxlove, das 1947 in den Besitz des *Duke of Hamilton* überging.

Die Räume
Von den zahlreichen Gemälden der Eingangshalle ist vor allem das Porträt von *John Knox und seiner Frau* beachtenswert, das großen Seltenheitswert besitzt. Die Treppe führt in den 1. Stock zur *Porzellansammlung*. Sie enthält Familienservice aus China (1730 und 1704) und der Manufaktur von Derby (1780 und 1795, das spätere mit ovalen statt runden Tellern). Weitere Stücke stammen aus Dresden und Worcester.
Der blaue *Drawing Room* ist mit Gemälden und Möbeln des 18. Jh. ausgestattet. Rechts neben der Tür hängt ein *Porträt* eines Duke von Hamilton von *Raeburn*. Auf dem Piano soll *Chopin* gespielt haben – an seinem früheren Standort in Hamilton Palace spielte es zuweilen angeblich auch von alleine.
Der *Petit-Point Room* ist mit gelber Seidendamasttapete bespannt (1750), darauf sind Petit-Point-Stickereien von ca. 1650 appliziert. Das prächtige Kabinett mit Elfenbein- und Schildpatteinlagen und der reichen Vergoldung war ein ›Werbegeschenk‹ von Charles II. für ›La Belle Stewart‹, ebenso das kleine Ebenholztischchen mit Zinnintarsien.
Der *gelbe Salon* besitzt Mobiliar und Gemälde des 17. Jh. An der Längsseite hängen *Porträts* von *Van Dyck* und *Lely*. Durch die ehemalige *Küche* gelangt man in die große *Banketthalle* im alten Turm. Sie besitzt noch das originale Tonnengewölbe. Die imposante Kaminverkleidung wurde erst im 20. Jh. eingebaut. In einer kleinen Nische sind *Maria-Stuart-Dokumente* ausgestellt: Ihre *Totenmaske* und das berühmte silberbeschlagene *Kästchen*, in dem sich die Briefe befanden, die Marias Mitwisserschaft am Mord an *Lord Darnley* enthüllten. Diese Briefe, die heute als Fälschungen betrachtet werden, führten damals Marias Sturz herbei.
Vor dem Haus im Garten steht eine seltene, besonders reizvolle *Sonnenuhr* von *James Gifford* (1679). Es ist die Skulptur eines graziösen Mädchens mit einem Gesichtsausdruck, der mit dem stillen, in sich gekehrten Lächeln an indische Skulpturen erinnert (s. Abb. S. 15).

Hailes Castle   Nr. 15

Lage: A 1, 8 km östlich von Haddington. *Geöffnet:* s. S. 238 (AM).

Nennenswert ist die Ruine – ebenfalls ein ›Cromwell-Opfer‹ – wegen ihrer Assoziationen mit *Maria Stuart*. Der *Earl of Bothwell* brachte Maria Stuart als damaliger Besitzer hierher, als sie 1567 von Borthwick Castle nach Dunbar floh. Die ausgedehnten Ruinen stammen aus dem 13.–15. Jh. Interessant sind vor allem die alten Verliese, in die man mit Leitern hinuntersteigen kann, und die kleine Kapelle aus dem 16. Jh.

Traprain Law Nr. 15

Lage: 6 km östlich von Haddington.

In der einstigen Siedlung der *keltischen Votadini* wurde 1919 ein immenser *römischer Silberschatz* ausgegraben (heute im Museum of Antiquities, Edinburgh). Der 2,5 m hohe *Loth Stone* soll das *Grab des sagenhaften Königs Loth* bezeichnen, nach dem *Lothian* benannt ist. Bei Ausgrabungen im 19. und 20. Jh. wurden jedoch keine Anzeichen für Grabstätten entdeckt.

Preston Mill Nr. 15

Lage: A 1, bei East Linton. *Geöffnet:* Apr.–Sept. 10–12.30 Uhr, So 14–19.30 Uhr, Okt.–März bis 16.30 Uhr.

Die malerisch am Tyne gelegene *Wassermühle* aus dem 18. Jh. ist heute noch funktionsfähig. Der ›Phantassie Doocot‹ daneben bildet ein Paradebeispiel für einen der in Schottland so häufigen *Taubenschläge* (s. S. 15).

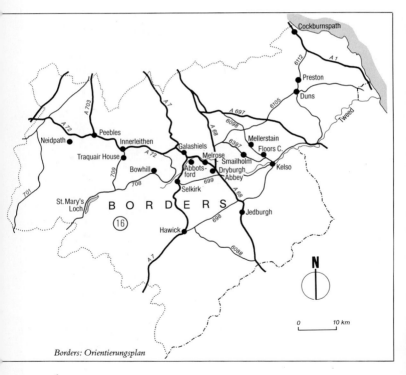

Borders: Orientierungsplan

16 Borders

Dunglass   Nr. 16

Lage: A 1, bei Cockburnspath.

Die *Stiftskirche St. Mary* weist innen reiche Verzierungen auf. Im Chor steht eine schöne dreisitzige *Sedilia* mit spitzbogigen Baldachinen, Spitztürmen und zwei *Engelssculpturen:* Ein Engel spielt Laute, der andere hält einen Schild.

Edin's Hall   Nr. 16

Lage: Von der A 6112 ab, zwischen der A 1 und Duns.

Auf einem kleinen Hügel steht in einem Erdwall aus prähistorischer Zeit die Ruine eines *Brochs*. Erhalten sind ca. 1–1,5 m hohe Mauerteile, Reste von Kammern und einige Stufen zwischen der Doppelmauer.

Manderston   Nr. 16

Lage: A 6105, 3 km östlich von Duns. *Geöffnet:* 20. Mai–20. Sept. Do und So 14–17.30 Uhr.

Das ausladende Edwardianische Landschloß ist bekannt für seinen schönen und großzügig angelegten *Park* sowie die kostbaren *Möbel-* und *Gemäldesammlungen*.

Kelso   Nr. 16

Diese letzte große romanische Kirche wurde 1128 von *David I.* für Mönche aus der Picardie gegründet. Am Ende des 12. Jh. war sie die *größte und reichste Abtei Schottlands,* in der Könige getraut und gekrönt wurden. Während der Reformation wurde sie von den englischen Truppen des *Duke of Hertford* zerstört; die heutigen Ruinen bilden nur mehr ein Drittel der ursprünglichen Bauten.

Der Grundriß der Kirche ist für Schottland unüblich: Die doppelten Querschiffe mit einem Turm stehen eher in der Tradition der lombardischen Romanik als in der normannischen. Die Pilaster und flachen Stützpfeiler erinnern dagegen mehr an die einheimische Architektur. Am vollständigsten bietet sich noch die klar proportionierte *Fassade des nordwestlichen Querschiffs* dar. Über dem Portal verläuft eine Arkadenreihe, darüber ein Giebel mit Gittermuster. Über ihm befinden sich zwei Reihen normannischer Fenster, darüber wieder ein rundes Fenster und ganz oben der in drei Bögen unterteilte Schlußgiebel, von zwei Türmen flankiert.

Die Stadt
Sir Walter Scott hielt Kelso für die *schönste und romantischste Stadt Schottlands.* Der breite, sanfte *Tweed* mit seinen Uferwiesen beherrscht das Stadtbild. Über ihn führt die fünfbogige Brücke von *John Rennie* (1805), der auch die London Bridge entworfen hat.

Kelso Abbey: Nordwestfassade

Floors Castle Nr. 16

Lage: 1,5 km nordwestlich von Kelso. *Geöffnet:* Ostern, 3.Mai–30.Sept. 11–17.30 Uhr.

Flußaufwärts liegt das Schloß der Herzöge von Roxburghe, das *William Adam* 1721 für den *1. Duke of Roxburghe* entworfen hatte. Sowohl die Landschaft wie der Bau bieten ein fast englisches Bild; die Architektur zeigt deutlich den Einfluß Vanbrughs, der Adams Entwurf bestimmte. Die schlichte, fast karge Front des georgianischen Baus wurde von 1838–1849 von *William Playfair* im dekorativen Tudorstil umgestaltet und belebt. Playfair versah die klare Fassade mit verspielten Türmchen, Zinnen, Bögen und Kaminen.

Die zu besichtigenden *Salons* entsprechen nicht ganz dem großartigen Pomp des Äußeren. Die schönsten Stücke des Interieurs stammen aus der Sammlung der amerikanischen Großmutter des jetzigen Duke: Brüsseler Tapisserien aus dem 16. und 17.Jh. und Gemälde von *Hogarth, Reynolds, Gainsborough, Raeburn* und *Ramsay*.

Floors Castle

Mellerstain House Nr. 16

Lage: 10 km nordwestlich von Kelso. *Geöffnet:* Mai–Sept. 13.30–17.30 Uhr, außer Sa.

Das elegante, georgianische Herrenhaus besticht durch die harmonische, symmetrische Proportionierung der Front. Der Bau wurde 1735 von *William Adam* begonnen, 1778 von seinem Sohn *Robert Adam* fertiggestellt. Hinter dem Haus senkt sich ein italienischer Terrassengarten zum See hinunter.

Beachtung verdient Mellerstain vor allem wegen seines exquisiten Interieurs. Die *Bibliothek* ist einer der schönsten Räume, die *Robert Adam* je geschaffen hat. Decke und Wände sind in zartem Grün und Rosa gehalten, darauf zierliche Stuckornamente: Medaillons, Schleifen und

Mellerstain House: Bibliothek

Arabesken sowie ein Fries, der einer Spitze gleicht. Vier Stuckreliefs an den Wänden mit antiken Figuren erinnern an Wedgewood-Porzellan. In kreisförmigen Nischen über den Türen stehen klassizistische Marmorbüsten von *Scheemakers* und *Roubiliac*. Weiße Pilaster unterteilen die Bücherregale, deren braun-goldene Lederfolianten dem Raum nichts von der schwebenden Leichtigkeit nehmen. Erlesen ist auch die Gemäldesammlung mit Werken von *Gainsborough, Constable, Ramsay* und *Van Dyck*. Mellerstain ist eine *Schatzkammer an wertvollen Möbeln*. Es finden sich hier außergewöhnlich schöne und seltene Stücke von *Chippendale, Sheraton* und *Hepplewhite*.

Smailholm Tower   Nr. 16

Lage: Von der B 6404 ab, 11,5 km westlich von Kelso. *Geöffnet:* s. S. 238 (AM). (Schlüssel bei der Sandyknowe Farm).

Auf einem kleinen Hügel vulkanischen Ursprungs mitten in der Landschaft gelegen, bietet der gut erhaltene Bau das Bild eines *typischen Wehrturms der Borders*. Rechteckig, klotzig und kahl – die primäre Funktion war hier Verteidigung. Der Turm stammt von ca. 1500, das Dach ist noch erhalten. Die fehlenden Fußböden der vier Stockwerke werden zur Zeit wieder instand gesetzt.
Sir Walter Scott kannte und liebte den Turm und die umliegende Landschaft von Kindheit an, da sein Großvater auf der benachbarten Sandyknowe Farm lebte. Kurz vor seinem Tod kam Scott mit *J. M. W. Turner* hierher, dessen Skizze von Smailholm erhalten ist.

Jedburgh Nr. 16

Die Abtei

Die Augustiner-Kirche wurde 1147 von *David I.* zur Abtei erhoben. Der Bau des 12.–15. Jh. wurde 1544 vom *Earl of Hertford* schwer zerstört. Doch auch als Ruine bietet er noch immer eines der besten Beispiele für den Übergang vom normannischen zum gotischen Stil. Das Hauptschiff hat drei Stockwerke, die diese Entwicklung demonstrieren: eine normannische Basis-Arkade, darüber weite Rundbögen, in die jeweils ein doppelter Spitzbogen eingesetzt ist (Triforium), und ganz oben eine Reihe schmaler Spitzbögen. Das *normannische Portal* der Westfront stammt aus dem 12. Jh. Darüber befinden sich drei Giebel, Arkaden und ein großes Fenster aus dem 14. Jh. und im Abschlußgiebel ein rundes Rosettefenster – normannische und gotische Elemente sind in einer Fassade vereint.

Jedburgh Abbey

Queen Mary's House

In seiner heutigen Form ist das Haus ein T-förmiger *Wohnturm* aus dem späten 16. Jh., der jedoch Teile eines älteren, befestigten Stadthauses (*Castle House*) enthält. Am 9. Okt. 1566 logierte hier *Maria Stuart*, als sie in Jedburgh Gericht hielt. Als sie erfuhr, daß ihr Geliebter *Bothwell* verwundet im nahen Hermitage Castle liege, ritt sie zu ihm, kehrte jedoch bald mit schwerem Fieber zurück und blieb todkrank einen Monat in Jedburgh. Das Haus dient heute als Museum und ist vollgestopft mit echten und falschen ›Maria-Stuart-Reliquien‹.

Neben den historischen verbinden sich auch literarische Assoziationen mit Jedburgh: *Robert Burns* hat es besucht, ebenso *Dorothy* und *William Wordsworth*, und 1793 trat hier *Sir Walter Scott* erstmals als Staatsanwalt auf. Die dreibogige *Canongate Bridge* (1147) ist eine der wenigen mittelalterlichen Brücken, die noch benützt werden.

Die nahegelegene Stadt *Hawick* ist das *Zentrum der schottischen Tweed-Industrie*. Der Name ›Tweed‹ ist nicht vom gleichnamigen Fluß Tweed abgeleitet, sondern entstand aus einer schottischen Verballhornung des französischen Worts für Stoff (=›Toile‹).

Hermitage Castle   Nr. 16

Lage: Von der A 6399 ab, 25 km nordöstlich von Langholm. *Geöffnet:* s. S. 238 (AM).

Diese größte und grimmigste der Border-Burgen weist einen ungewöhnlichen Grundriß auf: Sie ist H-förmig. Dem zentralen rechteckigen Turm aus dem 13. Jh. wurde im 15. Jh. das Dach abgenommen; danach bildete er den Innenhof zwischen den anschließenden Ecktürmen. Im 19. Jh. wurde die Ruine behutsam restauriert, so daß sie nun von außen fast völlig intakt erscheint.

Dryburgh Abbey   Nr. 16

Lage: A 68, 13 km südöstlich von Melrose. *Geöffnet:* s. S. 238 (AM).

In einer Tweedschleife liegen malerisch die Ruinen der alten *Prämonstratenser-Abtei*, die der normannische Baron *Hugh de Morville* um 1150 gründete. 1322, 1385 und 1544 wurde die Kirche von den Engländern zerstört und danach nicht wiederaufgebaut. Übrig blieben nur Teile des Hauptschiffs, des Chors und der Querschiffe. In den Ruinen der Kirche liegt *Sir Walter Scott* begraben. Der schlichte Sarkophag aus Granit steht im nördlichen Querschiff, das noch das originale Kreuzrippengewölbe besitzt.

Außergewöhnlich gut sind die umliegenden Klostergebäude erhalten, die hauptsächlich aus dem 12. und 13. Jh. stammen. Das *Kapitelhaus*, der Versammlungsort der Mönche, ist noch völlig intakt. Unter ineinander verschlungenen Blendarkaden und drei Spitzbogenfenstern läuft an den Wänden entlang eine Steinbank. Am Ostende befand sich der Sitz des Abtes.

Scott's View

Auf der *Höhe von Bemersyde* hat man einen weiten Rundblick über den Tweed und die Eildon Hills. Dies war *Scotts Lieblingspanorama*, hier hielt er jedesmal sein Pferd an, um die Aussicht zu genießen. Als der

Dryburgh Abbey: Grundriß

Leichenzug zu Scotts Begräbnis nach Dryburgh fuhr, wollte es der Zufall, daß auf eben dieser Höhe die Pferde stehenblieben – ein Zwischenfall, der sicher ganz nach dem Geschmack des großen Romantikers gewesen sein muß.

Melrose Abbey   Nr. 16

Lage: In Melrose, A 68. *Geöffnet:* s. S. 238 (AM).

Auch diese Abtei aus rötlichem Sandstein ist eine Gründung *Davids I.* (1136), und auch sie lag auf dem Weg der englischen Invasionen und wurde, wie Dryburgh Abbey, zweimal im 14. Jh. und endgültig 1545 durch den *Earl of Hertford* zerstört. Danach verfiel die Ruine und wurde als Baumaterial verwendet. Die verbliebenen Reste, der Ostteil des Hauptschiffs, Querschiff, Chor und Teile des südlichen Seitenschiffs, stammen aus dem 14. und frühen 15. Jh. *Fontane* besuchte die Abtei 1858 und schrieb, »daß diese Ruine zu jenen großartigen Schönheitswundern gehört, die, einmal gesehen und in sich aufgenommen, nicht wieder vergessen werden«.

Außergewöhnlich ist die *reiche Verzierung,* die kunstvoll mit zarten Blumen und vielen verschiedenen Blätterranken geschmückten Säulenkapitelle – Fontane nennt sie »ein in Stein gebildetes Herbarium scoticum« – und das fein ziselierte Fenstermaßwerk (Ostfenster des südlichen Querschiffs). Diese reiche, spätgotische Ornamentik erwartet man kaum in einer Zisterzienser-Abtei; denn dieser Orden vertritt

Dryburgh Abbey

Melrose Abbey

Kargheit, funktionale Schlichtheit und Schmucklosigkeit, das strenge ›ora-et-labora‹-Ideal.

In der schottischen Geschichte hat Melrose Abbey ihren besonderen Platz als *Grabstätte des Herzens von Robert the Bruce,* des Helden von Bannockburn (1314). Als Bruce im Sterben lag, bat er den Grafen Douglas, an seiner Stelle ins Heilige Land zu pilgern und dort sein Herz zu begraben. Graf Douglas kam jedoch nur bis Spanien und fiel dort im Kampf mit den Sarazenen. Das Herz, das er in einer silbernen Kapsel immer bei sich getragen hatte, gelangte auf Umwegen wieder nach Schottland zurück und wurde unter dem Ostfenster von Melrose Abbey bestattet. Die Familie der Douglas führt es seither in ihrem Wappen.

Abbotsford House Nr. 16

Lage: A 7, 4 km südöstlich von Galashiels. *Geöffnet:* Ende März bis Ende Okt. 10–17 Uhr, So 14–17 Uhr.

Im Jahre 1811 kaufte *Sir Walter Scott* hier eine Farm, nannte sie ›Abbotsford‹ – nach der romantischen Vorstellung, daß hier einst die Mönche von Melrose die Furt durch den Tweed benutzt hätten – und

Der Schreibtisch von Sir Walter Scott

schuf mit seinem Traumhaus einen kurios-pittoresken Extrakt aus der Historie. Von überallher holte er Bruchstücke und Details und baute sie in diese sehr persönliche Komposition ein. In die Mauer neben der Eingangstür ist ein Teil des Edinburgher Tolbooth eingelassen, die Decke der Bibliothek ist der ornamentalen Decke von Roslin Chapel nachgebildet, das Hauptportal dem Portal von Linlithgow, der Kamin der Abtssedilia von Melrose; den Kreuzgang von Melrose findet man hier als Gartenmauer wieder. »Es fehlt der Geistesblitz, der stark genug gewesen wäre, die widerstrebenden Elemente zu etwas Einheitlichem zusammenzuschmelzen«, urteilte *Fontane* mit Bedauern.

Scott verbrachte hier die letzten Jahre seines Lebens, hier starb er am 21. Sept. 1832. Das Haus enthält seine *außergewöhnliche Sammlung schot-*

tischer Kuriosa und Reliquien: Waffen, Bücher, die Sporen von Bonnie Prince Charlie, ein Parfümfläschchen von Maria Stuart, Pistolen Napoleons, ein Pulverhorn Jakobs VI.

Bowhill Nr. 16

Lage: A 708, 5 km westlich von Selkirk. *Geöffnet:* Ostern; Mai, Juni und Sept.: Mo, Mi, Sa u. So 14–18 Uhr, Juli und Aug. tgl. außer Fr 12.30–17 Uhr.

Der viktorianische Landsitz des *Duke of Buccleuch* ist eine Schatzkammer außergewöhnlich prachtvoller und seltener Kunstschätze und Gemälde, darunter eine erlesene Meißner Porzellansammlung, Möbel aus der Werkstätte André Boulles, Gobelins und gemalte chinesische Tapeten aus dem 17. Jh. (Morning Room) – es ist *eine der größten Privatsammlungen Schottlands*.

Die *Gemäldesammlung* ist an Qualität und Ausmaß unvergleichlich. Sie enthält auch das einzige in Privatbesitz befindliche Gemälde von *Leonardo da Vinci:* Die ›Madonna mit der Garnhaspel‹ (um 1501), im Drawing Room. Im Speisesaal hängen die *Familienporträts,* gemalt u.a. von Gainsborough und Reynolds. Besonders zu erwähnen ist das *Kinderbild Lady Carolines* von *Reynolds* (1771): Lady Caroline Scott als ›Winter‹. Vor einer Winterlandschaft ist ein kleines Mädchen in schwarzem Samtumhang und Hut, mit glühenden roten Backen, die Hände tief in einem roten Muff vergraben, zu ihren Füßen ein Rotkehlchen und ein kleiner Terrier. Das Bild wirkt wie eine bezaubernde

Bowhill

Momentaufnahme, unkünstlich und natürlich, wie Reynolds Gemälde es sonst nicht erwarten lassen. Zum Vergleich daneben das etwas posenhafte Porträt von Lady Carolines Bruder. Als Reynolds dieses Bild malte, soll Lady Caroline von draußen ins Zimmer gestürmt sein; der Maler war von ihrem Anblick so entzückt, daß er das Kind auf der Stelle porträtierte.
Canaletto malte die Ansicht der Londoner Residenz der Buccleuchs. Weitere Gemälde stammen von *Raeburn, David Wilkie* und *Claude Lorrain*. Ein ganzer Raum ist *Guardi* gewidmet; sieben große Porträts in der Eingangshalle stammen von *Van Dyck*. Die schönsten von ca. 800 *Miniaturen* aus der Sammlung des Duke sind in einem kleinen Kabinett ausgestellt. Sie stammen von Holbein, Nicholas Hilliard und Samuel Cooper.

Auf der Straße von Selkirk nach Moffat (A 708), in landschaftlich grandioser Lage, liegt an St. Mary's Loch *Tibbie Shiels' Inn*, ein berühmter *Künstlertreffpunkt des 19. Jh.* Hier trafen sich oft die Literaten *Scott, Stevenson, Carlyle* und *Hogg*. *James Hogg*, ein schlichter Schäfer, der sich Lesen und Schreiben selbst beigebracht hatte, wurde durch einfache pastorale Verse bekannt, die er beim Schafehüten dichtete. Das *Denkmal* des ›Ettrick Sheperd‹, den *Sir Walter Scott* in die Edinburgher Salons eingeführt hatte, steht gegenüber von Tibbie Shiels' Inn. Das Inn, das in den letzten Jahren in den Händen nachlässiger Pächter sehr verfiel, ist seit kurzem im Besitz des Ehepaars *Costelloe*, die sich mit viel Liebe und Mühe für die Wiederherstellung des originalen Charakters einsetzen, wie er von der Wirtin Tibbie Shiels Anfang des 19. Jh. geprägt worden war. Etwas weiter, an der rechten Seite der Straße, befindet sich Schottlands bekanntester *Wasserfall: Grey Mare's Tail*, 60 m lang, oft gezeichnet, gemalt und bewundert.

Traquair House   Nr. 16

Lage: B 709, zwischen Galashiels und Peebles. *Geöffnet:* Mai–Juni So 13.30–17.30 Uhr, Juni–Sept. tgl. außer Fr 13.30–17.30 Uhr.

Traquair House, das bis ins 10. Jh. zurückreicht, nimmt für sich in Anspruch, das *am längsten kontinuierlich bewohnte Herrenhaus Schottlands* zu sein. Das *Tower-House* des späten 15. Jh., das im 12. Jh. ein *königliches Jagdhaus* gewesen war, wurde bis zum 17. Jh. zu seiner jetzigen Form erweitert. 27 schottische und englische Könige sollen es besucht haben, darunter auch *Maria Stuart* – deren Rosenkranz und Kruzifix hier aufbewahrt werden – mit *Lord Darnley* und ihrem Baby, dem späteren *James VI.*, dessen Wiege noch in Traquair steht. Im *Drawing Room*, dem interessantesten Raum des Hauses, wurden bei Restaurierungsarbeiten unter der Ausstattung des 18. Jh. die originale *bemalte Balkendecke* sowie *Wandmalereien des 17. Jh.* entdeckt. Besonderes Interesse verdient das *Cembalo* des Antwerpener Meisters *Andreas Ruckers* (1651), das perfekt in seinem ursprünglichen Zustand erhalten ist.
Im 17. und 18. Jh. war Traquair House Treff- und Sammelpunkt der royalistischen, katholischen Jakobiten. Der 5. *Earl of Traquair* beherbergte hier *Prince Charles Edward Stuart* vor seiner entscheidenden Schlacht. Als ›Bonnie Prince Charlie‹ Abschied nahm, schloß der Earl hinter ihm das ›Bärentor‹ und schwor, es erst dann wieder zu öffnen,

Traquair House

wenn ein Stuart auf dem Thron sei. Konsequenterweise blieb das Tor seither geschlossen.

Neben dem historischen Ruhm des Hauses verdient die *Brauerei* von Traquair besondere Erwähnung. Das ›Traquair Ale‹ ist eine Kostbarkeit unter den schottischen Bieren. Es wird persönlich von *Peter Maxwell Stuart,* dem *Laird von Traquair,* in den über 200 Jahre alten Braukesseln hergestellt. In den kleinen Kesseln können pro Sud nur ca. 2000–2500 Flaschen gebraut werden, von denen jede einzelne eine Sud- und Flaschennummer erhält.

Neidpath Castle   Nr. 16

Lage: A 72, 1,5 km westlich von Peebles. *Geöffnet:* Gründonnerstag bis 2. So. im Okt. 10–13 Uhr und 14–18 Uhr, So 13–18 Uhr.

Die Burg der Frasers liegt am Nordufer des Tweed. *Charles II.* versuchte vergeblich, sie einzunehmen; erst *Cromwell* gelang die Eroberung. Der L-Grundriß der Burg aus dem späten 14.Jh. blieb erhalten. Bis auf leichte Restaurierungen des oberen Stockwerks ist der Wehrturm noch unverändert. Die Mauern sind bis zu 3 m dick, die hohe Halle war ursprünglich durch einen hölzernen Fußboden zweigeteilt.
Bei *Lyne* sind noch Spuren eines *Römerlagers* erhalten, das hier von 84 n.Chr. bis 114 n.Chr. bestanden hatte. Die Funde sind im *Museum* von *Peebles* ausgestellt.
Die kleine *Kirche* von *Stobo* (A 712) besitzt ein normannisches Portal aus dem 13.Jh. und normannische Verzierungen im Mauerwerk von Schiff und Chor.

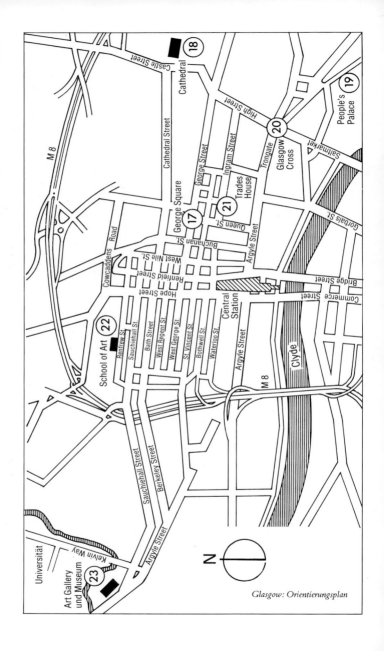

F. DIE KUNSTDENKMÄLER IN GLASGOW UND UMGEBUNG

Glasgow hatte immer eine denkbar schlechte Presse. Seit jeher war man gewohnt, Edinburgh als Maßstab zu nehmen und Glasgow als *konträres Negativbild der Hauptstadt* zu sehen. Verglichen mit Edinburghs Eleganz, Schönheit, Kultur und Noblesse war Glasgow die häßliche, rohe und ungebildete Stiefschwester. Ein ganzer Katalog von Schwarz-Weiß-Klischees wurde zusammengetragen: Edinburgh sei schön, kultiviert, vornehm und distanziert, geordnet, eine esoterische Kunststadt; Glasgow dagegen häßlich, ungebildet, rauh, aber herzlich, zerrissen, eine materialistische Handelsstadt. Als *Theodor Fontane* auf seiner Schottlandreise (1857) vom Zug aus die Glasgower Fabrikschornsteine sah, genügte ihm das schon, um schnell in den Zug nach Edinburgh umzusteigen. Dies sind Vorurteile, die sich bis heute hartnäckig halten, weil sie nicht aus der Luft gegriffen sind. Um Glasgow zu verstehen, darf man nicht Edinburgh vor Augen haben. Der Schönheitskonkurrenz verweigert sich Glasgow; es hat andere Vorzüge.

Geschichte der Stadt

Der Legende nach gründete der *hl. Bischof Mungo* in der Mitte des 6. Jh. am Grab von *St. Ninian* ein Kloster namens ›Glas cu‹ (= ›der grüne Ort‹). 1110 wurde die kleine Klostergemeinde Bischofssitz, im späten 12. Jh. wurde ihr von *David I.* das Stadtrecht verliehen. Im Mittelalter spielte Glasgow keine bedeutende Rolle; es wurde überschattet von politischen und kulturellen Zentrum Edinburgh. Nur zwei Gebäude vermitteln heute noch einen Eindruck des mittelalterlichen Glasgow: die Kathedrale St. Mungo und Provand's Lordship (1471), ein mittelalterliches Stadthaus. Mit der Reformation und der Aufhebung des Bischofssitzes (1638) änderte sich der Charakter der Stadt; aus der religiösen Bischofsstadt wurde allmählich eine *nüchterne Handelsstadt*. Dementsprechend verlagerte sich das Stadtzentrum von der Kathedrale zum ›Cross‹, dem Schnittpunkt der vier größten Straßen.

Um 1700 hatte Glasgow 12000 Einwohner, war damit bereits die *zweitgrößte Stadt* nach Edinburgh, jedoch noch verhältnismäßig klein. Nach *Daniel Defoe* muß damals die Stadt außergewöhnlich schön gewesen sein. Mit wehmütigem Bedauern wird heute noch seine ›Lobeshymne‹ auf Glasgow zitiert: »Glasgow is, indeed, a very fine city ... 'tis the cleanest and beautifullest and best built city in Britain, London excepted.« (Reiseessays durch Britannien, 1726)

Die Union von 1707 und die damit verbundenen Handelsrechte öffneten Schottland und insbesondere Glasgow den Weg zu den amerikanischen Kolonien. Der *Tabakhandel* legte das Fundament zu Glasgows Wohlstand. Die Lage am Clyde erwies sich als unschätzbarer Vorteil; die Waren konnten direkt verschifft werden. Sie erreichten auf den schnellen Glasgower Klippern Virginia zwei Wochen eher, als dies Londoner Schiffen möglich war. Deshalb konnten Glasgower Tabakhändler ihre Ware billiger als alle anderen verkaufen. Bereits 1771 importierte Glasgow mehr als die Hälfte des gesamten Tabaks für Britannien. Die *Tobacco Lords,* die Glasgower Tabakbarone, wurden ein Synonym für immensen Reichtum und Profit.

Ab 1743 begann man auch *Baumwolle* zu importieren. Spinnereien, Webereien und die dazugehörigen Nebenindustrien wie Färbereien und Stoffdruckereien schossen aus dem Boden. Mit der *mechanisierten Baumwollindustrie* kam im späten 18. Jh. die industrielle Revolution nach Schottland. Glasgow wurde Zentrum der gesamten Industrie. Das rapide Wachstum ließ die Bevölkerungszahl bis zum Jahre 1800 auf fast 84 000, bis 1830 auf 200 000 ansteigen.

Die Öffnung des *Monkland-Kanals* (1792) erleichterte und verbilligte den Kohletransport von Lanarkshire nach Glasgow. Dies, wie auch die Anwendung der *Dampfmaschine,* bedeutete für die Schwerindustrie einen kometenhaften Aufschwung. Der Lokomotiv- und Schiffbau florierte. 1812 lief in Port Glasgow das *erste seetüchtige Dampfschiff der Welt* vom Stapel, Mitte des 19. Jh. kamen bereits über 80% aller Dampfschiffe Großbritanniens von den Werften am Clyde, so auch die berühmte Luxusyacht des Zaren Alexander.

Ein unaufhörlicher Strom von Einwanderern vergrößerte die Stadt ständig: Irische Bauern trieb der Hunger, schottische Bauern die Clearances der Highlands aus der Heimat fort. Weder auf den rapiden industriellen Aufschwung noch auf die Tausende von Einwanderern war Glasgow vorbereitet. Im Viktorianischen Zeitalter hatte die Stadt zwei konträre Gesichter. Auf der einen Seite Prunk und Pracht, großstädtischer Glanz, liberale Vitalität, eine blühende Universität; auf der anderen Seite übervölkerte Slums, Elend, Krankheit, Verbrechen und Alkoholismus. Die Slums in Glasgow waren die schlimmsten auf der gesamten Insel. Als die Elendsviertel nach dem Sanierungsgesetz von 1866 endlich beseitigt wurden, waren bereits Tausende von Menschen durch Choleraepidemien umgekommen.

Der Idealismus, der Glasgows industriellen Aufschwung getragen hatte, brach in den Arbeitervierteln bald zusammen. Die allgemeine Desillusionierung war fruchtbarer Boden für Unruhen und radikale Bewegungen. Wie keine andere Stadt symbolisierte Glasgow die extremen Kennzeichen der Viktorianischen Zeit: hemmungsloser Imperialismus gegen Massenelend und Sozialismus. Nicht ohne Grund war und ist Glasgow die *Hochburg der Labour Party*.

1873 und 1888 wurden in Glasgow zwei *Fußballclubs* gegründet, *Celtic* und *Rangers,* die bis heute untrennbar mit der Stadt verbunden sind. Celtic war ursprünglich der Club der irischen, katholischen Einwanderer, bei den Rangers spielten die protestantischen Schotten. Die starken Ressentiments nationaler und religiöser Art wurden auf dem Fußballfeld ausgetragen. Diese Feindschaft ist zum Glasgower Mythos geworden, der auch heute noch mit Verve gepflegt wird, obwohl bereits in beiden Clubs sowohl Protestanten als auch Katholiken spielen.

George Square

17 George Square

George Square ist das *Zentrum des modernen Glasgow*. Rundum gruppieren sich die *Statuen* illustrer Persönlichkeiten: *James Watt, Sir John Moore* (von Flaxman, 1819), die Premierminister *Gladstone* und *Sir Robert Peel*, die Dichter *Robert Burns* und *Thomas Campbell*, hoch zu Roß *Königin Viktoria* und *Prinz Albert* (von Marochetti, 1865/66). In der Mitte des Platzes, auf einer Säule, die eigentlich *Georg III.*, nach dem der Platz auch benannt ist, tragen sollte, thront über allen *Sir Walter Scott* (von Greenshields, 1837).

Das Rathaus Nr. 17

Prunkvolles Beispiel viktorianischer Selbstinszenierung ist das Rathaus an der Ostseite des Platzes, *City Chambers* (Führungen Mo–Fr 10.30 Uhr und 14.30 Uhr). Mit diesem massiven und imposanten Bau, entworfen und gebaut (1883–1888) von *William Young,* schien die Stadt mit Nachdruck beweisen zu wollen, wie gut sie den großen Bankenkrach von 1878 überstanden hatte.

Das Gebäude stellt eine eigenartige Mischung aller möglichen Baustile dar: Man unterscheidet venezianische, flämische, französische und palladianische Elemente. Die Fassade ist noch recht homogene Neo-Renaissance. Von einer massiven Basis aus löst sich die Fläche in Pilastern, Statuen, Balkonen, Kolonnaden und Galerien auf. Den Mitteltrakt krönt ein Dreiecksgiebel mit Figurenrelief, aus den Ecken steigen Türme mit runden Kuppeln auf. Der zentrale Mittelturm trägt, ganz im Stil der Renaissance, eine kleine runde Kupola auf Säulchen.

Die Eingangshalle

In der monumentalen *Eingangshalle* mit doppelten Treppenaufgängen überwältigt die Fülle ornamentaler Details. Es entfaltet sich ein unvergleichlicher Luxus der Ausstattung. Venezianische Mosaiken im Gewölbe, rote doppelte Granitsäulen mit grünen Marmorkapitellen, kostbares Mahagoni- und Rosenholz – jede sich bietende Möglichkeit zur Dekoration scheint wahrgenommen zu sein. Dennoch bleibt das Gleichgewicht zwischen Ornament und architektonischer Gesamtstruktur gewahrt; das Interieur ist zwar überladen, bildet jedoch trotzdem eine kompositorische Einheit.

Eingangshalle des Rathauses

Kathedrale des hl. Mungo

18   Glasgow Cathedral

Lage: Cathedral Square.

Geschichte: Im 6.Jh. gründete der *hl. Mungo* am Grab des *hl. Ninian* eine Kirche. Die Kathedrale wurde 1136 von *David I.* gebaut, jedoch schon bald darauf durch Feuer zerstört. *Bischof Jocelin* begann im späten 12.Jh. mit dem Wiederaufbau, seine Nachfolger vollendeten zuerst den Chor und die Unterkirche im 13.Jh., das Schiff im späten 15.Jh. In der Unterkirche, die oft fälschlich *Krypta* genannt wird, jedoch noch über der Erdoberfläche liegt, befinden sich die Gebeine des hl. Mungo, des *Schutzpatrons von Glasgow.* Um ihn ranken sich zahlreiche Legenden; die Symbole für seine vollbrachten Wunder sind im Glasgower Stadtwappen enthalten.

Außenansicht

Das Erscheinungsbild der Kathedrale von St. Mungo beinhaltet all das, was dem alten Glasgow fehlte: Einheitlichkeit, Regelmäßigkeit, Geschlossenheit. Die durchgehend im Stil des *Early English,* der Frühgotik, gehaltene Architektur läßt die lange Bauzeit von mehr als 300 Jahren nicht vermuten. Die *zweitgrößte gotische Kathedrale Schottlands* – nur die Kathedrale von St.Andrews (Nr. 30, S. 122) war größer – ist, gemessen an europäischen Maßstäben, mit einer Länge von ca. 90 m klein; Winchester und Ely sind beinahe doppelt, Amiens sogar mehr als zweimal so lang. Die beste Ansicht der Kathedrale hat man von Südosten; denn im Westen ist durch den Verlust der beiden Türme die Balance der Vertikale zerstört. Im typischen Glasgower Abbruchsdrang und mangels historischer Sensibilität wurden im 19.Jh. die großen Westtürme entfernt. Deshalb enttäuscht die Außenansicht auf den ersten Blick und läßt den Ruf der Kathedrale als der *schönsten gotischen Kirche Schottlands* nicht gerechtfertigt erscheinen. Daß dies dennoch zutrifft, zeigt erst das Innere.

Das Innere

Man betritt die Kirche durch das *Südwestportal.* Das Hauptschiff ist klar und harmonisch proportioniert. Die Seitenschiffe trennen Reihen von Bündelpfeilern mit einfachen Kapitellen ab. Bestimmend ist eine karge Schlichtheit der Konstruktion, wie sie für schottische mittelalterliche Kirchen charakteristisch ist.

Durch einen Torbogen im *Lettner* (15.Jh.), dessen Kragsteine die 7 Todsünden darstellen, gelangt man in den *rechteckigen Chor.* Rundum läuft ein Chorumgang, durch Bündelpfeiler mit blumenverzierten Kapitellen abgeteilt. Die vier schlanken Lanzettfenster am Ostende und das schöne Gewölbe der anschließenden kleinen Kapellen verraten den Einfluß der englischen Gotik, wie ja überhaupt St. Mungo die ›englischste‹ der schottischen Kathedralen ist. Am Nordende des Chors befindet sich die *Sakristei* noch mit der originalen Eichentür (15.Jh.) und einem zentralen Stützpfeiler.

Unter dem Chor liegt die *kryptaähnliche Unterkirche,* entstanden unter

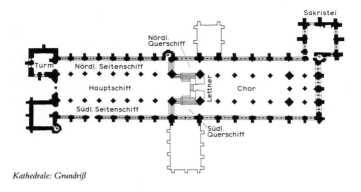

Kathedrale: Grundriß

Bischof William de Bondington (1233–1258), also in einer frühen Bauphase der Kathedrale. Sie ist eine der edelsten und harmonischsten Bauten, die das schottische Mittelalter hevorgebracht hat. Das Fächergewölbe ist vollkommen intakt; es rühmt sich der vollständigsten und besterhaltenen Sammlung reichverzierter Bossen in Schottland. Mit den 27 hohen *Lanzettfenstern* und der Galaxie symmetrisch geordneter, doch unterschiedlich verzierter Bündelpfeiler ist sie schlicht, doch perfekt proportioniert. Um die Kapitelle der vier zentralen schlanken Stützpfeiler rankt sich Blätterwerk. Hier stand einst der *Schrein von St. Mungo*, der 603 unter dem Fußboden begraben wurde. Das quadratische *Kapitelhaus* (13.–15. Jh.) schließt sich an das Nordostende der Unterkirche an. Bemerkenswert ist hier vor allem das kunstvoll gemeißelte *Portal*, das schönste in der ganzen Kathedrale. Unter dem spätgotischen Gewölbe des Kapitelhauses steht der *Dean's Seat*, der Sitz des Vorstehers des Domkapitels William Lauder (1408–1425), der von einem reichgeschmückten Baldachin im Stil des Flamboyant überdacht wird.

Zusammen mit der Unterkirche zieht der *Blacader Aisle* das Hauptinteresse auf sich (spätes 15. Jh.). Er wurde erbaut unter *Bischof Blacader*, dessen Wappen einige der Deckenbossen zieren. Hier beeindrucken weniger die Schönheit der architektonischen Struktur, wie bei der Unterkirche, als Vielfalt und Reichtum des Dekors. Die Bündelpfeiler sind verschwenderisch verziert, die Bossen des Gewölbes entfalten die ganze Phantasie und Größe mittelalterlicher Steinmetzkunst.

Über die *Bridge of Sighs*, die Glasgower ›Seufzerbrücke‹, gelangt man zur *Nekropolis* auf dem Hügel hinter der Kathedrale. In den Grabmonumenten des Friedhofs (1833) konzentrieren sich Pracht und Reichtum des viktorianischen Glasgow, zeigt sich das Selbstverständnis der Glasgower Kaufleute. Imitationen ägyptischer, indischer, griechischer, chinesischer Denkmäler rufen die kolonialen Zeiten ins Gedächtnis, stellen den Glanz des Irdischen zur Schau. Augenfälligstes Monument ist die große dorische Säule mit der *Statue von John Knox*, die hier 1825 errichtet wurde.

Provand's Lordship Nr. 18

Lage: Neben der Kathedrale. *Geöffnet:* April–Sept. 10–17 Uhr, Okt.–März 10–16 Uhr.

Das älteste erhaltene Gebäude der Stadt wurde 1471 als *Priesterwohnung* gebaut. *James II.* und *James IV.* sollen hier gewohnt haben, auch *Maria Stuart*, als sie ihren kranken Mann Darnley im St. Nicholas Hospital besuchte.
Das Gebäude ist ein typisches *spätmittelalterliches Stadthaus*, dreistöckig mit einem Dachgeschoß und aus unbehauenen Steinen erbaut. Die Staffelgiebel sind von unterschiedlicher Größe, die Fenster unregelmäßig gesetzt. Innen ist ein *Museum* eingerichtet mit sehenswertem Mobiliar des 17. und 18. Jh., Tapisserien und Bildern.

19 Old Glasgow Museum

Lage: People's Palace, Glasgow Green. *Geöffnet:* Mo–Sa 10–17 Uhr, So 14–17 Uhr.

In der Kunstgalerie sind *alte Stadtansichten* Glasgows ausgestellt sowie einige *königliche Porträts*. Das Museum zeigt mit Bildern und Modellen die Geschichte Glasgows von prähistorischer Zeit bis in die Gegenwart. Unter anderem ist auch ein Modell des alten Tolbooth zu sehen, wie er früher am Glasgow Cross gestanden hatte. Heute ist von ihm nur noch der hohe Turm erhalten.

20 Glasgow Cross

Dieser Platz löste die Kathedrale als Stadtzentrum ab. Von dem mittelalterlichen *Tolbooth* ist heute nur noch der Turm übrig. Das schlichte, schlanke Gebäude stammt aus dem Jahre 1626 und ist sieben Stockwerke hoch, die durch schmale Friese unterteilt sind. In jedem Stockwerk ist ein Fenster eingesetzt. Über der Uhr wird die Fassade lebhafter, der Turm endet in einer überhängenden Brüstung, aus deren vier Ecken quadratische Türmchen steigen. Vier Strebebögen formen sich zu einer Krone, die eine weitere Brüstung hält, aus der noch einmal ein kleines Türmchen wächst – ein spielerischer Abschluß, der eine leichte und elegante Wirkung schafft.

21 Trade's House

Lage: Glassford / Ingram Street.

Die Gebäude, die die Brüder *Adam* in Glasgow entworfen hatten, fielen fast alle dem viktorianischen Neubauwahn zum Opfer. Erhalten blieb als einziger Bau von *Robert Adam* das *Gildehaus der Kaufleute* (1791–1794). Es ist zwar nur zweieinhalb Stockwerke hoch, wirkt jedoch wegen der überdimensionalen Höhe des 1. Stocks größer. Zwei Seitenflügel springen leicht hervor, das Gewicht konzentriert sich jedoch auf die Mitte. Auf einem hervortretenden massiven Unterbau erheben sich ionische Doppelsäulen, über ihnen ein Dreiecksgiebel. Im 1. Stock alternieren je drei große venezianische Bogenfenster mit schmaleren Fenstern unter rechteckigen Reliefs. Gekrönt wird der Bau von einer zentralen *Kuppel* mit kleinem, zylindrischem Türmchen. Auch dieser Bau zeigt deutlich die für *Robert Adam* charakteristische Variationsbreite an Motiven auf einer streng symmetrischen Basis.

22 Glasgow School of Art

Lage: 167, Renfrew Street.

Die Glasgower Kunstakademie war der erste größere Auftrag, den *Charles Rennie Mackintosh* erhielt (1896). Mit ihm gelang dem Vertreter des *formschönen Funktionalismus* der Durchbruch zu einer völlig neuen Architektur, die die Abkehr von den historischen Stilen bedeutete und die entscheidenden Akzente für das 20. Jh. setzte (s. Abb. S. 18).

Die *Nord- und Eingangsfront* demonstriert den charakteristischen Mackintosh-Stil: Langgestreckt und rechtwinklig, zwei Reihen karger Sprossenfenster – dies bedeutete eine fast spartanische Schlichtheit, würde nicht der asymmetrisch gesetzte Eingang (zwischen dem 3. und 4. von 7 Fenstern), mit unregelmäßig verteilten Fensterchen und phantasievollem Dachabschluß, die dekorative Komponente betonen.

Die *Westfassade* (Scott Street) wird als Mackintosh's kühnster und genialster Entwurf angesehen. Über dem steil abfallenden Gelände erhebt sich der große Mauerblock mit drei beinahe 20 m hohen Erkerfenstern. Durch diese prononcierte, ununterbrochene Vertikale wird die Höhe des Gebäudes noch mehr dramatisiert. Feinheit des Details und die riesige Fensterfläche lösen jegliche Schwere des Mauerblocks auf und schaffen Leichtigkeit und Licht.

Die *Ostfassade* läßt die Verbindung zur einheimischen schottischen Bautradition erkennen. Karg und kahl, mit kleinen Fenstern, erinnert sie an die mittelalterlichen Tower-Houses.

Der schönste Raum der Kunstakademie ist die *Bibliothek* (1907–1909). Nikolaus Pevsner beschrieb sie »als überwältigende volle Polyphonie der abstrakten Form«. Sich bei der Beschreibung musikalischer Termini zu bedienen, liegt nahe, denn der Gesamteffekt kann sich nie im statischen, momentanen Eindruck erschließen, sondern ergibt sich erst allmählich aus wechselnden Perspektiven. Den quadratischen Raum umläuft eine Galerie, die auf vorstehenden Stützbalken liegt. Diese Träger, die geschnitzten und bemalten Geländerstäbe und tief von der Decke herabhängende Lampen lösen das Raumvolumen in Linien auf, die kantige Einfachheit und phantasievolles Ornament verbinden.

23 Kunstgalerie und Museum

Lage: Kelvingrove Park, Busse von George Square Nr. 1, 6 und 9. *Geöffnet:* Mo–Sa 10–17 Uhr, So 14–17 Uhr.

Museum: Die Sammlungen umfassen Waffen, Schiffsbau, Geschichte, Archäologie, Ethnologie, Zoologie und Geologie.

Gemäldegalerie: Sie ist eine der größten und bedeutendsten städtischen Gemäldesammlungen auf den britischen Inseln. Im Ostflügel des 1. Stocks befinden sich die britischen Gemälde, im Westflügel die kon-

tinentalen Sammlungen mit französischen, flämischen, holländischen und italienischen Abteilungen. Zu den herausragendsten Werken zählen *Giorgiones* ›Ehebrecherin vor Christus‹, *Rembrandts* ›Mann in der Rüstung‹, *Rubens'* ›Grazien‹ und *Riberas* ›Der reuige St. Petrus‹.
Die *französische Abteilung* glänzt mit einer Fülle von Werken des Impressionismus und Post-Impressionismus sowie Gemälden von Delacroix, Carot, Millet und Manet. Der *britische Flügel* hat Abteilungen für Malerei des 18. und 19.Jh., mit Werken von Raeburn, Remsay, Reynolds, Hogarth, Turner und Whistler. Eine eigene Galerie ist *Glasgower Künstlern* und *zeitgenössischer Malerei* gewidmet.
In der umfassenden *Skulpturensammlung* (2. Stock) sind vor allem Plastiken von *Rodin* und *Epstein* zu nennen. In den Korridoren hängen Aquarelle, Zeichnungen und Drucke; im 2.Stock befinden sich außerdem Silber-, Glas-, Keramik- und Kostümausstellungen. Einen separaten Raum im Ostflügel nimmt *Salvador Dalis* ›Christ of St. John of the Cross‹ ein, entstanden 1951 in Port Ligat, Spanien.

Universität Glasgow · Hunterian Museum   Nr. 23

Lage: Kelvingrove Park, Kelvin Way, links in die University Avenue einbiegen.

Glasgows Universität, gegründet 1451, ist die *zweitälteste in Schottland.* Gelehrt wurde zuerst in der Kathedrale, später in einem Gebäude an der High Street (ab ca. 1460), das nicht mehr erhalten ist. 1870 zog man auf das jetzige Gelände um. Der monumentale neogotische Bau stammt von dem Londoner Architekten *Sir Gilbert Scott.*
In der Universität befindet sich das *Hunterian Museum* (geöffnet: Mo-Fr 9-17 Uhr, Sa 9-12 Uhr). Das älteste Museum der Stadt (1807) entstand aus den anatomischen Sammlungen von *Professor William Hunter* sowie seinen privaten Gemälden, Büchern und Antiquitäten. Seitdem sehr erweitert, zeigt es archäologische, geologische und historische Ausstellungsstücke, eine Sammlung chinesischen Jade und ein Münzkabinett. Wichtig sind vor allem die ausgestellten Werke von *Whistler* und *Charles Rennie Mackintosh.* Die Wohnung von Mackintosh wurde hier mit den Originalmöbeln rekonstruiert.

24 Die Umgebung Glasgows

Pollok House   Nr. 24

Lage: A 736, 5 km südwestlich vom Stadtzentrum, Einfahrt 2060 Pollokshaws Road.
Geöffnet: Mo-Sa 10-17 Uhr, So 14-17 Uhr.

William Adams einziges Werk in der unmittelbaren Nachbarschaft Glasgows ist ein solider, schlichter Bau, konservativ und traditionell in der Architektur, ohne geniale Extravaganzen. Er entstand in den Jahren 1737-1752; vollendet wurde er von William Adams Sohn *John.* Den Haupttrakt bildet ein rechteckiger Block mit drei Stockwerken. Im Erdgeschoß sind auf beiden Seiten der zentralen Eingangstür drei Fenster eingelassen, darüber entsprechend zwei Fensterreihen mit je sieben Fenstern. Diese schlichte Blockkonstruktion scheint eher ein Rückgriff auf den Stil eines *William Bruce,* d.h. auf die klassischen italienischen Proportionen, zu sein. Adams originale Kreativität kommt in diesem Bau kaum zur Entfaltung. Das Haus besitzt Gemälde von *Goya, El Greco* und *Murillo* sowie eine reiche Silber-, Porzellan- und Möbelsammlung.

Haggs Castle Nr. 24

Lage: 100 St. Andrews Drive, Pollokshields. *Geöffnet:* Mo–Sa 10–17.15 Uhr, So 14–17 Uhr.

1585 von *Sir John Maxwell* erbaut, wurde die kleine Burg im 19.Jh. im Renaissancestil umgewandelt. Heute ist sie ein *Museum für Kinder,* das historische Handwerksberufe demonstriert und außerdem eine Küche, ein viktorianisches Kinderzimmer und Bastelwerkstätten enthält.

Provan Hall Nr. 24

Lage: Auchinlea Road, 6,5 km östlich vom Stadtzentrum. *Geöffnet:* Tgl. außer Dienstag (Tel. 041 771 1538 für die genauen Öffnungszeiten).

Das bescheidene zweistöckige Haus ist einer der *besterhaltenen vorreformatorischen Bauten Schottlands* (15.Jh.). Zwei Gebäude werden durch einen hübschen kleinen Innenhof getrennt; das eine mit Staffelgiebel und Türmchen stammt aus dem 15.Jh., das andere wurde im 17.–18.Jh. angebaut. Hinter dem Haus befindet sich ein gut gepflegter, von einer Mauer umgebener *Park*.

Paisley Abbey Nr. 24

Lage: Paisley, 13 km westlich von Glasgow. *Geöffnet:* April–Sept. 10–17.30 Uhr (außer So), Okt.–März 10–15 Uhr (außer So).

Die *Priorei von Pasletum* wurde 1171 von *Walter FitzAlan* für *Cluniazenser-Mönche* aus Shropshire gegründet und 1219 zur Abtei erhoben. Die Engländer zerstörten den Bau 1307 fast völlig; erst 1470 begann man mit dem Wiederaufbau im spätgotischen Stil. Nach der Reformation fiel der Turm in sich zusammen und zerstörte den Chor. Die Kirche verfiel zusehends und wurde erst 1897–1928 von *Rowand Anderson* und *Sir Robert Lorimer* wieder restauriert und aufgebaut.

Aus der frühesten Bauphase des Transitionalstils (der Übergangsphase von der Normannik zur Gotik) aus dem 12.Jh. sind nur drei Joche am Ostende des südlichen Seitenschiffs erhalten. Frühgotisch (13.Jh.) ist das Westende der Kirche. Das zurückgesetzte Portal wird von zwei spitzen Blindbögen flankiert, über ihm zwei schlanke Lanzettfenster, ein 3. im Giebel. An der linken Seite des Westportals befindet sich ein *Denkmal für John Hamilton,* den Erzbischof von St. Andrews und letzten römisch-katholischen Primas von Schottland. Der ehemalige Abt von Paisley wurde 1571 am Marktkreuz von Stirling aufgehängt, da man ihn der Mitschuld am Mord an Lord Darnley beschuldigte.

Das Hauptschiff, das kleiner als der Chor ist, besitzt breite, runde Triforiumsbögen. Außen verläuft in der Höhe des Lichtgadens eine kleine Bogengalerie. Von Querschiffen und Chor ist original nur noch die spätgotische *St. Mirrens Chapel* im südlichen Querschiff erhalten (1499). Interessant ist hier vor allem das steinerne Reliefband am Ostende, das Episoden aus dem Leben des Heiligen darstellt (12.Jh.).

Im Süden der Kirche steht noch ein Teil der alten *Abteigebäude,* entstanden um 1475, mit Anbauten aus dem 17.Jh., die 1956 restauriert wurden.

Die *Stadt Paisley* ist hauptsächlich durch ihre *Webereien* bekannt. Der *Paisley-Schal* mit dem Pinienmuster war im 19.Jh. in ganz Großbritannien populär. Eine Auswahl von Paisley-Schals, Stoffen und Webstühlen sind im *Museum* an der High Street zu besichtigen.
Ein *Webereimuseum* ist auch im *Weaver's Cottage* (18.Jh.) in Kilbarchan untergebracht, das einst für Tartan-Webereien bekannt war. Auf einem Hügel neben der B789 steht ein sehr verwittertes *keltisches Kreuz* aus dem 10.Jh., das *Barochan Cross*. Außer Männern, die auf langen Hörnern blasen, sind kaum mehr Skulpturen zu erkennen.

Newark Castle   Nr. 24

Lage: A 8, Ostende von Port Glasgow. *Geöffnet:* s. S. 238 (AM).

Als unerwarteter Kontrast liegt mitten im Industriegebiet von Port Glasgow eines der *besterhaltenen Herrenhäuser* des 16.Jh. – Newark Castle, der ehemalige Sitz der *Maxwells*. Wohnturm und Torbau des 15.Jh. wurden im 16. und 17.Jh. zu einem eleganten, fast symmetrischen Bau erweitert. Von einem rechteckigen Mitteltrakt aus springen zwei Seitenflügel hervor, mit Türmchen und Erkern versehen. In der Verzierung des Eingangsportals zeigen sich Renaissance-Einflüsse. Von den Räumen ist besonders die große Halle erwähnenswert, in der sich ein großer, schön gearbeiteter Kamin befindet.
Der *Kempock-Stein* bei *Gourock,* wohl schon in prähistorischen Zeiten als *Kultstein* gebraucht, diente den Fischern und Brautpaaren von Gourock als Talisman für Glück und gutes Wetter. 1622 wurde hier eine *Mary Lamont* als Hexe verbrannt, weil sie angeblich den Stein ins Wasser werfen und damit Schiffsunglücke verursachen wollte.

Craignethan Castle   Nr. 24

Lage: A 72, 10 km nordwestlich von Lanark. *Geöffnet:* s. S. 238 (AM).

Die am Westufer des Clyde gelegene Burg der *Hamiltons* ist vor allem durch ihre Assoziationen mit *Sir Walter Scott* bekannt. Fasziniert von der romantischen Ruine, wollte Scott sich ursprünglich das noch überdachte Haus im ersten Hof restaurieren lassen und hier wohnen, entschied sich aber später doch für Abbotsford.
Von besonderem Interesse ist die *strategische Verteidigungsanlage* der Burg. Craignethan Castle wurde in der 1. Hälfte des 16.Jh. erbaut, also in einer Zeit, als man zur Eroberung und Verteidigung von Burgen bereits Artillerie einsetzte. Früher hatte man Burgen verteidigt, indem man sie mit hohen Mauern umgab und oben eine Plattform für die Kämpfenden errichtete. Im Zeitalter der Geschütze reichte dies nicht mehr aus; eine neue Verteidigungsanlage wurde entwickelt, die den Kampfschauplatz auf die ebene Erde verlegte. Dies ist die ›Kaponniere‹, ein breiter, flacher, tunnelförmiger Gang über dem Burggraben, von dessen tiefgelegenen Geschützscharten aus der Gang bestrichen werden konnte. Gebaut wurde die Kaponniere 1592 von *Sir James Hamilton*. Diese damalige wehrtechnische Neuheit, einzigartig in Schottland, ist sorgfältig restauriert. Der wesentlichste Baukörper von Craignethan ist eine gedrungene, äußerst massive Schildmauer (ca. 5 m stark) mit Geschützplattform, die den Rest der Burg gegen Beschuß vom Hügel sicherte. Solch reine Artilleriebefestigungen sind ungewöhnlich für Schottland; Craignethan hat damit eine Sonderstellung in der Entwicklung des schottischen Burgenbaus inne.
Durch zwei durch den Burggraben getrennte Höfe gelangt man zur Burg. Im ersten, größeren Hof befindet sich in einer Ecke das Haus, das Scott kaufen wollte. Im inneren Hof führt ein kleiner Eingang in den rechteckigen *Wohnturm,* der von der Ruine am besten erhalten ist. Zu besichtigen sind noch die *Küche, Keller* mit einem *Brunnen* und die *Gänge des Turms.*

Bute, Arran, Strathclyde, Dumfries und Galloway: Orientierungsplan

G. DIE KUNSTDENKMÄLER IM SÜDWESTEN

Im Südwesten Schottlands – *Strathclyde,* das alte Königreich der Briten im Norden, und *Dumfries* und *Galloway* im Süden – wurden entscheidende Marksteine in der Geschichte des Landes gesetzt.
Galloway war durch Jahrhunderte ein unabhängiges Land, von mächtigen Familien wie den *Balliol, Comyn* und *Douglas* beherrscht, die sich dem Einfluß der schottischen Könige beharrlich entzogen. Erst 1455 gelang es *James II.,* Galloway der Krone zu unterwerfen. Hier, im südlichsten Teil des Landes, nahm um 400 n.Chr. die *Christianisierung* ihren Anfang. Nach Studium und Bischofsweihe in Rom kehrte der *hl. Ninian* in seine Heimat zurück und gründete in *Whithorn* (Nr. 27) mit der ›candida casa‹ die *erste christliche Kirche Schottlands.* Sie wurde das Zentrum der frühchristlichen Kultur und Lehre; von hier breitete sich das Christentum nach Norden aus. Die Kirche St. Ninians ist heute nicht mehr erhalten, doch zeugen noch zahlreiche frühe Grabsteine und Kreuze von dieser ersten christlichen Mission.
Ebenfalls vom Südwesten ging die patriotische Kampagne für die schottische Unabhängigkeit im 13./14.Jh. aus. Ihre beiden berühmtesten Verfechter, *William Wallace* und *Robert the Bruce,* wurden hier geboren, Wallace in Elderslie (bei Paisley), um den Geburtsort von Robert the Bruce streiten sich Lochmaben und Turnberry.
Im Gebiet um *Ayr* stößt man immer wieder auf einen Namen, der mit dem Land untrennbar verbunden ist: *Robert Burns,* der schottische Nationalpoet. Er wurde 1759 in *Alloway* als Sohn eines Bauern geboren. Mit ihm sollte die Tradition der einheimischen Volksdichtung ihren Höhepunkt erreichen. Burns war zwar nicht das ungebildete Naturgenie, als das er oft hingestellt wird, doch so tief in der heimatlichen Kultur und Sprache verwurzelt, daß diese Form und Inhalt seiner Dichtung bestimmten. Burns war der Dichter des Volkes; er schrieb für seine Landsleute in der Sprache, die sie verstanden. Und doch steckt sehr viel mehr in seiner Dichtung als nur bukolische Idyllik. Burns dichtete prachtvolle Volkslieder und Balladen – sein ›Tam o'Shanter‹ allein hätte seinen Ruhm begründet – aber das Spektrum seines dichterischen Könnens war breiter. Burns besaß die unvergleichliche Gabe, kleine und unscheinbare Dinge wahrzunehmen und in der poetischen Darstellung unvergeßlich zu machen; z.B. eine Laus auf der Haube einer Dame oder ein Mäusenest. ›Holy Willie's Prayer‹ zeigt Burns als brillanten Satiriker, der die heuchlerische Religiosität seiner Zeitgenossen aufs Korn nimmt. Burns' Medium ist das ›Scots‹, der heimatliche Dialekt von Ayrshire. Hierin erreicht er eine nie dagewesene Virtuosität, Exaktheit, Expressivität und differenzierte Sensibilität des Ausdrucks. Im Schottischen ist er zuhause, die Sprache kommt bei ihm ungezwungen und aus dem Herzen, was ihn von seinen zahlreichen Nachahmern abhebt; denn fast unmittelbar nach Burns' Tod

1796 verfiel das Scots als poetisches Medium und erstarrte im Gezwungen-Volkstümlichen.

Robert Burns Popularität und dichterische Bedeutung ist am besten daran zu ermessen, daß seine Lieder und Gedichte auch heute noch, nach 200 Jahren, von jedermann in Schottland gekannt, gelesen und rezitiert werden. Sie sind wirkliches, aktives Kulturgut der Nation, und Robert Burns ist ihr Nationalbarde. Ausdruck des schottischen Patriotismus ist auch das jährliche Burns-Supper, mit dem die Schotten ›our Rabbie‹ an seinem Geburtstag am 25. Januar feiern, mit Haggis, Whisky und Burns' Liedern und Gedichten.

25   Bute und Arran

Bute

Die Insel erreicht man am besten mit der Fähre von Wemyss Bay nach Rothesay.

Rothesay Castle

Geöffnet: s. S. 238 AM.

Die Ruine von Rothesay Castle umschließt, einzig in Schottland, eine runde Mauer mit vier runden Ecktürmen. Die Burg stammt aus dem frühen 13. Jh., wurde 1230 von Norwegern erobert und gelangte später in den Besitz der *Stewarts,* die von hier aus Feldzüge gegen die Lords of the Isles führten. 1685 wurde sie von den Engländern niedergebrannt und erst im 19. Jh. vom *Marquis of Bute* teilweise restauriert. Die Ruine umfaßt heute den runden Wall aus dem späten 12. oder frühen 13. Jh., das Vorwerk von 1500 und darüber den großen Turm, von *James IV.* und *V.* erbaut, durch den man die Burg betritt. Im 1. Stock des Turms befindet sich die große Halle, die gut wiederhergestellt worden ist. Hinter der Kapelle im Hof ist die ›Blutige Treppe‹ zu sehen, auf der sich die Tochter eines High Stewards erdolcht haben soll, um einem ungeliebten Bräutigam zu entkommen.

Arran   Nr. 25

Fähre: Von Ardrossan aus ca. 1 h.

Geschichte: Arran war schon in prähistorischen Zeiten besiedelt; dies beweisen Funde von Grabkammern und Stehende Steine. Später wurde die kleine Insel (ca. 15 km breit und 30 km lang) dem *Königreich Dalriada* eingegliedert, kam danach unter skandinavische Herrschaft, wurde im 12. Jh. von *Somerled,* dem Lord of the Isles, erobert und gelangte schließlich 1503 in den Besitz der Herzöge von Hamilton.

Brodick Castle

Geöffnet: Ostern–Sept. 13–17 Uhr, So 14–17 Uhr, Gärten tgl. 10–17 Uhr.

Der älteste Teil des Baus ist der Nordflügel aus dem 14. Jh., der Haupttrakt stammt aus dem 16. Jh., die restlichen Anbauten von 1845. Wichtigster Raum ist der *Drawing Room* mit einer reich verzierten Stuckdecke und einigen schönen Gemälden von *Watteau, Turner* und Aquarellen von *Rowlandson, Pollard* und *Reineagle*, sowie Silber- und Porzellansammlungen.

Von den beiden Gärten zählt der *Rhododendron-Garten* zu den schönsten in ganz Großbritannien, der andere ist ein im klassischen Stil angelegter Garten von 1710.

In der Umgebung von *Kilmory* sind mehrere *neolithische Grabkammern* zu sehen; bei den Ausgrabungen der *Torrylin Cairn* wurden noch die Überreste von vier Erwachsenen und zwei Kindern gefunden. An der Küste von Tormore liegen die *King's Caves,* Felsenhöhlen mit Wandmalereien, in denen sich *Robert the Bruce* versteckt haben soll.

Lochranza Castle, malerisch auf einem Landvorsprung gelegen, ist eine Ruine vermutlich aus dem späten 13./frühen 14. Jh., mit Erweiterungen aus dem 16. Jh. Auf seiner Rückkehr von Irland landete hier *Bruce* und begann von Lochranza aus seinen Feldzug für die schottische Unabhängigkeit.

Goatfell ist der höchste Berg auf Arran, nennenswert wegen der hier lebenden seltenen Goldadler.

26 Strathclyde

Skelmorlie Aisle Nr. 26

Lage: Largs, Bellman's Close an der High Street. *Geöffnet:* April–Sept. 9.30–19 Uhr, So 14–19 Uhr.

Das von *Sir Robert Montgomery of Skelmorlie* 1636 erbaute *Mausoleum*, das ursprünglich das nördliche Querschiff einer alten Kirche gewesen war, ist ein besonders schönes Beispiel für ein frühes Renaissance-Monument. Über dem Grabmal von Sir Robert und seiner Frau befindet sich ein hölzernes Tonnengewölbe, das mit Wappen und heraldischen Motiven bemalt ist (1638).

Rowallan Castle Nr. 26

Lage: B 751, bei Kilmaurs.

Das hübsche kleine Schloß (1652) besitzt eine für das Land ungewöhnliche Architektur, da es eher an ein französisches Château erinnert. Defensive Merkmale wie Wehr- und Ecktürme fehlen, nur rechts und links vom Eingang stehen zwei kleine runde Ziertürme mit konischen Dächern. Über dem Eingangsportal erhebt sich das große in Stein gehauene Wappen. Der Grundriß – sich um einen Innenhof gruppierende Gebäude – ähnelt dem von Falkland Palace (Nr. 29) und ist eine frühe Version der Renaissance-Bauweise.

Kilmarnock ist bekannt als die Heimat des *Johnnie-Walker Whiskys* und der Erstausgabe von *Robert Burns* Gedichten (1786). Sie ist, mit weiteren Manuskripten und Büchern von Burns, im *Burns-Museum* (Kay-Park Monument) zu besichtigen.
Darvel (A71, östlich von Kilmarnock) ist der Geburtsort von *Sir Alexander Fleming*, dem Entdecker des Penicillins (1881–1955) und Nobelpreisträger von 1945.

Ayr Nr. 26

In *Alloway*, einem südlichen Vorort von Ayr, wurde am 25. Jan. 1759 *Robert Burns* geboren. Sein Geburtshaus, *Burns Cottage,* von seinem Vater selbst gebaut, und das *Burns-Museum* nebenan zeigen Erinnerungsstücke der Familie, darunter die alte Familienbibel. Von hier aus beginnt der ›Burns' Heritage Trail‹, die literarische Route zu all den Orten, die mit Burns assoziiert werden. Hoch über den Doon ragt das klassizistische *Burns Monument*, in dem 623 mit Burns verbundene Ausstellungsstücke zu besichtigen sind. Die alte Brücke, ›Auld Brig o'Doon‹ (13. Jh.) wurde durch die Burns-Ballade von ›Tam o'Shanter‹ berühmt. Nach einer durchzechten Nacht im Tam o'Shanter Inn in Ayr – heute Burns-Museum – reitet Tam bei Sturm nach Hause. Als er an der Kirche von Alloway vorbeikommt, beobachtet er dort eine Hexenorgie. In wilder Flucht kann sich Tam gerade noch über die alte Brücke retten, weil er sich erinnert, daß Hexen niemals fließendes Wasser überqueren – der Schweif seines Pferdes bleibt in der Hand einer Hexe. *Tam o'Shanter* war keine fiktive Gestalt; er liegt nicht weit entfernt im Friedhof von Kirkoswald begraben, ebenso wie eine wei-

Alloway: Burn's Cottage

tere Burns-Figur, *Souter* (= Schuster) *Johnnie*. Im Garten von Souter Johnnies Cottage (jetzt Burns-Museum) sitzen alle Figuren der Ballade als lebensgroße Steinskulpturen, 1802 von *James Thom* geschaffen.

Crossraguel Abbey   Nr. 26

Lage: A 77, 3 km südwestlich von Maybole. *Geöffnet:* s. S. 238 (AM).

Die große Abtei wurde 1244 von *Duncan, Earl of Carrick* für *Cluniazenser* aus Paisley gegründet. Wie ihre Mutterabtei, wurde auch Crossraguel im 13. Jh. von *Edward I.* zerstört und im 15. Jh. wiederaufgebaut. *Robert III.* verlieh den Äbten große Macht; sie regierten buchstäblich über das ganze Gebiet von Carrick. Die Abtei besaß ein eigenes Münzrecht, Fischereirecht, Brauereien und Mühlen. Bis 1592 blieb sie in den Händen der Cluniazenser, länger als irgendeine andere Abtei in Schottland. Der hohe Wehrturm *(Abbots Tower)* und das befestigte Pförtnerhaus (16. Jh.) demonstrieren die Notwendigkeit einer verteidigungsfähigen Architektur in den unruhigen Zeiten des 15. und 16. Jh. Zusammen mit den weitreichenden Ruinen der Klostergebäude und dem großen Taubenschlag vermitteln sie ein anschauliches Bild des klösterlichen Lebens. Die Ruinen der Kirche bestehen aus den Mauern von Schiff und Chor, der in einer dreiseitigen Apsis (15. Jh.) endet. Diese Apsis zeigt deutlich den Einfluß burgundischer Cluniazenserbauten; ebenso ist die Ornamentik eher von französischen Flamboyant- als vom englischen Perpendikularstil geprägt. Die Sedilia der Apsis hat vier Sitze, anstelle der sonst üblichen drei. In der an den Chor anschließenden Sakristei und dem danebenliegenden Kapitelhaus sind noch die Kreuzrippengewölbe des 15. Jh. erhalten. Besonders schön zeigt sich das Gewölbe des *Kapitelhauses,* das von einem zentralen Stützpfeiler harmonisch nach allen Seiten ausschwingt.

Culzean Castle (spr. *kalléjn*)   Nr. 26

Lage: A 719, südlich von Ayr. *Geöffnet:* April–Sept. 10–17.30 Uhr, Okt. 10–16 Uhr.

Mit ausgesprochenem Sinn für dramatische Szenerie ließ sich der 10. *Earl of Cassilis* direkt über der Steilküste von *Robert Adam* einen alten Turm (1342) zum Schloß ausbauen. Man betritt das Terrain durch einen falschen Ruinentorbogen von Robert Adam und blickt im Vordergrund des Hauses auf einen exotischen Terrassengarten mit Palmen, hinter dem Bau über das Meer nach Arran. Der Earl of Cassilis hatte wie Adam die klassische ›Grand Tour‹ gemacht, beide waren von der italienischen Kastellarchitektur beeindruckt und versuchten deren romantisch-theatralische Verwirklichung in Schottland. Adam modernisierte den originalen Turm, baute zwei Seitenflügel mit vorspringenden runden Ecktürmen an, verzierte den Bau mit Zinnen und Brustwehr und versah die Türme mit schießschartenartigen Fenstern. Diesen Bauelementen des Wehrburgstils steht die klassisch-symmetri-

Culzean Castle: Treppenhaus

sche Proportionierung und die regelmäßige Fensteranlage gegenüber, eine typische Stilmischung der georgianischen Zeit.
Das Innere des Schlosses prägt der gewohnte elegante Adam-Stil. In zarten Pastellfarben und klassizistischer Vollendung präsentieren sich das *ovale Treppenhaus* und der *runde Drawing Room*. Im Treppenhaus stehen über einem Oval dorischer Säulen korinthische und darüber eine Reihe ionischer Säulen – womit Adam die klassische Kompositionsordnung dorisch – ionisch – korinthisch umdrehte. Über den drei Säulenovalen wölbt sich die *Kuppel;* ein brillanter Zusammenklang von Raffinesse und Schlichtheit.
Der *Teppich* des runden Salons ist eine Arbeit aus Ayrshire, speziell für diesen Raum angefertigt. Er bildet ein harmonisches Pendant zur zarten Stukkatur und den hellen Pastelltönen von Decke und Wand, deren Rundung durch Nischen gelockert wird. Die Decke des Raumes blieb jahrelang weiß, bis der *National Trust* (in dessen Besitz das Schloß 1946 überging) 1968 ein von *Robert Adam* signiertes *Originalaquarell* erwarb, das das geplante Farbschema der Decke zeigt. 1974 wurde die Deckenbemalung nach Adams Entwurf vollendet, das Aquarell hängt vor dem Eingang des Salons. In graziöser Symmetrie formen sich die geometrischen Muster zu phantasievollen Ornamenten. Zierliches Bänder- und Blätterwerk, elegante Arabesken als umlaufender Fries, als Rahmen über Türen und Kaminen vertiefen die einheitliche, harmonische Gesamtstruktur des Raumes. Adams hochentwickelte ästhetische Sensibilität wird vor allem im Detail spürbar. Lampenständer, Spiegel, Türklinken, Wandleuchter, alle von Adam selbst entworfen, stehen mit Architektur und Dekor des Raumes in vollendetem Zusammenklang. Es dominiert die Lust am Ornament, und dennoch wirkt nichts aufdringlich oder überladen, sondern strahlt heitere Leichtigkeit und Zurückhaltung aus.
Eine Suite des Schlosses ist für prominente Staatsgäste reserviert. *Präsident Eisenhower* hatte hier Wohnrecht auf Lebenszeit; in einem kleinen Raum sind Erinnerungsstücke und Bilder ausgestellt.

Etwas weiter die Küste entlang liegt die Ruine von *Turnberry Castle,* in der 1274 *Robert the Bruce* geboren sein soll.
Carleton Castle (15.Jh.), an der Küste (A77), war einst ein Wohnturm des mächtigen *Kennedy-Clans*. Die Burg war der Schauplatz der ›Mary Cullean-Ballade‹: Ein Schloßherr hatte sich einst seiner sieben Frauen entledigt, indem er sie über die Klippen ins Meer stieß. Erst die 8. Frau, Mary Cullean war stärker als er und warf ihn selbst über die Klippen.
Craigcaffie Castle (A77, nördlich von Stranraer) besitzt alle Kennzeichen eines typischen schottischen Wehrturms. Es ist ein kleiner, quadratischer Bau, einfach im Grundriß, mit drei Stockwerken. Das Wappen der *Neilson* über dem Eingang hat die Jahreszahl 1570 als Baudatum. Der Legende nach soll der Turm wegen des sumpfigen Untergrunds auf eine Lage von Wollsäcken gebaut sein.
Lochinch Castle (A75, bei Aird) kann nur von außen besichtigt werden, besitzt aber einen sehenswerten *Park* (17.Jh.) mit dem ersten *Pinetum* Schottlands. Die breite Allee mit über 2 m hohen Araukarien ist mehr als 100 Jahre alt. Im Park steht noch die pittoreske, efeubewachsene Ruine des *Kennedy-Castles* aus dem frühen 17.Jh., das 1715 durch Feuer zerstört wurde.

Glenluce Abbey: ehem. Kapitelhaus

27 Galloway

Glenluce Abbey

Lage: Glenluce, A 75. *Geöffnet:* s. S. 238 (AM).

Für Zisterzienser-Mönche aus Dundrennan gründete Roland *of Galloway* die Abtei von Glenluce im Jahre 1192. Im 13.Jh. lebte hier der ›Zauberer‹ *Michael Scot,* der der Sage nach die Pest nach Glenluce gelockt, sie in ein Gewölbe gesperrt und zu Tode gehungert haben soll. Der historische Michael Scot jedoch war kein Zauberer, sondern Philosoph, Theologe und Mathematiker, der in Toledo und Paris studiert hatte. Dante erwähnt ihn im 20. Canto des Inferno.
Von der Abteikirche sind nurmehr die Grundmauern und der Giebel des südlichen Querschiffs erhalten. Intakt ist jedoch noch das quadratische *Kapitelhaus* (1470) mit seinem schönen Rippengewölbe und zentralen Stützpfeiler. Man betritt es durch einen mit Ornamenten verzierten *Rundbogen;* innen sind noch Reste der Fußbodenkacheln zu sehen sowie einzelne Teile des Wasserrohrsystems, d. h. einige Bleirohre und ineinandergreifende Bolus-Wasserrohre.

Kirkmadrine Stones

Lage: Von der A 716 ab, 13 km südlich von Stranraer.

In einer landschaftlich zauberhaften, einsamen und hügeligen Wiesengegend stehen in einem Friedhof drei Grabsteine, die zu den *frühesten christlichen Denkmälern Britanniens* gerechnet werden. Sie beweisen die Etablierung des Christentums in diesem Gebiet bereits ein paar Jahre nach der Ankunft des *hl. Ninian* in Whithorn (um 400). Auf allen drei Steinen findet sich das Chi-Ro-Symbol für die ersten 2 Buchstaben des Namens Christi sowie lateinische Inschriften. Einer der Grabsteine nennt unter der Formel ›hic iacent‹ die Namen dreier Priester: *Ides, Viventius* und *Mavorius.*
Das milde Klima in diesem südwestlichen Teil Schottlands schafft Voraussetzungen für einen üppigen, subtropischen Pflanzenwuchs. Im *Logan Botanic Garden* wachsen seltene Pflanzen der südlichen Hemisphäre wie Kohlpalmen und Farne. *Arwell House* ist berühmt für seinen prachtvollen *Rhododendronpark* und seine Narzissen-, Azaleen- und Rosengärten, die im Frühsommer besucht werden sollten.
Chapel Finian (von der A 747 ab, 20 km südwestlich von Wigtown) war im 10.–11.Jh. eine Kapelle für Pilger, die hier an der Küste landeten, um weiter nach Glenluce zu pilgern. Heute sind nur noch die Grundmauern und Reste eines Brunnens vorhanden.
Die *Drumtrodden Stones* (A 714, bei der Drumtrodden Farm) sind Reste einer Kultstätte aus der Bronzezeit; unweit davon stehen noch drei Stehende Steine.
Das *Barsalloch Fort* (Auf der Inland-Seite der A 747 bei Barsalloch Point) ist ein von einem tiefen und breiten Graben umgebenes Fort aus der Eisenzeit.
St. Ninian's Cave, eine Felshöhle an der Küste, ca. 4,5 km südwestlich von Whithorn, soll eine Betkapelle des Heiligen gewesen sein. An den Mauern und Felsen sind kleine Votivkreuze (8.Jh.) zu erkennen, ebenfalls auf den Stufen der Steintreppe, die zu der Höhle hinabführt.
St. Ninian's Chapel (Isle of Whithorn) ist die Ruine einer kleinen Kirche des 13.Jh., errichtet für Pilger aus Irland, die zum Schrein des hl. Ninian zogen.

Whithorn

In Whithorn baute *St. Ninian* im Jahre 397 eine kleine, weißverputzte Kirche, die sich von den dunklen Hütten des Dorfes abhob: die ›candida casa‹. St. Ninian weihte sie seinem Freund und Lehrer, *St. Martin von Tours,* der, wie *Beda* in seiner Chronik Britanniens schreibt, Handwerker zum Helfen nach Whithorn geschickt hatte. Unter dem hl.

Ninian wurde Whithorn bedeutendes Missionszentrum, später ein keltischer Bischofssitz, um 1160 ein Prämonstratenserkloster. Nach der Reformation diente das Kirchenschiff als Kathedrale für den protestantischen Bischof, von 1689–1822 war es die Pfarrkirche von Whithorn.

Die Priorei

Geöffnet: s. S. 238 (AM).

Von St. Ninian's ›candida casa‹ sind nur mehr die Fundamente erhalten, die im Osten an den Chor der Kirche anschließen. Das Hauptschiff der Kirche stammt aus dem 13.Jh. mit Änderungen aus dem 17. und 18.Jh. Beachtenswert sind vor allem zwei überdachte *Grabdenkmäler* von ca. 1300 und ein schönes *normannisches Portal* mit vier zurückgesetzten Bögen am Westende der Kirche. Der Chor und die Ostkapellen sind zerstört, doch sind die *Krypten* von ca. 1200 darunter erhalten. In der Krypta befand sich direkt unter dem Altar der Kirche der Schrein des hl. Ninian. Zwischen den Gewölben der Krypta und dem Boden des Chors entdeckte man vier Bischofsgräber aus dem späten Mittelalter.

Das *Museum* besitzt eine bedeutende Sammlung frühchristlicher

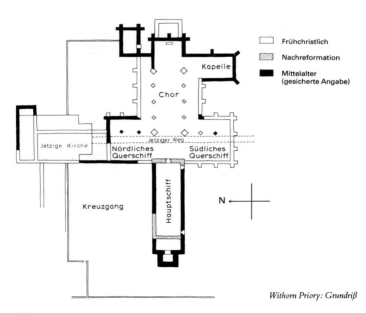

Withorn Priory: Grundriß

Withorn Priory: Portal

Kreuze und Grabsteine. Der *Latinus-* oder *Barrovadus-Stein* ist das *früheste christliche Denkmal in ganz Schottland*. Auf ihm wird die Geschichte des Begräbnisses eines gewissen Latinus und seiner Tochter geschildert, die zu der Schar des hl. Ninian gehört haben könnten. Als Stifter des Grabsteins wird der Enkel des Latinus, Barrovadus, genannt. Der *St. Peter-Stein* aus dem 7.Jh. ist wegen der Art seiner Inschrift bemerkenswert, die für Gallien typisch und sonst nur selten zu finden ist.

Cruggleton Castle und -Kirche Nr. 27

Lage: Nach Whithorn, Küstenseite der A75.

Die Kirche (12.Jh.) ist eines der seltenen Beispiele normannischer Architektur in diesem Teil Schottlands. Die zerstörte Ringmauerburg des späten 13.Jh. nahe der Küste ist eine ehemalige Festung der *Comyns*. Lediglich ein Gewölberest des Wohnturms aus dem frühen 16.Jh. ist noch erhalten.

Die *Standing Stones of Torhouse* (5 km westlich von Wigtown an der B 733) sind ein vollständiger Steinkreis aus der Bronzezeit. 19 Steine bilden einen Kreis von etwa 18 m Durchmesser; in seinem Zentrum stehen noch 3 große Blöcke.
Carsluith Castle (A 75, südöstlich von Creetown) ist ein L-förmiges Tower-House aus dem 16.Jh., ohne Dach und mit einem etwas später angebauten Treppenflügel.
Barholm Castle, nicht weit davon entfernt, ist ebenfalls ein L-Plan-Wohnturm des 16.Jh., bereits sehr verfallen und dicht mit Efeu bewachsen. An der Eingangstür sind mittelalterliche groteske Masken und Figuren zu erkennen.
Cairn Holy (nach Carsluith links von der A 75 ab) sind zwei große *Grab- und Kultstätten der Stein- und Bronzezeit* (ca. 3000–1800 v.Chr.). Die erste Anlage enthält eine gut zu erkennende Grabkammer, dahinter 8 im Halbkreis aufrecht stehende Steine um einen kleinen Platz. Hier vollzog sich das vorzeitliche Bestattungsritual, bei dem man die Toten verbrannte und Opfergaben darbrachte. Die Asche wurde mit Grabbeigaben in der Kammer beigesetzt. Etwas entfernt steht die 2. Anlage mit einer doppelten Grabkammer.
Cardoness Castle (A 75, südwestlich von Gatehouse-of-Fleet) ist ein vierstöckiger Wohnturm aus dem 15.Jh. Von dem kargen, geraden Bau aus unbehauenem grauen Stein sind noch das Gewölbe des Erdgeschosses, die originale Treppe, Steinbänke und Kamine erhalten.
Kirkcudbright, an der Mündung des Dee in den Solway Firth gelegen, ist ein hübsches altes Städtchen mit breitem Kai, charakteristischen Straßen des 18.Jh., einem Marktkreuz von 1610 und einem malerischen Tolbooth aus dem 16. und 17.Jh. Am Wasser befindet sich die Ruine des *MacLellans Castle*, ein ehemals mit vielen Türmchen verziertes Herrenhaus von 1582.

Dundrennan Abbey   Nr. 27

Lage: A 711, 11 km südöstlich von Kirkcudbright. *Geöffnet:* s.S. 238 (AM).

Im 12.Jh. wurde die Zisterzienserabtei von *David I.* oder *Fergus, Lord of Galloway*, gegründet. 1606 gelangte sie in den Besitz des *Earls of Annandale*, wurde vernachlässigt und verfiel. Man benutzte sie als billigen Steinbruch; so sind viele Dorfhäuser zum Teil mit den Steinen der Abtei gebaut. Bevor *Maria Stuart* Schottland für immer verließ und nach England segelte, soll sie hier am 15.5.1568 ihre letzte Nacht verbracht haben.
Die Architektur der Abtei ist ein besonders schönes Beispiel für den *Transitionalstil*, den Übergangsstil von normannischer zu gotischer Bauweise. Die Mischung verschiedener Stilelemente resultiert hier nicht aus einer langen Bauzeit, sondern ist zeitgemäßer Ausdruck einer Übergangsepoche. Von Haupt- und Seitenschiffen sind nur noch die Westfront, Grundmauern und Säulenfundamente erhalten. Die schönsten und interessantesten Teile der Ruine sind die Querschiffe mit den – dachlosen – Seitenschiffen am Ostende der Kirche. Über Spitzbögen verlaufen im nördlichen Querschiff Blendarkaden, darüber eine Fensterreihe mit Rundbögen. Im südlichen Seitenschiff befinden sich unter diesen Rundbögen spitzbogige Doppelfenster. Das *Grabmonument* (12.Jh.) wurde für *Alan, Lord of Galloway*, errichtet, den Vater von Devorguilla Balliol, der Stifterin von Sweetheart Abbey (s.S. 106). Ein kunstvoll gearbeiteter gotischer Torbogen mit einem Fenster auf jeder Seite (spätes 13.Jh.) an der Ostseite des Klostergartens war einst der Eingang zum Kapitelhaus.

Dundrennan Abbey

Orchardton Tower   Nr. 27

Lage: Von der A 711 links nach Palnackie abbiegen, 5 km südlich von Dalbeattie.
Geöffnet: Mo–Sa 9.30–19 Uhr, So 14–19 Uhr.

Der Orchardton Tower ist das einzige Exemplar eines *runden Turmhauses* in Schottland. Er wurde wahrscheinlich Mitte des 15. Jh. für *John Carnys of Orchardton* erbaut. Das Tonnengewölbe des Erdgeschoßes diente als Lagerraum, die oberen Stockwerke waren die Wohnräume der Herrschaft. Der Raum im 1. Stock ist über eine Außentreppe zu erreichen, von hier aus führt eine schmale Wendeltreppe auf den umlaufenden Wehrgang hinauf. Die im Süden an den Turm anschließenden Ruinen waren wohl einst die Wirtschaftsgebäude und Wohnräume der Dienerschaft.

Threave Castle   Nr. 27

Lage: A 75, 2 km westlich von Castle Douglas. *Geöffnet:* s. S. 238 (AM).

Der *Douglas-Wohnturm* auf einer Insel im Dee wurde 1369–1390 von *Archibald dem Grimmigen* erbaut, die umlaufende Ringmauer mit drei Ecktürmen um 1450 hinzugefügt. Sie bildet eine der frühesten Artilleriebefestigungen Schottlands. Im Kampf zwischen der Krone und dem Douglas-Clan fiel Threave als letzte der Douglas-Burgen im Jahre 1455 an *James II.,* doch erst, nachdem der König eine große Kanone aus Edinburgh hatte holen und mit ihr die Burg beschießen lassen. Im 16. Jh. wurde die Burg restauriert, 1640 von den Convenantern abermals zerstört. Der Turm hatte einst fünf Stockwerke, jedes ein einzelner Raum.
Mote of Urr (A 710, 5 km nördlich von Dalbeattie): Zu sehen sind die eindrucksvollen Reste einer sächsischen und frühnormannischen Befestigungsanlage des ›motte-and-bailey‹-Typs (s. S. 14). Ein fast kreisrunder Hügel wird von einem tiefen Graben und Hof umgeben.

Sweetheart Abbey

28 Dumfries

Sweetheart Abbey Nr. 28

Lage: A 710, bei New Abbey, 12 km südlich von Dumfries. *Geöffnet:* s. S. 238 (AM).

Devorguilla Balliol, die die Abtei 1273 gründete, liegt hier mit dem Herzen ihres Mannes begraben, den sie so sehr liebte, daß sie nach seinem Tod sein Herz in einer Elfenbeinkapsel einbalsamieren ließ und es bis zu ihrem eigenen Tod 16 Jahre später immer bei sich trug. Von daher rührt der Name der Abtei. Devorguilla, deren Sohn *John Balliol* der Hauptrivale von *Robert the Bruce* im Kampf um die schottische Krone war, ging auch als Gründerin des Balliol-College in Oxford in die Geschichte ein.

Die rote Sandsteinruine der ehemaligen Zisterzienserabtei enthält alle sechs Hauptbögen, einen Teil des Lichtgadens vom Hauptschiff, Teile der Querschiffe sowie einen großen zentralen Turm. Damit gehört sie zu den besterhaltenen schottischen Abteien, jedoch sind fast alle Klostergebäude vernichtet.

Der Grundriß ist der einer üblichen *Zisterzienserkirche:* kreuzförmig, eine Ostkapelle in jedem Querschiff und der Eingang durch die Westfront. Beachtung verdient vor allem die große *Rosette* über drei Lanzettfenstern in der Westfassade und das zierliche dreifache Kleeblattmaßwerk in den Fenstern des Chors sowie die hübsch verzierten Kapitelle der Lichtgadensäulchen.

Das Grab Devorguillas befand sich ursprünglich vor dem Hauptaltar, wurde jedoch in der Reformation zerstört. Mit einigen originalen Fragmenten wurde es rekonstruiert und befindet sich jetzt im südlichen Querschiff.

Caerlaverock Castle Nr. 28

Lage: von der B725 ab, 14,5 km südlich von Dumfries. *Geöffnet:* s.S. 238 (AM).

Bei Caerlaverock Castle überrascht der außergewöhnliche Grundriß: er ist *triangelförmig*. Diese Festung der *Maxwells* datiert von ca. 1290. Im frühen 14.Jh. sehr zerstört, wurde sie erst 1593 von *Lord Maxwell* wiederaufgebaut. Der *1. Earl of Nithsdale,* ein königstreuer Katholik, erweiterte den Bau 1634 im Stil der Renaissance. 1640 belagerten ihn Convenanter und zerstörten die Burg nach 13 wöchiger Belagerung.

Wie ein mächtiger, wehrhafter Schutzschild liegt die Burg, von einem Wassergraben umgeben, vor uns. An der Spitze des Dreiecks beherrschen zwei mächtige *Rundtürme* den Eingang (spätes 13.Jh.), an die beiden Schenkel schließen sich jeweils zwei kleinere Rundtürme an. Die Schießscharten und Reste eines Konsolgesimses an den Türmen stammen aus späterer Zeit (15.Jh.). In starkem Kontrast zu diesem funktionalen, rein auf Verteidigung ausgerichteten Äußeren steht der *Innenhof* aus dem 17.Jh., der ein frühes Beispiel der *schottischen Renaissancearchitektur* darstellt. Spitze und runde Giebel zieren Türen und Fenster des Nithsdale's Building an der Ostseite des Hofs. In diesen Tympanons sind Skulpturen antiker Motive und heraldische Embleme enthalten.

Südöstlich der heutigen Burg finden sich im sumpfigen Gelände die *Reste der Vorgängerburg,* die man durch dendro-chronologische Messungen auf 1229 datieren konnte. Kurz nach ihrer Erbauung wurde sie bereits aufgegeben, weil sie sich wohl zu nahe am Wasser befand.

Caerlaverock Castle

Ruthwell Cross

Ruthwell Cross Nr. 28

Lage: Ruthwell Kirche, B 725, 10 km westlich von Annan.

Das gewaltige *Steinkreuz* (5,5 m) stammt aus dem frühen 8. Jh. und zählt zu *Europas bedeutendsten frühchristlichen Monumenten*. Es wurde unter dem Fußboden der Kirche gefunden und 1827 aufgestellt. Ein Arm des Kreuzes ist restauriert.

Die *northumbrische Arbeit* vereint in sich mehrere Stile. Weinlaubornamente und Figuren deuten auf einen frühen römisch-katholischen Einfluß hin; die römischen Buchstaben sind keltischer Stil, die Runenschrift ist englisch. Die Skulpturen auf der Vorderseite zeigen Szenen aus dem Leben Christi mit lateinischen Inschriften. An den Seiten ranken sich Zweige und Blätter, zwischen denen Vögel, Tiere und Früchte sitzen. Den Rand umläuft ein Gedicht in northumbrischer Sprache und Runenschrift. Das ›lyrische Ich‹ ist hier das Kreuz selbst; es erzählt von der Passion Christi und beklagt die Rolle, die es in der Kreuzigung spielen mußte.

Gretna Green Nr. 28

Als Heiratsparadies für Paare ohne Lizenz und Erlaubnis der Eltern wurde Gretna Green weltberühmt. Denn während ab 1713 in England Eheschließungen nur mit Lizenz und in einer Kirche möglich waren, galt nach schottischem Gesetz ein Jawort vor zwei Zeugen. So flohen viele junge Leute nach Gretna, dem ersten schottischen Ort nach der Grenze. Nach 1865 mußte ein Teil wenigstens drei Wochen vor der Heirat in Schottland leben, doch endgültig illegal wurde diese Art der lizenzlosen Hochzeit erst 1940.

Das romantische Abenteuer einer Blitzheirat kann der Tourist auch heute noch in der berühmten *Schmiede von Gretna* erleben; als ›Mock Marriage‹ kann sich jeder für ein paar Pence über dem Amboß trauen lassen.

Das *Merkland Cross* (A 74, bei Kirtlebridge), ein über 2 m hohes Gedenkkreuz aus dem 15.Jh., wurde für einen in der Schlacht gefallenen *Maxwell* errichtet und besitzt reiche Verzierungen.

Ecclefechan   Nr. 28

Hier wurde 1795 *Thomas Carlyle,* der große viktorianische Historiker und Philosoph, als Sohn eines Maurers geboren. Die Essenz seines monumentalen gesellschaftsphilosophischen Werks waren ein puritanisches Arbeitsethos und eine tiefe Abneigung gegen die Demokratie. Die starke Religiosität seines Elternhauses, der harte Kampf ums tägliche Brot, prägten Carlyle zu dem bedeutendsten Moralisten des Viktorianismus, der mit einer religiös fundierten Arbeitsmoral die sozialen Ungerechtigkeiten und Mißstände der Zeit zu lösen versuchte. Carlyle liegt auf dem *Friedhof* von Ecclefechan unter einem Stein mit der schlichten Inschrift ›Humilitate‹ begraben. Sein *Geburtshaus* dient heute als *Museum* für zahlreiche Carlyle-Erinnerungsstücke und -Dokumente.

Lochmaben Castle nimmt, wie Turnberry Castle (s.S.99), in Anspruch, der *Geburtsort von Robert the Bruce* zu sein. Seine Statue steht deshalb im Stadtzentrum. Die Burg aus dem 14.Jh. war einst häufiger Wohnsitz von *James V.,* seiner Tochter *Maria Stuart* und *Lord Darnley.* Später verfiel sie zur Ruine und wurde von den Bewohnern von Lochmaben als Quelle für Baumaterial benutzt.

In *Dumfries* lebte *Robert Burns* von 1791 bis zu seinem Tode fünf Jahre später. Deshalb ist die Stadt voll von Burns-Erinnerungen. Sein liebstes Gasthaus, das *Globe Inn,* existiert noch und bewahrt Burns' Lieblingsstuhl auf. Das ehemalige Haus des Dichters ist *Museum,* im *Friedhof* unter einem monumentalen Grabmal im griechischen Stil liegt Burns mit seiner Frau Jean Armour und einigen seiner Kinder begraben.

Lincluden College   Nr. 28

Lage: Von der A 76 ab, 1,5 km nördlich von Dumfries. *Geöffnet:* s. S. 238 (AM).

Das *Benediktinerinnenkloster* aus dem 12.Jh. wurde von *Archibald dem Grimmigen* 1339 in eine *Stiftskirche* umgewandelt. Heute sind nur noch Chor, Sakristei und Teile des südlichen Querschiffs der roten kleinen Sandsteinkirche aus dem 15.Jh. erhalten. An die Sakristei schließen die ehemaligen Klostergebäude an. Auf dem steinernen Lettner zwischen Chor und Hauptschiff illustrieren Skulpturen Szenen aus dem Leben Jesu. Unter einem reich verzierten Bogen im Chor ist das Grab von *Margaret,* der Tochter *Roberts III.* (1430). Der Chor zeigt kunstvolle spätgotische Verzierungen an Fenstermaßwerk, Sedilia und Piscina.

Glenkiln   Nr. 28

Lage: Beim Glenkiln Reservoir, 3 km nördl. der A 75.

In wilder, einsamer Landschaft stellte ein englischer Kaufmann seine Skulpturensammlung auf. Unvermittelt wachsen auf einmal Henry Moores lebensgroße Bronzefiguren aus dem Boden, als seien sie für diese Landschaft geschaffen. Über dem See erhebt sich Rodin's ›Johannes der Täufer‹, etwas weiter entfernt steht Renoirs Plastik der Madame Renoir, und auf einem kleinen Hügel thronen Moores ›König und Königin‹ gleichmütig inmitten von Schafen – Natur und Skulptur verschmelzen so zu einer ursprünglichen Einheit, scheinen einander gegenseitig zu bedingen.

Drumlanring Castle

Drumlanrig Castle Nr. 28

Lage: A 76, 5 km nördlich von Thornhill. *Geöffnet:* Mitte April–Mitte August täglich außer Fr 14–18 Uhr.

Der gewaltige Bau aus rosafarbenem Stein ist mit Heriot's Hospital in Edinburgh (s. Nr. 3, S. 32) herausragendes Beispiel für den schottischen Übergangsstil von später Kastellarchitektur zu den Innenhof-Bauten der Renaissance. Entworfen und gebaut wurde er in den Jahren 1679–1689 für *William Douglas,* den 1. Duke of Queensberry, von *James Smith;* vielleicht war aber auch dessen Schwiegervater, der königliche Baumeister *Robert Mylne,* am Bau beteiligt. Der Duke soll über die immensen Baukosten so schockiert gewesen sein, daß er nur eine einzige Nacht in dem vollendeten Schloß verbrachte.

Mitten in eine kahle, einsame Landschaft gebaut, wirkt das herzögliche Schloß wie ein theatralischer Gewaltakt. Einen rechteckigen Innenhof, dessen Niveau ein Stockwerk höher ist als das äußere Niveau, umschließen wie bei Heriot's Hospital vier symmetrische Flügel. Die klassische Strenge des Grundrisses kontrastiert mit einem eher spielerischen Fassadendekor. Zum Eingang im 1. Stock der Hauptfront schwingt sich eine *hufeisenförmige Treppe.* Das Portal umrahmen Fruchtgirlanden, darüber ein Giebel mit dem geflügelten Herz der Douglas. Die aufgesetzte Kuppel mit der Herzogskrone erinnert an das

Eingangsportal in Holyrood (Nr. 7). Den unteren Teil der Frontfassade bildet eine ruhige Arkadenreihe mit jeweils drei Bögen rechts und links der Treppe. Darüber liegt die Terrasse, von einer Balustrade umrahmt. Die gleichmäßigen Fensterreihen krönen klassische Dreiecksgiebel, zwischen ihnen korinthische Pilaster. Einheit und Gelassenheit der Fassade nehmen mit dem Dach ihr Ende, das eine phantasievolle Vielfalt von Türmchen und Kaminen entfaltet. Auf den vier klotzigen, rechteckigen Ecktürmen sitzen kleine Rundtürmchen, und aus dem Innenhof steigen vier runde Ecktürme hervor, die alle von geschwungenen Bleikuppeln gekrönt werden.

Das Innere

Zusammen mit Bowhill (s. Nr. 16, S. 75) und Boughton House (in Northamptonshire) beherbergt Drumlanrig die großartige *Kunstsammlung der Buccleuchs*. Einzigartig ist die *Sammlung französischer Möbel:* Im Morgenzimmer stehen eine Kommode von *Charles Cressent* (1685–1768) sowie zwei Paar kleine Eckschränkchen von *Pierre Migeon* (1701–1758) und *Jacques Denizot* (um 1740). Von *Jean Charles Saunier* stammt das mit Gold und Einlegearbeiten verzierte Kabinett im Antichambre (um 1750), zwei ähnlich prächtige Louis XIV-Kabinetts stehen im großen Salon (Drawing Room); sie wurden um 1675 für Versailles angefertigt. Das Boudoir enthält eine Kommode von *Adrien Delorme* (1745) sowie Tische von *J. F. Oeben* und *B. van Riesenburgh*.
Berühmt ist das Schloß jedoch in erster Linie für seine glanzvolle *Gemäldesammlung*. Den Kern der Sammlung bildet eine ununterbrochene Folge von Familienporträts, die sich über drei Jahrhunderte erstreckt. Beginnend mit *Van Dyck* enthält sie Werke von *Kneller, Reynolds, Gainsborough* und *Ramsay*. Als kostbarste Stücke ragen *Holbeins* Porträt von Sir Nicholas Carew, dem Stallmeister Heinrichs VIII. (ca. 1528), und *Rembrandts* ›Lesende alte Frau‹ (1655) hervor. Den Rahmen hierfür bilden teilweise holzvertäfelte, teilweise stuckierte Räume; die schönsten sind die großzügig angelegte eichene *Treppenhalle* (eine der ersten ihrer Art in Schottland) und das eichengetäfelte *Eßzimmer* mit Holzschnitzereien von *Grinling Gibbons*.

Wenige Kilometer entfernt befindet sich die *Familiengrabstätte* der Buccleuchs in der *Kirche von Durisdeer*. Beachtung verdient ein Grabmal aus schwarz-weißem Marmor, das von *Van Nost* 1711 für den 2. Duke of Queensbarry geschaffen wurde.

St. Bride's Church Nr. 28

Lage: Douglas.

Im Chor der teilweise zerstörten St. Bride's Church (14. Jh.) liegt der ›Gute‹ *Sir James Douglas* begraben, der einst das Herz von *Robert the Bruce* ins Heilige Land bringen wollte und in Spanien im Kampf mit den Sarazenen fiel. Die *Turmuhr* (1565), die von Maria Stuart gestiftet worden sein soll, ist die *älteste noch funktionierende Turmuhr Schottlands*.

H. DIE KUNSTDENKMÄLER IM OSTEN

29 Die Halbinsel Fife

Die Halbinsel Fife, das alte *piktische Königreich,* ist eine gewachsene Region mit starker individueller Prägung. Immer ein reiches und relativ selbständiges Gebiet, war Fife den meisten kriegerischen Verwüstungen entgangen. Die Einflüsse, die Fife prägten, kamen größtenteils vom Meer: Es waren Römer, Friesen, Normannen und Flamen, mit denen die Halbinsel im Mittelalter Handel trieb. Daß das Gefühl für die eigene Identität auch heute noch vorhanden ist, bewies die Halbinsel 1975. In einer Gebietsreform sollte sie geteilt und jeweils mit der nördlichen und südlichen Region zusammengelegt werden, wogegen sich die Einwohner mit Nachdruck und Erfolg wehrten.

Historisch verknüpften sich mit Fife fast alle prägenden Gestalten der schottischen Geschichte, von *Königin Margaret* über *John Knox* bis zu *Adam Smith.* Aber auch landschaftlich hat die Gegend mit fast 200 km Küste viel zu bieten. Die malerischen alten Fischerdörfer haben sich kaum verändert und den typischen Charakter des 17. und 18. Jh. behalten.

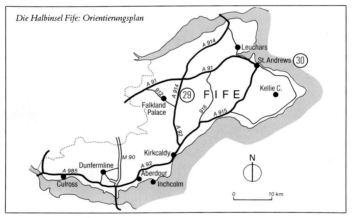

Die Halbinsel Fife: Orientierungsplan

Forth Bridges   Nr. 29

Über 800 Jahre lang überquerte man den *Firth of Forth* mit einer Fähre. Der Name *Queensferry* geht auf die *Königin Margaret* zurück, die sich im 11. Jh. regelmäßig nach Dunfermline übersetzen ließ. 1883–1890 wurde die Eisenbahnbrücke gebaut, mit 1,6 km Länge und den komplizierten Verstrebungen eine der großen technischen Leistungen der viktorianischen Zeit. Nüchterner wirkt dagegen die Straßenbrücke von *Sir Gilbert Scott.* Diese längste Hängebrücke Europas (über 2 km) wurde 1964 von *Queen Elizabeth* eingeweiht.

Dunfermline Abbey Nr. 29

Lage: Monastery Street, Dunfermline. *Geöffnet:* s. S. 238 (AM; außer während der Gottesdienste).

Mit der Gründung der Priorei von Dunfermline um 1070 durch die *hl. Königin Margaret* wurde in Schottland der normannische Baustil eingeführt. Das jetzige Schiff wurde von ihrem Sohn *David I.* 1128 als Abtei gebaut, die die kleinere Kirche ersetzte. Unter dem Fußboden der Abtei entdeckte man noch Reste des Baus aus dem 11. Jh. Unter den Verwüstungen der englischen Soldaten König Edwards (1303) und 250 Jahre später unter denen der Reformatoren hatte die Abtei sehr gelitten; der normannische Chor und die Seitenschiffe wurden völlig zerstört. 1817–1822 baute *William Burn* den Chor in neugotischem Stil wieder auf, leider jedoch ohne die nötige Sensibilität gegenüber dem normannischen Schiff. Über diesem erhebt sich ein quadratischer Turm, dessen Balustrade in großen Steinbuchstaben die Worte ›KING ROBERT THE BRUCE‹ trägt. Das Grab des Helden von Bannockburn blieb als einziges von allen Königsgräbern erhalten. Nach Iona (Nr. 39) diente ja Dunfermline als *königliche Grabstätte* – bis etwa zur Zeit der ersten Stuarts – doch sind auch die Gräber von Malcolm Canmore und

Dunfermline Abbey

Königin Margaret, die nationales Wallfahrtsziel waren, in der Reformation zerstört worden. Das *Grab von Robert the Bruce* entdeckte man zufällig 1818 unter einem Trümmerhaufen: es befindet sich nun unter der Kanzel und ist mit einer Messingplatte gekennzeichnet.

Das Äußere des Hauptschiffes ist durch die schweren, treppenartig abgestuften Stützpfeiler etwas beeinträchtigt, die im 16. Jh. angefügt wurden. Das hinter fünf Bögen zurückgesetzte Westportal flankieren zwei ungleiche Türme, von denen der Nordwestturm um 1590, der Südturm 1887 neu gebaut wurde.

Innen erweist sich das Schiff als einer der schönsten normannischen Räume Schottlands. Der massive, kraftvolle Bau ist eine Schöpfung von Baumeistern der *Durham-Schule*. Große zylindrische Pfeiler, teils mit schlichten Spiralen- und Zickzackmustern, bilden eine Arkade von sechs Bögen. Darüber liegen das Triforium mit tiefen Bögen und abschließend die kleineren Rundbögen des Lichtgadens. Die flache Decke des Hauptschiffs ist aus Holz, die Seitenschiffe besitzen die originalen Steingewölbe und Blendarkaden. Das Glasfenster über dem Westportal (19. Jh.) wurde von *Sir Noel Paton* entworfen.

Die *Klostergebäude* befanden sich südlich der Kirche. Bis auf einen Teil des Refektoriums mit großem Fenster ist wenig erhalten. Ebenfalls zerstört ist der alte *Königspalast* jenseits der Straße, in dem viele Kinder schottischer Könige geboren wurden.

Culross Nr. 29

Culross ist eine der *charakteristischsten und schönsten Kleinstädte des 16.–18. Jh.* Daß diese Atmosphäre so perfekt erhalten blieb, ist vor allem den umfangreichen Restaurierungsmaßnahmen des National Trust zu verdanken, der seit 1932 die typischen kleinen Bürgerhäuser, die ›Little Houses‹, kontinuierlich restaurierte. Ihre Architektur, mit den Treppengiebeln und roten Pfannendächern, erinnert an flämische Häuserzeilen. Charakteristisch für Schottland wiederum ist jedoch der Hauseingang im 1. Stock über eine Außentreppe.

Die gleiche Architektur, auf eine höhere Ebene des Wohlstands und der gesellschaftlichen Stellung übertragen, zeigt sich auch in *Culross Palace*. Er wurde 1597–1611 für *Sir George Bruce* erbaut, der hier auch *James VI.* zu Gast hatte. Die holzgetäfelten Innenräume sind teilweise von oben bis unten bemalt, die älteren und schöneren Malereien befinden sich im Westflügel (1597).

Culross Abbey, die Zisterzienserabtei aus dem 13. Jh., wurde unter James VI. zum Teil wiederaufgebaut. Heute sind ein intakter Chor und Mittelturm erhalten, das Kirchenschiff ist nur noch Ruine. Im Nordteil befindet sich das prachtvolle Alabastergrabmal für Sir George Bruce und seine Familie (1625).

In *Dalgety* (A 92) steht in einem kleinen Friedhof, in zauberhafter Lage am Meer, die dachlose Kirche von *St. Bridget*. Der Ostteil des Gebäudes, die ursprüngliche Kirche, wurde 1244 gebaut, der Westteil im 17. Jh. als zweistöckiges Haus angefügt.

Inchcolm Abbey Nr. 29

Geöffnet: Nur in den Sommermonaten. Mit dem Boot von Aberdour zu erreichen.

Die kleine Abtei von St. Columba, das ›Iona des Ostens‹, wurde 1123 von *Alexander I.* für Augustinermönche aus Scone gegründet. Plündernde englische Truppen ließen von der Abteikirche nur den Turm und das südliche Querschiff übrig. Die Klostergebäude jedoch sind in ausgezeichnetem Zustand erhalten. Mit dem ältesten Teil, einer primitiven Bienenkorbzelle im Nordwesten, ist eine der *frühchristlichen keltischen Kapellen* erhalten. In ihr mag der Eremit gewohnt haben, der Alexander I. nach einem Schiffbruch bei sich aufnahm; aus Dankbarkeit stiftete darauf der König die Kirche.

Das *Kapitelhaus* (ca. 1283) ist eine architektonische Seltenheit in Schottland. Es ist oktogonal und besitzt ein frühgotisches Rippengewölbe ohne den üblichen zentralen Stützpfeiler. An der Wand verläuft ringsum die Steinbank für die Mönche. Im Chor ist noch ein Teil der *Wandfresken* aus dem 13. Jh. erhalten. Sie zeigen eine mittelalterliche Begräbnisszene.

Aberdour Castle Nr. 29

Lage: Aberdour, A 92, 16 km östlich von Dunfermline. *Geöffnet:* s. S. 238 (AM).

Den ältesten Teil bildet der Turm aus dem 14. Jh., an den im 16. und 17. Jh. weitere Gebäude angeschlossen wurden. Sehenswert ist die Ruine wegen der *Wand- und Deckengemälde* im Treppenturm. Nicht weit entfernt steht ein hübscher runder Taubenschlag – einer der typischen schottischen ›doocots‹. In der Nähe der Burg befindet sich die *St. Fillan's Church*. Chor, Chorbogen und Nordwand stammen aus normannischer Zeit, der Rest aus dem 16. Jh. Das flache Dach und der Staffelgiebel sind nach der Reformation entstanden.
In *Burntisland* (weiter auf der A 92) ist die *Kirche* von besonderem Interesse. Das oktogonale Gebäude wurde nach der Reformation (1592) errichtet und rühmt sich eines kunstvollen, von einem Baldachin überdachten zentralen Kirchenstuhls (1606) sowie einer reich geschnitzten und bemalten Empore.

Kirkcaldy Nr. 29

Das Städtchen ist bekannt als Geburts- und Wohnort vieler prominenter Schotten. *Michael Scot* der ›Zauberer‹ (s. S. 101) wurde 1175 in der Nähe geboren, in der High Street 1723 *Adam Smith*. Hier schrieb er zwischen 1767 und 1776 das Werk, das die moderne Volkswirtschaftslehre begründen sollte: den ›Wohlstand der Nationen‹. Auch *Robert Adam* (geb. 1728) stammt aus Kirkcaldy; er ging in die gleiche Schule, in der im 19. Jh. Thomas Carlyle unterrichtete.
Die *Gemäldegalerie* enthält eine kleine, aber sehenswerte Sammlung schottischer Gemälde des 18. und 19. Jh.s; u. a. von *Andrew Geddes, Raeburn, W. Q. Orchardson* und *William MacTaggart*.
An der Küste liegen die Ruinen des *Ravenscraig Castle* (1460). *James II.* erbaute es für seine Gemahlin, nach ihrem Tod übergab er es dem *Earl of Orkney*. General Monks Truppen zerstörten es 1651. Ravenscraig ist wahrscheinlich die erste Festung, die als Verteidigungsanlage für Geschütze gebaut wurde. Auf einem Vorgebirge wurde eine massive Mantelmauer mit zwei runden, gedrungenen Ecktürmen als Front errichtet; zusätzlichen Schutz bot der breite Graben. Den Rest des Vorgebirges nahmen Wirtschaftsgebäude und Ställe ein.

Kinross House Nr. 29

Lage: 1 km südöstlich von Kinross. *Geöffnet:* Mai–September 14–19 Uhr (nur Gartenbesichtigung).

Mit Blick auf die Ruine von Loch Leven Castle baute sich der königliche Hofbaumeister *Sir William Bruce* seinen Landsitz im Stil der palladianischen Villen (1685–1693). Das Haus, von Defoe euphorisch als »most beautiful and regular piece of Architecture in Scotland« bezeichnet, besticht nicht durch Originalität des Entwurfs, sondern durch vornehme Schlichtheit und würdevolle Zurückhaltung. Symmetrische Ausgewogenheit und Harmonie verbinden sich in solcher Perfektion, daß es keines zusätzlichen Dekors mehr bedarf. So geht Bruce auch äußerst sparsam mit Verzierungen um. Lediglich der zentrale Eingang des langgestreckten zweigeschoßigen Baus mit den beiden leicht hervortretenden Seitenflügeln wird durch flankierende ionische Doppelsäulen und Dreiecksgiebel (einen Balkon auf der Rückseite) betont. Vier dezente korinthische Pilaster gliedern das Haus in der Vertikale. Zwischen Ober- und Attikageschoß verläuft ein vorspringender Fries. Reihen von kleinen Kaminen und eine zentrale Kuppel auf dem Dach verleihen der Fassade etwas mehr Lebhaftigkeit.

Der vollkommene Effekt jedoch ergibt sich erst im Zusammenklang mit der Architektur des Gartens. Wie bewußt Bruce diese Harmonie von Gebäude und Landschaft zu erreichen suchte, zeigt sich bereits darin, daß der Garten schon lange Zeit vor dem Baubeginn angelegt worden war. Der klassische Park im italienischen Stil vereint sich mit dem Haus zu einer homogenen Komposition von großer Schönheit.

Kinross House

Lochleven Castle

Geöffnet: Mai–1.Montag im Oktober tgl. 10–18 Uhr, So 14–18 Uhr. (Fähre von Kinross, Nordostende der Stadt, hinter dem Campingplatz.)

Auf einer Insel im Loch Leven steht ein massiver, quadratischer Turm, von einer Mauer umgeben. Er ist die Ruine von Lochleven Castle, in dem *Maria Stuart* von Juni 1567 bis Mai 1568 gefangengehalten wurde. Hier unterzeichnete sie am 23.Juli 1567 ihre erzwungene Abdankung zugunsten ihres Sohnes, der sofort, als einjähriges Kind, zum König gekrönt wurde. Während ihrer Gefangenschaft hatte Maria eine Fehlgeburt und befand sich in sehr schlechtem Zustand. Schließlich, am 2.Mai 1568, konnte sie durch abenteuerliche Flucht entkommen. In *George Douglas,* dem Sohn ihrer Wärterin, hatte sie einen treu ergebenen Verbündeten gewonnen. Sein Page William schloß die zur Abendmesse versammelten Burgbewohner ein, warf den Schlüssel in den See und ruderte die Königin an Land, wo bereits Lord Seton, George Douglas und Sir Hamilton warteten, um Maria nach Niddry Castle zu bringen. Romantisch verklärt wurde diese dramatische Flucht von Sir Walter Scott in seinem Roman ›Der Abt‹.

Der quadratische Hauptturm stammt aus dem 14.Jh. Er enthielt ursprünglich zwei Gewölbekammern mit Falltüren, darüber drei Stockwerke mit hölzernen Böden. Hier befanden sich die Gemächer der *Lady Douglas*. Maria Stuart war in dem kleineren Rundturm – ein Anbau des 16.Jh. – in der einen Ecke der Mauer untergebracht. Ebenfalls aus dem 16.Jh. stammen die Reste der Halle und Küchengebäude.

Burleigh Castle

Lage: 3 km nordöstlich von Kinross, A 911. *Geöffnet:* Immer, Schlüssel in der Burleigh Farm.

Der ehemalige Wohnturm der *Balfours* aus dem 15.Jh. ist intakt und leer. An den Turm schließt eine äußere Umfriedungsmauer mit Torhaus aus dem späten 16.Jh. an, das noch überdacht ist. Erweiterungen und Ausbuchtungen geben ihm eine unübliche Form; die vielen Geschützscharten lassen die einstige Verteidigungsbereitschaft noch gut erkennen.

In der Nähe der Burg befinden sich noch einige *Stehende Steine* aus prähistorischer Zeit.

Falkland Palace

Lage: A 912, 18 km nördlich von Kirkcaldy. *Geöffnet:* Ende März–Mitte Okt., Mo–Sa 10–18 Uhr, So 14–16 Uhr.

Geschichte: Zum ersten Mal erwähnt wurde die Burg als Besitz der *MacDuffs* um 1160. 1371 fiel sie an den machthungrigen *Duke of Albany,* der hier seinen Neffen David, den schottischen Thronerben, zu Tode hungerte. 1425, nach der Exekution von Albanys Sohn, ging die Burg in königlichen Besitz über. Den Bau von Falkland Palace begann *James II.* 1437, doch erhielt er erst unter *James IV.* und *V.* das jetzige Aussehen. In diesem Jagdschloß der Stewarts starb 1542 *James V.*, wenige Tage nachdem ihm seine Gemahlin in Linlithgow Palace eine Tochter geboren hatte: *Maria Stuart*. Cromwells Soldaten ließen 1654 Falkland Palace als ausgebrannte Ruine zurück. Der *3. Marquis of Bute* kaufte den Besitz 1887 und restaurierte den Südflügel, der architektonisch am interessantesten ist. Ursprünglich umgaben den Innenhof drei Flügel, der älteste Nordflügel ist vollkommen zerstört. Der Ostflügel wurde um 1516 gebaut, als letzter Teil folgte der Südflügel.

Die Architektur von Falkland Palace illustriert deutlich die ›Auld Alliance‹, die französisch-schottische Verbindung, die in der Heirat von *James V.* mit *Marie von Guise* 1538 erneut bekräftigt wurde. Die Innenhoffassade des Südflügels (um 1540), an der französische Baumeister arbeiteten, ähnelt sehr dem Erscheinungsbild französischer Loireschlösser der *Frührenaissance*. Die Front teilen Stützpfeiler, denen schlanke Säulen vorgeblendet sind. Zwischen den Fenstern im oberen Stock befinden sich zehn von Medaillons gerahmte Büsten, die wahrscheinlich mythologische Figuren darstellen. Die Ostfassade ist ähnlich gestaltet, jedoch weniger reich verziert.

Einen markanten Kontrast zur inneren Seite bildet der äußere Südflügel, der sich in reinem *spätgotischen Stil* präsentiert. Das Portal flankieren zwei mächtige Rundtürme mit umlaufender Brustwehr und Schießscharten: ein rein defensives Konstruktionsprinzip.

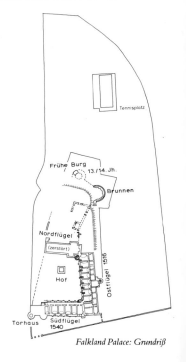

Über eine Galerie mit 6 flämischen Tapisserien aus dem 17. Jh. und Eichendecke (19. Jh.) im Südflügel gelangt man in die *königliche Kapelle*. Sie ist der besterhaltene Raum im ganzen Palast. Original 16. Jh., wenngleich restauriert, sind der hölzerne Lettner und die Wände mit dem umlaufenden bemalten Fries, die Eichenvertäfelung hinter dem Altar und die Holzdecke. (Die restaurierten Teile lassen sich auf Grund ihrer helleren Farbe gut unterscheiden.) Die Deckenbemalung mit den Emblemen Schottlands, Frankreichs und Englands – Distel, Lilie und Rose – stammt aus dem 17. Jh. Das mit eleganten Säulen, Pilastern und Arkaden verzierte hölzerne Gestühl ist, von den beiden mittleren Säulen abgesehen, eine Reproduktion des Originals aus

Falkland Palace: Grundriß

Falkland Palace: Renaissancefassade des Südflügels

dem 19. Jh. Rechts und links an den Wänden hängen flämische Gobelins aus dem 17. Jh. Im Ostflügel, der ehemals die königlichen Gemächer enthielt, ist der *King's Room* rekonstruiert und wieder möbliert worden, wenn auch nur mit annähernd authentischem Mobiliar. Das von einem Baldachin überdachte holländische Prunkbett im vermutlichen Sterbezimmer James V. stammt sicher aus späterer Zeit, wahrscheinlich aus dem frühen 17. Jh. Die restlichen Möbel sind Replika aus dem 19. Jh.

Beachtung verdient auch der – eher einem Squash Court ähnliche – *Tennisplatz* am Ende des Gartens. Mit einem Erbauungsdatum von 1539 ist er 86 Jahre älter als der Platz von Hampton Court und damit *der älteste Tennisplatz in Großbritannien.*

Scotstarvit Tower   Nr. 29

Lage: A 916, 5 km südlich von Cupar. *Geöffnet:* s. S. 238.

Das Gebäude im Stil des mittelalterlichen Tower-House stammt aus dem späten 16. Jh. Es zeigt einen L-förmigen Grundriß; der kurze Teil oder Flügel wird von einem kegelförmigen Türmchen (Kappenhaus) abgeschlossen. Als Charakteristikum der Wehrburg ist eine überstehende Kampfplattform vorhanden, Schießscharten fehlen

jedoch. Der Bau aus großen, rechteckigen Quadersteinen ist in ausgezeichnetem Zustand erhalten.
Cupar hat mit seiner Hauptstraße und den engen kleinen Gäßchen viel von der Atmosphäre des 18.Jh. bewahrt. Der Turm und Teile des Hauptschiffs der Pfarrkirche stammen aus dem frühen 15.Jh., der Rest von 1785.
In *Dairsie* spannt sich eine *schöne dreibogige Brücke* über den Eden, die 1522 Erzbischof *Beaton* errichten ließ. Von der ehemaligen Z-förmigen *Sommerresidenz* des Erzbischofs *Spottiswood*, der 1630 Charles II. krönte, ist nur noch ein runder Turm mit Geschützscharten im unteren Teil vorhanden; oben springt eine Reihe Taubenschläge hervor.
St. Monance: Im Süden des Städtchens, direkt über dem Meer, liegt die gut restaurierte *Kirche von St. Monan*, die David II. 1362 erbaute. Sie umfaßt die beiden Querschiffe, den Chor und einen kurzen, quadratischen Turm mit oktogonaler Spitze und charakteristischen kleinen Fenstern. Im Innern sind die schönen alten Betbänke der Fischer leider entfernt worden, erhalten blieben jedoch die Rippendecke und eine glockenförmig überdachte Sedilia.

Kellie Castle   Nr. 29

Lage: A 921, 16 km südlich von St. Andrews. *Geöffnet:* April–Sept. tgl. außer Mo + Di 14–18 Uhr. Park Ostern–Sept. tgl. 10–17 Uhr.

Der ursprüngliche Turm aus dem frühen 16.Jh. wurde im frühen 17.Jh. durch Anbauten zu einem T-förmigen Grundriß erweitert. Etwas später wurden am langen Ende zwei weitere Türme hinzugefügt, wobei ein freistehender Turm des späten 16.Jh. miteinbezogen wurde. Durch diese stückweisen Anbauten erhielt die Burg der *Earls of Mar and Kellie* eine recht verwinkelte Struktur. 1878 wurde sie von den Architekten *James* und *Robert Lorimer* restauriert.
Der *Drawing Room* besitzt eine schöne Holzvertäfelung aus dem späten 17.Jh., die Wandvertäfelung im *Dining Room* ist im holländischen Stil mit Landschaften bemalt. Hervorzuheben sind auch die reichen Stuckverzierungen der Decken. Das runde zentrale Deckengemälde im *Vine Room* stammt von *Jakob de Wet*, der die Ahnengalerie von Holyrood Palace (Nr. 7) malte. Es ist nach einem Gemälde von *Mantegna* im Gonzaga-Palast in Mantua geschaffen und stellt die ›Götter auf dem Olymp‹ dar.
Crail, von *David I.* als Stadt anerkannt, ist heute ein hübsches altes Fischerstädtchen mit gutrestaurierten Häusern des 17. und 18.Jh. Der Tolbooth stammt aus dem 16.Jh. (mit Anbauten aus dem 18. und 19.Jh.) und besitzt einen kuriosen *Wetterfisch* anstelle eines Wetterhahns. In der *Stiftskirche von St. Mary* (1517) predigte *John Knox* am Anfang der Reformation. Der untere Teil des Turms ist der einzig erhaltene Rest einer früheren Kirche aus dem 12.Jh. Im Eingang der Kirche steht ein *piktischer Stein* aus dem 8.Jh.

St. Athernase   Nr. 29

Lage: Leuchars, A 919, 8 km nordwestlich von St. Andrews.

Neben Dalmeny (Nr. 13) gilt diese kleine Pfarrkirche als *reinste und besterhaltene normannische Kirche in Schottland*. Im frühen 13. Jh. wurde sie von *Saier de Quinci* begonnen, 1244 durch den Bischof von St. Andrews geweiht. Apsis und Chor sind unverändert aus dieser Zeit erhalten geblieben; das Hauptschiff jedoch stammt aus dem 17. Jh. Ebenfalls im 17. Jh. entstand der Turm der kleinen runden Apsis, der sich dennoch in den normannischen Stil gut einfügt. Um die Außenfront der Apsis laufen zwei Blendarkaden mit Doppelsäulen übereinander, teilweise mit den charakteristischen Zickzackbändern verziert. Oben schließt die Apsis ein Fries von grotesken Köpfen ab. Die Fassade des Chors ist ähnlich gestaltet, nur bildet hier die untere Arkadenreihe ineinandergreifende Kreuzbögen.

St. Athernase

Abernethy Round Tower Nr. 29

Lage: Abernethy, A 90.

Der einstigen *piktischen Hauptstadt* und *Zentrum der schottischen Kirche im 9. Jh.* sieht man heute die große Vergangenheit nicht mehr an: Abernethy ist nur mehr ein größeres Dorf. Als einziges Denkmal dieser Zeit blieb der *Round Tower* bestehen, einer der beiden noch existierenden Rundtürme auf dem schottischen Festland, deren Architektur den Einfluß der irischen Kirche zeigt. Sein unterer Teil wird auf das 9. Jh. datiert, der obere auf das 11. oder 12. Jh. Der schlanke elegante Turm verjüngt sich nach oben zu einer Höhe von ca. 16 m. In einem Stein an seinem Fußende sind *religiöse Symbole* eingraviert.

Elcho Castle   Nr. 29

Lage: 6 km südlich von Perth am Tay. *Geöffnet:* s. S. 238 (AM).

Der weitläufig angelegte, unbewohnte, aber gut erhaltene Bau der *Wemyss-Familie* (um 1570) besteht aus einem rechteckigen Haupttrakt mit einem großen befestigten Treppenturm an der einen und drei weiteren Türmchen an der gegenüberliegenden Längsseite. Diese kleinen vorstehenden Eckürmchen sind besonders typisch für den schottischen Burgenstil des späten 16. Jh. An der Hauptfront sind noch die *originalen gußeisernen Fenstergitter* erhalten. Reizvoll sind besonders die unterschiedlich großen und unregelmäßig verteilten Fenster sowie der vorspringende runde Erker. Die Größe der Fenster und die vielen Kamine demonstrieren bereits das Abweichen von einer rein defensiven Architektur, wenn auch der Giebel über dem Dachfenster beinahe das einzige dekorative Element der Außenfassade ist. Die Räume sind insgesamt in gutem Zustand, stehen aber leer.

30   St. Andrews

Geschichte: Von St. Andrews rührt das *Andreaskreuz* der schottischen Fahne her: Der Legende nach strandete im 4. Jh. der *hl. Regulus* mit den *Reliquien des Apostels* hier an der Küste. Wahrscheinlich wurden sie jedoch erst Mitte des 8. Jh. hierher gebracht; die Gründung einer frühchristlichen keltischen Niederlassung in dieser Zeit ist historisch belegbar. St. Andrews wurde bald *Bischofssitz* und erhielt ab dem 10. Jh. das *Primat in Schottland.* Dem Bau der Reliquarkirche *St. Rule's* (1127–1144) folgte 1160 die Gründung einer *Kathedrale* durch Augustinermönche, die die größte Kirche Schottlands werden sollte. Um 1200 entstand die Burg als Sitz der Bischöfe. Im 15. Jh. wurde St. Andrews zum *religiösen und geistigen Zentrum des Landes.* 1412 wurde hier die *erste Universität Schottlands* gegründet, 1472 das Bistum zum *Erzbistum* erhoben. Fast 100 Jahre später begann hier die umwälzende Bewegung der *Reformation,* 1546 erschlugen die Reformer *Kardinal Beaton* und stürmten die Burg, 1559 führte John Knox's Predigt über die Tempelreinigung zur Zerstörung von Bildern und päpstlichem Inventar.
In aller Welt bekannt ist St. Adrews schließlich als ›Mekka des Golfsports‹. 1754 wurde hier der *Royal und Ancient Golf Club* gegründet, der erste der Welt, der bis heute als *oberste Autorität im Golfspiel* gilt. Auf den vier Plätzen der Stadt, von denen der ›Old Course‹ der älteste und berühmteste ist, kann jeder gegen Gebühr auch ohne Clubmitgliedschaft spielen.

Die Kathedrale   Nr. 30

Durch zwei Bogengänge aus dem 14. Jh., ›The Pends‹, gelangt man in das Gebiet der Kathedrale. Der Bau dieser *größten Kirche Schottlands,* die ca. 102 m lang und 49 m breit ist, wurde 1160 unter *Bischof Arnold* begonnen, doch erst 1328 fertiggestellt. Bei der Weihe war auch König Robert the Bruce zugegen. Im Juni 1538 traute hier Kardinal Beaton *James V.* und *Marie von Guise* – eine Heirat, mit der sich Schottland auf die Seite Frankreichs stellte und den englischen König *Heinrich VIII.* zur Invasion herausforderte. 21 Jahre später, im Juni 1559, zerstörten die fanatischen Anhänger von *John Knox* die ganze ›papistische‹ Ausstattung der Kathedrale. Danach verfiel der Bau und wurde, wie so oft, als Steinbruch verwendet.

St. Andrews: Kathedrale, St. Rule und Friedhof

Was stehen blieb, sind zwei gigantische Endteile: ein spätromanisches Stück der Ostfront, von einem schmalen Fenster durchbrochen (das Maßwerk ist zerstört), und ein Teil der Westfront. Diese wurde nach einem Sturm Ende des 13. Jh. um zwei Joche verkürzt wiederaufgebaut, was die Länge der Kirche auf ca. 100 m reduzierte. Über dem zentralen, sehr zurückgesetzten Eingangsportal erhebt sich eine schlichte Arkadenreihe. Vom Hauptschiff ist lediglich ein Teil des südlichen Seitenschiffs erhalten, dessen Fenster aus verschiedenen Bauperioden stammen, die Ostfenster aus der Zeit des Baubeginns, die Westfenster aus dem späten 13. Jh. An der Südostecke der Kathedrale steht die kleine Kirche des hl. Regulus, *St. Rule,* die von Baumeistern aus Yorkshire in den Jahren 1127–1144 für Bischof Robert erbaut wurde. Das Schiff ist verschwunden, es stehen noch der schmale Chor mit dem hohen Bogen und der 33 m hohe, quadratische, schlanke *romanische Turm.* Er ist das distinktive Kennzeichen dieser Ruinenlandschaft und gilt als *ältestes und schönstes Gebäude der Stadt.* Die Doppelfenster im Glockenturm erinnern an lombardische Kirchtürme.

Die Burg Nr. 30

Etwas abseits, an der Küste, liegen die Ruinen der alten Bischofsburg. Sie wurde vom 14.–16. Jh. erbaut, Teile des Torturms mögen aber bis

ins 13.Jh. zurückreichen. 1546 verbrannte hier *Kardinal Beaton* den Reformator *Georg Wishart* bei lebendigem Leibe. Aus Rache erschlugen ihn Wisharts Freunde zwei Monate später und besetzten die Burg. Ein Jahr lang konnte sie von den Reformatoren gehalten werden, bis diese sich dem Bombardement einer französischen Flotte ergeben mußten.
Über eine Brücke überquert man den Burggraben zum Haupteingang, auf dessen beiden Seiten sich Räume für Wachen befanden; dahinter liegt der Hof mit dem Brunnen der Burg. In der nordwestlichen Ecke, im *Sea Tower*, steht ein flaschenförmiges Verlies, in dem Beaton Protestanten gefangengehalten hatte und in das später seine Leiche von den Reformatoren geworfen wurde. Die Gemächer des Kardinals befanden sich im massiven Turm in der südwestlichen Ecke, der Nordostturm diente als Küchenturm. Zu besichtigen ist noch der unterirdische Stollen, durch den die Belagerer die Burg zu erobern versuchten – worauf die Verteidiger einen Gegenstollen gruben und den Sprengungsplan vereitelten.

Die Universität Nr. 30

Die *kleinste und älteste Universität Schottlands* (gegründet 1412 von *Bischof Henry Wardlaw*) besteht aus drei Colleges. *St. Salvator* und *St. Leonard,* die geistes- und naturwissenschaftlichen Fakultäten, wurden 1747 zusammengelegt. 1537 gründete Kardinal Beaton mit *St. Mary's College* (South Street) die theologische Fakultät, an der wahrscheinlich auch *John Knox* studiert hat.
Die *Kirche von St. Salvator* (Ecke North Street/College Street) ist als einziges der frühen Gebäude des College erhalten und dient heute als *Universitätskapelle.* Im Innern steht das Grabmal für den Gründer, *Bischof James Kennedy,* eine prächtige Arbeit im Stil des Flamboyant. Aus der Stadtkirche wurde die Kanzel von John Knox hierher gebracht.

Die College Street führt stadteinwärts auf die Market Street. Ein *Andreaskreuz* im Pflaster markiert die Stelle, an der der französische Dichter *Chastelard,* ein glühender Verehrer *Maria Stuarts,* den man in ihrem Schlafzimmer auf Rossend Castle entdeckt hatte, 1563 deshalb enthauptet wurde.
Die alte Stadtkirche *Holy Trinity* (Ecke College Street/South Street), ein ehemals schöner Bau (1412), hatte durch frühere Umbauten sehr gelitten. Bei der Restaurierung durch *MacGregor Chalmers* (1916–1919) konnte jedoch viel von den alten Linien wieder freigelegt werden. Hier hatte *John Knox* seine erste öffentliche Predigt gehalten (1547). Die großen Ost- und Westfenster und 11 weitere sind Entwürfe von *Douglas Strachan.* Von Interesse ist auch noch das *Marmordenkmal* zur Erinnerung an die Ermordung von Erzbischof Sharp; eine holländische Arbeit aus dem späten 16.Jh.
In *Queen Mary's House* (South Street), einem hübschen kleinen Stadthaus des 16.Jh., jetzt Bibliothek der St. Leonards School, soll *Maria Stuart* logiert haben; sicher zu belegen ist nur ein Besuch *Charles II.* im Jahre 1650.
Am Ende der South Street liegt rechter Hand die kleine *St. Leonard's Chapel,* die Universitätskapelle des St. Leonard's College (16.Jh.). Nach der Reformation war sie als Pfarrkirche benutzt worden, verfiel dann im 18. und 19.Jh. und wurde 1948–1952 restauriert. Sie enthält besonders schöne Grabmäler einiger College-Prinzipale aus dem 16. und 17.Jh.

31 Dundee

Das ›schöne Dundee‹, das sein Stadtpoet *William McGonagall* (1830 bis 1903) in vielen noblen Versen besang, ist heute kaum noch zu finden. Die alten Häuser sind fast alle durch moderne Bauten ersetzt. Die *drittgrößte Stadt Schottlands* ist ein *Zentrum des Schiffbaus und der Stahlindustrie* und besitzt damit auch alle negativen Seiten einer Industriestadt. Die angenehmsten Assoziationen, die Dundee für gewöhnlich erweckt, sind die mit der berühmten *Dundee-Marmelade* und dem *Dundee-Cake,* einem reichhaltigen Früchtekuchen. Auch verbindet sich mit der Stadt einer der romantischsten Helden der schottischen Geschichte: *Graham Claverhouse*, 1. Viscount of Dundee, der Sieger von Killiecrankie, Sir Walter Scott's ›Bonnie Dundee‹ (1649–1689).

König *James II.,* der überzeugte Katholik, hatte sich mit drastischer Härte um eine Rekatholisierung seines protestantischen Reichs bemüht und damit die ›Glorious Revolution‹ (1688) heraufbeschworen, die unblutige Revolution, in der der König nach Frankreich floh und die Engländer *William of Orange* als König einsetzten. Viele stuarttreue schottische Royalisten erkannten jedoch den ›geborgten‹ König nicht an und fochten für die Restauration der Stuarts. An ihrer Spitze stand der Viscount Dundee, den eine Aura von Unverletzlichkeit und heißblütigem Heldentum umgab – man sagte, kaltes Wasser habe zu zischen begonnen, sobald er damit in Berührung kam. Nach der ›Glorious Revolution‹ sammelte ›Bonnie Dundee‹ sofort die Jakobiten um sich und erklärte dem neuen König den Kampf. William schickte seinen General Mackay mit 4000 Mann nach Schottland; in der *Schlucht von Killiecrankie* kam es am 27. Juli 1689 zur Schlacht. Die Engländer wurden überrannt, in wenigen Minuten hatte Claverhouse die Schlacht für sich entschieden. Im Augenblick des Sieges jedoch wurde er noch von einer englischen Kugel getroffen und fiel. Dies brachte ihm zwar mythische Verklärung ein, die Sache der Stuarts war damit aber ohne Aussicht auf Erfolg, da ihr nun eine Leitfigur wie Dundee fehlte.

Stadtrundgang
Westlich vom City Square geht die Nethergate ab, auf deren nördlicher Seite die *City Churches* stehen, drei Kirchen unter einem Dach. Sie beherrscht der *Old Steeple,* der als einziger Teil von der vorreformatorischen Kirche St. Mary (15. Jh.) erhalten ist. Die erste Kirche an dieser Stelle war gegen Ende des 12. Jh. gegründet worden. Hieraus entwickelten sich trotz der Zerstörungen durch englische Soldaten im 13. und 14. Jh. und durch General Monks Truppen 1651 bis 1783 vier Kirchen: *St. Mary, St. Paul, St. Clement* und *St. John*. Ein Brand von 1841 vernichtete sie jedoch fast völlig; danach baute man nur drei der Kirchen wieder auf (ohne St. John).

Die Reform Street führt vom City Square nach Norden zum Albert

Square. Hier befinden sich im *Albert Institute Museum* und *Kunstgalerie* der Stadt Dundee. Im Museum sind hauptsächlich archäologische Funde ausgestellt. Die Gemäldesammlung zeigt neben flämischen, holländischen, französischen und englischen Werken vor allem Bilder der schottischen Schule.

Ecke Meadow Street/Reform Street liegt der *alte Friedhof* Dundees, *the Howff*, ursprünglich ein Franziskanerkloster des 13.Jh., das nach seiner Zerstörung 1548 der Stadt von Maria Stuart als Friedhof und Versammlungsplatz für die Gilden übergeben wurde. Daher rührt auch der Name ›Howff‹ (= Treffpunkt). Am Westende findet sich eine Vielzahl besonders schöner alter Grabsteine.

In der Cowgate steht das einzige noch erhaltene Stadttor, *Wishart Arch* (1591, restauriert 1877), daneben eine Kirche von Samuel Bell, *St. Andrews Church* (1774).

In *Broughty Ferry* an der Küste steht *Broughty Castle,* eine Burg aus dem 15.Jh., heute ein Museum, das die Geschichte des Walfischfangs illustriert, der in der 2.Hälfte des 18.Jh. eine der Haupteinnahmequellen von Dundee darstellte. (*Geöffnet:* 10–13 und 14–17 Uhr, tgl. außer Fr u. Sa.)

Claypotts Castle   Nr. 31

Lage: Ostende von Dundee, Kreuzung A92/B978. *Geöffnet:* s.S. 238 (AM).

Der pittoreske, verwinkelte Bau ist ein perfektes Beispiel eines Tower-House des späten 16.Jh. (1569–1588). Der Z-förmige Grundriß hatte gegenüber den alten Türmen viel größere Vorteile für ein komfortableres Wohnen; noch dazu konnte das gesamte Umfeld durch die beiden Rundtürme besser bestrichen werden.

An den rechteckigen Mittelbau schließen sich diagonal zwei große runde Türme an, in deren einspringenden Winkeln sich jeweils ein kleinerer Rundturm mit einer Wendeltreppe befindet. Claypotts ist zur *Verteidigung durch Geschütze* gebaut; dies demonstrieren deutlich eine Anzahl von Maulscharten mit Kanonenlöchern im unteren Teil sowie die fehlende Kampfplattform. Der obere Teil der Rundtürme ist viereckig ausgekragt und unterstreicht zusammen mit den Treppengiebeln und Dachfenstern den kuriosen Effekt des Baus. Die inneren Wände sind in Claypotts Castle bereits erheblich dünner als in früheren Burgen; denn damals war es schon möglich, Holzböden einzuziehen, die Wände mußten daher nicht mehr die Belastung durch steinerne Gewölbe aushalten.

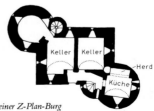

Claypotts Castle: Grundriß einer Z-Plan-Burg

32 Tayside

Perth Nr. 32

Als *Fontane* an einem Sonntag in Perth eintraf, begegnete ihm »statt des Lebens und der Buntheit der Straßen jene Totenstille«, die ihm eine unwillkommene Gelegenheit bietet, »die Häuser in ihrer charakterlosen Dürftigkeit zu sehen«. Fontane gesteht der Stadt zwar Alter, aber keine Schönheit zu. Von einigen schönen georgianischen Straßenzügen abgesehen (am North Inch), trifft dies auch heute noch zu. Von historischem Interesse ist die *St. John's Kirk* (St. John Street). Eine frühe Kirche des 12.Jh. wurde hier im 15.Jh. wiederaufgebaut, und dieser Bau 1923–1924 von *Sir Robert Lorimer* restauriert. Heute dient er als *Perthshire-Kriegerdenkmal*. Hier predigte *John Knox* 1559 gegen den Götzendienst und gab damit Anstoß zu einer Bilderstürmerei, der fast die gesamte kirchliche Kunst Schottlands zum Opfer fiel.

Mit Scotts Roman ›Das schöne Mädchen von Perth‹, der auch das romantische Image des ›lieblichen Perth‹ hervorgebracht hatte, ist das ›Fair Maid's House‹ (Charlotte Street) verbunden. Es stammt aus dem Mittelalter und ist heute ein *schottisches Heimatmuseum*. Eine Nische in der Außenfassade enthielt früher eine Statue des hl. Bartholomäus, des Schutzheiligen der Handschuhmacher, wie er auch in Scotts Roman

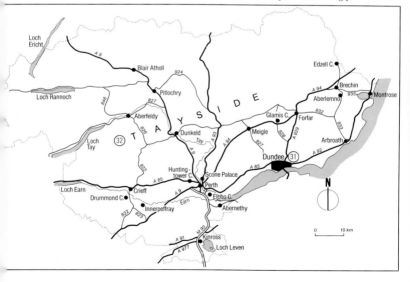

Tayside: Orientierungsplan

erwähnt wird. Im *Round House,* dem alten *Wasserturm* von Perth, ist heute das *Touristen-Informationszentrum* der Stadt untergebracht. Es geht auf einen Entwurf des Rektors der Akademie von Perth, *Adam Anderson* (1832), zurück und zeigt einen von gußeisernen Pilastern umgebenen Kuppelbau.

Huntingtower Castle Nr. 32

Lage: A 85, 5 km westlich von Perth. *Geöffnet:* s. S. 238 (AM).

Das frühere *Ruthven Castle* der *Earls of Gowrie* besitzt eine unübliche Baugeschichte. Zuerst war es ein einziger freistehender Turm (15. Jh.), neben den etwas später ein zweiter gestellt wurde; verbunden wurden beide durch einen Mitteltrakt im 17. Jh. Vor diesem Zeitpunkt soll einmal eine Tochter des 1. Earls den Zwischenraum von fast 3 m übersprungen haben, als sie sich mit dem Geliebten in einem Turm befand und ihre Mutter kommen hörte.
Die Verbindung der Türme vermag nicht recht den Eindruck architektonischer Einheit zu erzeugen. Es fehlen u. a. die Zinnen, und das Dach besitzt ein anderes Niveau. Innen sind einige *Wandmalereien* und sehr frühe Stuckverzierungen bemerkenswert, die teilweise noch bunt bemalt sind. Am bedeutendsten ist jedoch die *Balkendecke der alten Halle.* Ihre Dekoration, verschlungene schwarze geometrische Muster (um 1540) auf weißem Untergrund und rot-gelb bemalte Balken, ist die früheste erhaltene in Schottland. Spuren noch älterer Wandmalereien zeigen Darstellungen von Tieren und Grotesken.

Scone Palace (spr.: *sku:n*) Nr. 32

Lage: A 93, 3 km nördlich von Perth. *Geöffnet:* Mai–Sept. Mo–Sa 10–18 Uhr, So 14–18 Uhr.

Geschichte: Kenneth MacAlpine, der die Skoten und Pikten zu einem Königreich vereint hatte, brachte im 9. Jh. den ›Stone of Scone‹ hierher, den *schottischen Krönungsstein,* und machte damit Scone zum Regierungssitz und Zentrum des Reiches. Der Stein stand auf dem *Mote Hill,* einem künstlich aufgeschütteten Hügel, der der Sage nach aus Erde aus allen Teilen des Landes besteht; denn die schottischen Chiefs schworen traditionell dem König nur dann den Treueeid, wenn sie dabei auf eigenem Grund und Boden standen. Da der König nicht vor der Krönung das ganze Land bereisen konnte, füllten die Chiefs vor der Reise nach Scone ihre Stiefel mit heimatlicher Erde und standen damit bei der Zeremonie buchstäblich auf eigenem Boden. Nach der Krönung wurden die Stiefel auf dem Mote Hill ausgeleert; daraus erklärt sich auch sein zweiter Name ›Boot Hill‹. Den Stein raubte *König Edward I.* 1297 und brachte ihn nach *Westminster* – dort blieb er bis heute, von einer kurzen Entführung 1951 durch schottische patriotische Studenten abgesehen, die ihn wieder in die angestammte Heimat bringen wollten.

Scone Palace

Scotland Yard holte sie ein und transportierte den Stein wieder nach Westminster Abbey zurück. Neben dem Palast stand früher *Scone Abbey*, eine der bedeutendsten Abteien des mittelalterlichen Schottlands. Sie wurde in der Reformation (1559) vollkommen zerstört.

Der Palast

Der jetzige Palast, Sitz des *Earl of Mansfield*, geht hauptsächlich auf den 3. Earl zurück, der von 1803–1817 den alten *Gowrie Palast* von 1580 – der wiederum ein in der Reformation zerstörtes Gebäude ersetzt hatte – im neugotischen Stil von dem Architekten *William Atkinson* erneuern und vergrößern ließ. Das kastenförmige, klotzige Gebäude, von Weinlaub bewachsen (am schönsten ist es im Herbst, wenn sich die Blätter tiefrot färben), ist vor allem wegen seiner großartigen Kunstsammlungen berühmt.

Drawing Room: Glanzstück des Raumes ist ein mit diffizilen Einlegearbeiten verzierter kleiner *Schreibtisch,* den *Jean Henri Riesener* für *Marie Antoinette* kurz nach ihrer Hochzeit anfertigte (1770). 12 Sessel mit Petit-Point-Stickereien von *Pierre Bara* zeigen verschiedene Motive, u.a. Jagdszenen, die Künste und Tiere.

In der *Bibliothek* befindet sich die *Porzellansammlung* der Mansfields, mit seltenen Servicen aus den Manufakturen von Meißen, Ludwigsburg, Sèvres, Chelsea und Derby. Das Wappenservice wurde 1780 für den 1. Earl angefertigt.

Die *Long Gallery,* überdacht von einem neugotischen Fächergewölbe, zeigt an den Wänden die *Ahnenporträts* der Mansfields. Neben Elfenbein- und Uhrenkollektionen wird hier eine einzigartige Sammlung

von *Vernis-Martin-Objekten* gezeigt; es sind Kunstwerke aus Papiermaché des Pariser Lackmalers Martin aus dem 18. Jh.
Trotz der Vielfalt und des Reichtums an Kunstschätzen legt man in Scone Wert darauf, kein steriles Museum zu sein, sondern die persönliche Atmosphäre eines Hauses zu wahren; deshalb zeigt auch ein eigener kleiner Raum die Mansfields privat auf Familienphotos.
An den Palast schließt sich ein schöner *Waldpark* mit seltenen Nadelbäumen und freilaufenden Pfauen und Perlhühnern an. Im 19. Jh. arbeitete hier als Gärtner *David Douglas,* der in Amerika eine unbekannte Fichtenart entdeckte, die ihn in aller Welt bekannt machte: die *Douglasfichte*.

Arbroath Abbey Church Nr. 32

Lage: A 92, nordöstlich von Dundee. *Geöffnet:* s. S. 238 (AM).

Geschichte: Der schottische König *William The Lion,* motiviert durch den Mord an Thomas Beckett durch Heinrich II. in Canterbury, gründete Arbroath 1178 als *Thomas Beckett* geweihte *Cluniazenser-Priorei*. 1285 wurde sie zur Abtei erhoben; 1320 fand hier einer der großen Augenblicke der schottischen Geschichte statt: die *Unterzeichnung der schottischen Unabhängigkeitserklärung* in einem Brief des schottischen Adels an den Papst, in dem *Robert the Bruce* als König bestimmt wurde. Eine Kopie dieser Erklärung befindet sich im Abteimuseum. 1216 wurde die Abtei niedergebrannt und danach von der Stadt als Steinbruch benutzt.

Die Abtei

Den Eingang zur Abtei, ein massiver Torbogen, flankiert der befestigte *Torhausturm,* durch den heute die Straße verläuft. In einem kleinen Raum wurde hier 1320 die *schottische Magna Charta* unterzeichnet. Die Abtei war einst eine große, kreuzförmige Kirche mit zwei Westtürmen und einem zentralen Mittelturm. Die Ruine aus rotem Sandstein enthält heute noch Teile des Westportals, des südlichen Seitenschiffs, der Ostfront und die Sakristei. Über dem reichverzierten, sehr zurückgesetzten romanischen Portal der Westfront verläuft eine Arkade von außen drei und innen sechs Spitzbogen. Von der darüberliegenden Fensterrose und den beiden Türmen ist nur noch wenig erhalten. Fast intakt zeigt sich die Südfront des südlichen Querschiffs mit zwei Reihen von spitzbogigen Blendarkaden und dem darüberliegenden rundbogigen Triforium. Über dem Triforium befinden sich zwei große schmale Fenster und als Abschluß das Wahrzeichen von Arbroath: das berühmte seewärts zeigende runde Fenster, in das man früher des Nachts ein Licht gestellt haben soll, um Schiffe vor der Küste zu warnen. An dieses Querschiff schließt sich im Nordosten die Sakristei (15. Jh.) an, die als einziger Teil der Kirche noch das originale

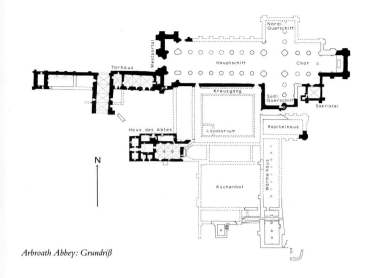

Arbroath Abbey: Grundriß

Gewölbe besitzt. Besonders zu beachten sind hier die Säulenkapitelle der an drei Seiten umlaufenden Blendarkaden; sie alle sind mit verschiedenen Ornamenten verziert.

Von den *Klostergebäuden* ist nur noch das Haus des Abtes vorhanden; es wurde restauriert und als Museum für mittelalterliche Kunst, Handwerk und Leben in Schottland eingerichtet. In der Halle sind einige originale Fresken und Bodenkacheln aus dem 13. Jh. zu sehen; beachtenswert ist auch das schöne Küchengewölbe.

Im Nordwesten von Arbroath liegt das *St. Vigean's Museum* (von der A 92 ab), das eine bedeutende Sammlung von piktischen und keltischen frühchristlichen Steinen enthält; darunter Grab-, Gedenk- und Grenzsteine, die mit Symbolen sowie Mensch- und Tierdarstellungen verziert sind.

Restenneth Priory   Nr. 32

Lage: 3 km östlich von Forfar, B 91 13. *Geöffnet:* s. S. 238 (AM).

Um etwa 710 wurde hier von dem piktischen *König Nechtan* diese kleine Kirche von St. Peter gegründet, die neben St. Ninian's Candida Casa eine der frühesten schottischen Steinkirchen darstellt. Für Augustinermönche aus Jedburgh wurde 1153 der Bau durch *Malcolm II.* erneuert. Der große Turm – die Spitze wurde im 15. Jh. aufgesetzt – ist früher normannischer Stil, recht primitiv in Ornament und Linie. Die Basis des Turms ist sehr viel älter als der obere Teil von ca. 1100; man vermutet in ihm den Westteil von König Nechtans Kirche. Der Rest der Kirche und die Ruinen der Klostergebäude stammen aus dem 12. und späteren Jahrhunderten.

Glamis Castle

Glamis Castle Nr. 32

Lage: A 928, 12 km südwestlich von Forfar. *Geöffnet:* 1.Mai–1.Okt. tägl. außer Sa 13–17 Uhr.

Glamis Castle, Sitz der *Earls of Strathmore,* bildet eine der Hauptattraktionen der Gegend. Ursache hierfür ist neben dem imposanten Äußeren und den reichen Kunstsammlungen der Anspruch des Schlosses, einst Schauplatz der *Ermordung König Duncans durch Macbeth* gewesen zu sein, sowie die Verbindung mit der königlichen Familie: Die Königinmutter verbrachte hier ihre Kindheit, und Prinzessin Margaret wurde hier geboren. Noch dazu spukt es in Glamis; angeblich soll es auch noch niemand gelungen sein, die genaue Anzahl der Räume im Schloß festzustellen.

Den Kern des jetzigen Gebäudes bildet ein L-förmiges Tower-House, das später zu einem Z-förmigen Grundriß erweitert wurde. Das heutige Aussehen mit dem spielerischen Gewirr von Türmchen, Erkern und Zinnen im Baronialstil verdankt Glamis dem Umbau durch den 1.Earl of Strathmore (1675–1687).

Zu besichtigen sind u.a. Räume der Königinmutter, die *Schloßkapelle* mit den bemalten Wandvertäfelungen von *Jakob de Wet,* der *Dining Room* mit den *Ahnenporträts* der Familie, die alte Küche und im 1.Stock die *große Halle.* Sie überspannt ein stuckverziertes Tonnengewölbe; der riesige Kamin wird von mächtigen männlichen und weiblichen Karyatiden flankiert.

Im *Dorf Glamis* sind 6 cottages aus dem 17.Jh. als *Angus Folk Collection* eingerichtet, die das bäuerliche Leben des 18. und 19.Jh. in der Region von Angus demonstrieren.

Meigle Museum Nr. 32

Lage: Meigle; A 94. *Geöffnet:* s. S. 238 (AM).

Die Sammlung umfaßt ca. 30, teilweise ausgezeichnet erhaltene *frühchristliche Steine* des 7.–10. Jh., die auf oder bei dem alten Friedhof von Meigle gefunden worden sind. Die Vielfalt der Ornamente und die Lebendigkeit der Darstellungen geben einen hervorragenden Überblick über die hochstehende keltische frühchristliche Kultur (s. auch S. 167).
In *Kirriemuir* wurde 1860 *Sir James Barrie* geboren, der Autor des ›Peter Pan‹. Sein Geburtshaus (Nr. 9, Brechin Road) ist heute Museum und zeigt Manuskripte und Andenken. (*Geöffnet:* April–Okt. 10–12.30 und 14–18 Uhr, So 14–18 Uhr.)
In *Aberlemno* (B 9134) sind vier außergewöhnlich gut erhaltene *piktische Steine* zu sehen. Der schönste steht auf dem Friedhof; er stammt aus dem 8. Jh. und zeigt auf der einen Seite verschlungene Tierdarstellungen und Ornamenten, auf der anderen sehr lebhafte Schlachtenszenen in ausgezeichnetem Erhaltungszustand. Neben der Straße im Dorf steht der größte Stein; eine Seite zeigt ebenfalls ein keltisches Kreuz mit einem Engel auf jeder Seite, die Bücher in den Händen halten. Die Rückseite trägt piktische Symbole (Doppeldiskus, Halbmond, V- und Z-Zeichen) und eine lebendige Jagdszene. In einiger Entfernung stehen zwei kleinere Steine, die primitiver in der Ausführung sind. Auf dem einen sind nur Symbole und Muster eingeritzt (Schlange, Doppeldiskus, Kamm und Spiegel, Z-Zeichen), der vierte ist bereits stark verwittert.

Piktischer Stein auf dem Friedhof in Aberlemno

Brechin Nr. 32

Lage: A 94.

Der Round Tower: Der schlanke hohe Rundturm, mit Abernethy (Nr. 29, S. 121) der einzige in Schottland, wurde ca. um 1000 gebaut. Lediglich das Kegeldach stammt aus dem 14. Jh. Der enge Eingang wird von einem breiten Rundbogen abgeschlossen, um dessen Innen- und Außenkante Zierleisten laufen. Der obere Teil des Eingangsbogens ist aus einem Stein gehauen. Zwei kleine Skulpturen links und rechts des Eingangs sowie der Gekreuzigte in der Mitte darüber sind in der Feinheit ihrer Form und des Ausdrucks typisch für den Stil der irisch-keltischen Kirche. Der erhöhte, nur mit einer Leiter zu erreichende Eingang (ca. 2 m über dem Boden) demonstriert die doppelte Funktion des Turms: Er diente sowohl als Symbol der frühchristlichen Kirche wie auch als Zufluchtsort für die Mönche in Gefahrenzeiten.

Die Kathedrale: Die 1150 von *David I.* gegründete Kathedrale folgte einer frühen keltischen Abteikirche. Der Chor wurde in der Reformation zerstört, die beiden Querschiffe 1807 abgerissen. Zwei Restaurierungen im 19. Jh. ließen einen fast vollkommen neuen Bau entstehen. Von der alten Kathedrale sind nur noch der Turm (1360) und das frühgotische Westportal vorhanden sowie die Säulen des Hauptschiffs (13. Jh.). In der Kirche sind einige alte Grabsteine (13.–16. Jh.) bemerkenswert.

Brechin: Round Tower

Edzell Castle

Nr. 32

Lage: B 996, 10 km nördlich von Brechin. *Geöffnet:* s. S. 238 (AM).

Der ehemalige Sitz der *Lindsays of Glenesk* ist berühmt weniger wegen der Burg – ein zerstörtes Tower-House aus dem frühen 16. Jh. mit Anbauten von ca. 1580 – als wegen seines *Parks*, ›The Pleasance‹, einer ausnehmend schönen Renaissance-Anlage. Den quadratischen Garten, erbaut 1604 von *Sir David Lindsay,* umgibt eine rote Steinmauer, die mit Basreliefs und den Wappen der Lindsays geschmückt ist. Große, schachbrettartig angeordnete, quadratische Öffnungen in der Mauer werden im Sommer mit Blumen in den Wappenfarben der Lindsays gefüllt. In der Südecke befand sich früher das *Badehaus,* ein für das 17. Jh. ungewöhnlich luxuriöser Bau, von dem nur mehr die Grundmauern vorhanden sind. An der Ostecke steht ein *Sommerhaus* in neugotischem Stil mit einem steinernen Gewölbe und Türmchenreihen auf dem Dach. Um einen kleinen Hügel im Zentrum des Gartens sind Beete und Hecken in geometrischen, symmetrischen Mustern angeordnet – in Farben und Formen ist ›The Pleasance‹ ein Kleinod der Gartenarchitektur der Renaissance.

Dunnottar Castle

Nr. 32

Lage: A 92, bei Stonehaven. *Geöffnet:* Mo–Sa 9–18 Uhr, So 14–16 Uhr.

Zu den besonders schön gelegenen Burgen Schottlands zählen auch die weitläufigen Ruinen von Dunnottar Castle: Auf drei Seiten sind sie vom Meer umgeben, auf der vierten Seite durch einen tiefen Spalt von den Hauptklippen abgetrennt.

Die ältesten Teile der Burg, der große L-Plan-Turm und die Kapelle, stammen aus dem späten 14. Jh., doch sollen bereits in piktischer Zeit hier Befestigungsanlagen bestanden haben. Darauf weist auch der Name hin; denn alle Namen mit der Vorsilbe Dun sind vorgeschichtliche Befestigungen. Der *Torbau* der Burg (1575) galt einst als massivster und stärkster in ganz Schottland; gespickt mit Geschützscharten machte er Dunnottar fast uneinnehmbar. Während der Cromwell-Feldzüge wurden die schottischen Regalien hierher in Sicherheit gebracht. Der Gouverneur *Ogilvy* hielt während der englischen Belagerung von 1652 so lange stand, bis die Regalien unter der Schürze einer Pfarrersfrau, die von den Engländern die Erlaubnis zum Besuch der Festung erhalten hatte, hinausgeschmuggelt und damit in Sicherheit waren.

1685 wurden hier 67 Convenanter, darunter 45 Frauen, zwei Monate lang in grausamer Gefangenschaft gehalten. Ihr Kerker, ›Whigs' Vault‹, ist heute noch zu sehen. Beeindruckend in ihrer Größe sind auch die riesigen Küchengewölbe, das Backhaus mit dem gewaltigen Ofen und die Marischal's Suite, von der man einen weiten Blick über das Meer hat.

Pitlochry Nr. 32

Mitten im Herzen Schottlands gelegen, in einer landschaftlich reizvollen Umgebung, ist die Stadt einer der beliebtesten sommerlichen Erholungsorte und Zentrum der Wollindustrie. Zur Popularität Pitlochrys tragen die jährlichen *Theaterfestspiele* und die *Highland Games* (2. Samstag im August) bei, mit dem traditionellen Kräftemessen der Männer, dem Baumstammwerfen, und den nationalen Volkstänzen. Dem touristischen Zulauf gemäß, sind diese Festspiele heute entsprechend kommerzialisiert, das Tragen des Kilts wird zum Kalkül, und die originale Ambiance geht in der werbewirksamen Kombination von Haggis, Kilt und Dudelsack weitgehend verloren. An Sehenswürdigkeiten bietet Pitlochry den *Pass von Killiecrankie,* Schauplatz der berühmten Schlacht zwischen Engländern und Jakobiten (s. S. 125) und den *Dunfallandy Stone* (an der Straße nach Logierait), einen piktischen Stein aus dem 8. Jh. mit Darstellungen von Engeln und Tieren. Im *Kinnaird Cottage* (bei Moulin) wohnte *R. L. Stevenson* im Jahre 1881 und schrieb hier viele seiner Novellen.

Blair Castle Nr. 32

Lage: A 9, 10 km nördlich von Pitlochry. *Geöffnet:* Ostern; April So u. Mo; Mai–Mitte Okt. Mo–Sa 10–18 Uhr, So 14–18 Uhr.

Das leuchtendweiße, mit Zinnen, Türmchen, Erkern und Stufengiebeln ›romantisierte‹ Schloß enthält als ältesten Teil die beiden unteren Stockwerke eines Turms aus dem 13. Jh., den *Comyn's Tower.* Die oberen Stockwerke wurden im 19. Jh. rekonstruiert; sie waren abgerissen worden, als der *2. Duke of Atholl* die frühere Burg in ein georgianisches Landhaus umbaute. 1869 wurde der viktorianische Architekt *Sir David Bryce* beauftragt, Blair zu ›re-baronialisieren‹; diesen Arbeiten verdankt das Schloß sein jetziges Aussehen. Bryce setzte dem Comyn's Tower die fehlenden Stockwerke wieder auf, erhöhte das georgiani-

Blair Castle

sche Gebäude und gab ihm eine lebhaftere Dachfassade. Historische Prominenz, die Blair besuchte, belagerte oder besetzte, waren *Edward III.* (1336), *James V.,* seine Tochter *Maria Stuart* (1564), *Cromwell* (1652), *Bonnie Dundee* (1689) und *Bonnie Prince Charlie* (1745). Diese Gästeliste haben andere Schloßherren zwar auch aufzuweisen, den Duke of Atholl jedoch unterscheidet von allen anderen eine Besonderheit: Er hat als einziger britischer Untertan das Recht, eine *eigene stehende Armee* zu halten – die *Atholl Highlanders*. Königin Viktoria verlieh dieses Privileg den Herzögen von Atholl im Jahre 1845.

In der holzgetäfelten Eingangshalle begrüßt den Besucher ein ausgestopfter Hirsch; an den Wänden hängt die *Waffensammlung* der Murrays. Eleganter präsentiert sich der alte, südöstliche Eingang mit der berühmten *Gemäldetreppe* (1756). Bis unter die Decke hängen hier *Familienporträts* aus über drei Jahrhunderten, darunter Werke von *Ramsay, Lely, Zoffany* und *Raeburn* sowie ein lebensgroßes Porträt des 1.Marquess of Atholl als Julius Caesar, gemalt von *Jakob de Wet.* Es schließt sich eine Reihe von Salons an mit kostbarem Inventar an Möbeln, Bildern und Porzellan, die alle durch Umbau für den 2.Duke im 18.Jh. entstanden. Besonders prächtig ist die *Stuckierung* im *Speisesaal* (1748–1758) von *Thomas Clayton,* der auch für William Adam arbeitete. Die Panneaux zeigen *Landschaften* von *Charles Stewart* (1767–1790). Auf dem großen Eßtisch steht ein silberner Hirsch, das Geschenk der Pächter für das Herzogspaar zur Silberhochzeit (1888).

Im 2.Stock, im *Couloir* des 2.Duke, hängt das bezaubernde *Familienporträt* des 4.Herzogs in der Tracht der Highlander von *David Allan*.

Brücke über den Tay (William Adam, 1738)

Von den folgenden Räumen sind das *Tapisserie-Zimmer* mit feingearbeiteten Brüsseler Gobelins, die für *Charles I.* angefertigt wurden, und die *Porzellansammlung* mit kostbaren Sèvres-, Derby- und Wedgewood-Servicen besonders zu erwähnen.

In *Aberfeldy* spannt sich die ›General Wade's Bridge‹ über den Tay, eine graziöse fünfbogige Brücke, entworfen 1738 von *William Adam.* Sie gilt als die schönste der Brücken, die Wade im Rahmen seines Straßenen- und Brückenbauprogramms zur Erschließung der Highlands bauen ließ. Dieser großangelegte Bebauungsplan diente in erster Linie dazu, die unzugänglichen Highlands für englische Truppen schneller erreichbar zu machen und damit leichter in den Griff zu bekommen.

Castle Menzies (B846, 2 km westlich von Aberfeldy), heute Versammlungszentrum des Menzies-Clan, ist eine typische Z-Plan-Burg des 16.Jh., mit kleinem Eingang, mächtigen massiven Mauern und flankierenden Vierecktürmen.

Dunkeld Nr. 32

Die Kathedrale

Im 9.Jh. flohen die Mönche von Iona vor den Norwegern mit den Reliquien des hl. Columba nach Dunkeld. Es wurde *schottisch-piktische Hauptstadt* und *Zentrum der keltischen Kirche,* bis im 12.Jh. St. Andrews diesen Platz einnahm und der St.-Andreas-Kult die St.-Columba-Verehrung ablöste.

Die erste Kathedrale von Dunkeld, St. Columba geweiht, wurde im 12.Jh. nahe der alten keltischen Kirche unter der Ägide von *Alexander I.* gebaut. Der älteste Teil der heutigen Kirche ist eine Blendarkade im nördlichen Teil des Chors, den *Bischof Sinclair* 1318–1400 baute. Dieser Chor, ohne Seitenschiffe und von gleicher Länge wie das Hauptschiff, wurde oft restauriert und umgebaut und dient jetzt als Pfarrkirche. Die roten Mauersteine rechts und links des großen Ostfensters stammen noch aus der ersten Steinkirche, die König *Kenneth MacAlpine* 848 baute.

Das Hauptschiff blieb nach den schweren Zerstörungen durch die Reformatoren (1560) ohne Dach und wurde nicht restauriert. *Bischof Cardney* hatte 1406 mit dem Bau begonnen, 1464 wurde er geweiht. Beachtenswert sind das zarte Fenstermaßwerk der Seitenschiffe und die Längsfronten des Hauptschiffs: Über einer einfachen Arkade der Hauptschiffjoche befinden sich halbmondförmige Triforiumsbögen, darüber der Lichtgaden mit tief zurückgesetzten Spitzbogenfenstern und Kleeblattmaßwerk. Das Maßwerk des großen Westfensters ist vollkommen zerstört, das kleine runde Fenster darüber steht nicht im Zentrum des Giebels. Als letztes wurde der imposante Turm am Ende des nördlichen Seitenschiffs gebaut (1469–1501). Im untersten Stockwerk sind noch *Wandmalereien* aus dem 15.Jh. erhalten (an der Nord- und Westwand). Sie zeigen das ›Urteil Salomons‹ und die ›Ehebrecherin‹ – seltsamerweise wurden sie von den bilderstürmenden Reformatoren, die die Kathedrale sonst schwer verwüsteten, verschont.

Little Houses

An der Cathedral Street liegt eine Reihe mustergültig restaurierter kleiner Häuser, die der Umgebung der Kathedrale einen besonderen Charme verleihen. Sie entstanden fast alle unmittelbar nach der Zerstörung Dunkelds in der Schlacht zwischen Highlandern und Convenantern (1689) als Kaufmannshäuser des späten 17. Jh.

Drummond Castle Nr. 32

Lage: Von der A 8022 ab, 5 km südlich von Crieff. *Geöffnet:* April–Sept. Mi u. Sa 14–18 Uhr.

Die ursprüngliche Burg von 1491 wurde im Lauf der Jahrhunderte oft umgebaut und verändert; nach der schweren Beschädigung durch *Cromwell* erfolgte der erste Wiederaufbau in der Restaurationszeit, eine weitere Modernisierung und Vergrößerung im 19. Jh. Von der alten Burg ist nur noch der untere Teil des alten Turms erhalten, der jetzt ein kleines Museum beherbergt. Die Burg steht auf einem Felsen, von dem man im Süden auf einen italienischen *Terrassengarten* (17. Jh.) mit einer kunstvollen *Sonnenuhr* von *John Mylne* (1630) blickt.

Innerpeffray Library Nr. 32

Lage: B 8062, 6 km südöstlich von Crieff. *Geöffnet:* April–Okt. Mo–Sa 10–13 und 14–17 Uhr (außer Do), So 14–16 Uhr. Okt.–März nur bis 16 Uhr.

Die kleine Bibliothek, in einem hübschen Haus von ca. 1750 untergebracht, wurde 1691 gegründet und ist damit die *älteste existierende öffentliche Bücherei* Schottlands. Ihr Bestand umfaßt hauptsächlich theologische und klassische Literatur. Daneben enthält sie eine Sammlung seltener schottischer Werke, u. a. auch die Taschenbibel des Marquis of Montrose.
In der Nähe liegt die Ruine von *Innerpeffray Castle,* eine L-Plan-Burg des frühen 17. Jh., deren Burgherr die Bibliothek eingerichtet hat.
6 km südlich von *Crieff* (A 822) befinden sich die Ruinen der *Muthill Church,* deren Schiff und Altarraum aus dem 15. Jh., der quadratische Turm am Ende des Schiffs aus dem 12. Jh. datieren. In seiner Höhe und der klobigen simplen Bauweise ist dieser Turm typisch für den Einfluß der angelsächsischen und keltischen Bautraditionen.
Die komplexe Anlage des *Ardoch Roman Camp,* von der heute fast nur noch Erdwälle übrig sind, bildet eines der größten *Römerlager* in ganz Britannien. Es wird auf die frühe 2. Jh. datiert, wahrscheinlich wurde es als Außenposten sogar bis nach der Vollendung des Antoniuswalls (um 140 n. Chr.) im Süden benutzt. Das zentrale Lager, das ca. 40000 Mann aufnehmen konnte, ist typisch römisch als Rechteck angelegt und hat ein Ausmaß von ca. 130 × 250 m. Seine West- und Südseite sind weniger gut erhalten, im Norden und Osten sind jedoch die fünf Schützengräben mit den starken Erdwällen dazwischen noch gut zu erkennen.

Castle Campbell Nr. 32

Lage: Dollar Glen, 1,5 km nördich von Dollar. *Geöffnet:* s. S. 238 (AM).

Der Nordostturm aus dem späten 15. Jh. wurde im 20. Jh. wiederinstandgesetzt und präsentiert sich nun in perfektem Zustand mit drei übereinanderliegenden Tonnengewölben. Im 1. Stock befand sich die große Halle, rechts neben dem Kamin der Eingang zum Verlies. Das große Tonnengewölbe des 3. Stocks wurde erst im 17. Jh. hinzugefügt. Die Gebäude, die sich auf unterschiedlichem Niveau an den Turm im Süden anschließen, stammen ebenfalls aus späterer Zeit (16. und 17. Jh.). Besonders hübsch ist eine mit einer Arkadenfront verzierte kleine Loggia.

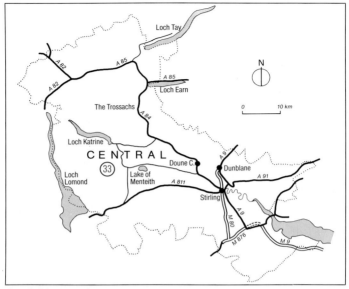

Central: Orientierungsplan

33 Central

Dunblane Cathedral Nr. 33

Lage: A9, 10 km nördlich von Stirling. *Geöffnet:* s. S. 238 (AM; im Sommer So 14–17 Uhr).

Von der von *David I.* gegründeten Kathedrale stammt nur noch der untere Teil des quadratischen *normannischen Campanile*. Er war ursprünglich freistehend; der alte Eingang befindet sich nun im Kirchenschiff. Die beiden oberen Stockwerke mit der Brustwehr, die sich in Farbe und Mauerwerk deutlich unterscheiden, stammen aus dem 15. Jh. Der Bau der Kathedrale ging sehr langsam vorwärts; so entstanden Hauptschiff und Chor erst im frühen 13. Jh. unter *Bischof Clemens* (1233–1258). Die Westfront der Kathedrale zeigt besonders schön den in Schottland sonst kaum verbreiteten Stil des *Early English,* des durch die betonte Horizontalentwicklung gekennzeichneten englischen frühgotischen Stils. Über einem tief zurückgesetzten Portal befinden sich drei schlanke hohe Lanzettfenster, ganz oben ein spitz zulaufendes ovales Fenster in der symbolischen Fischform. Es wurde besonders von

John Ruskin, dem viktorianischen Kunstkritiker, geschätzt und gepriesen und heißt daher auch *Ruskin-Fenster.*

Nach der Reformation wurde die Kathedrale vernachlässigt, im späten 16.Jh. brach das Dach zusammen, der Bau verfiel. Nur der Chor wurde bis ins 19.Jh. als Pfarrkirche benutzt und erlitt daher viele Veränderungen. 1893 wurde das Hauptschiff von *Sir Rowand Anderson* restauriert, mit viel Verständnis und Einfühlungsvermögen in die originale gotische Architektur. Weniger glücklich dagegen verlief die Restaurierung des Chors (*Sir Robert Lorimer*); allzu gewaltsam wurden den ursprünglichen Linien ein pathetisches Neo-Flamboyant aufgedrängt. Im Norden schließt sich an den Chor die *Lady Chapel* an, die nun teilweise als *Kriegerdenkmal* (Lorimer) benutzt wird. Mit dem Turm ist sie der älteste Teil der Kirche. Rippen und Bossen des Gewölbes sind sehr schlicht verziert ohne figurale Darstellungen, lediglich mit einfachen Blattmotiven.

Doune Castle   Nr. 33

Lage: Von der A84 in Doune ab, 13 km nordwestlich von Stirling. *Geöffnet:* April–Okt. tgl. (außer Do im April u. Okt.) 10–18 Uhr.

In Doune Castle, der mächtigen alten *Stewart-Burg,* sind die architektonischen Strukturen des späten 14.Jh. fast perfekt erhalten geblieben. Die Phantasie muß hier nicht viel hinzufügen, der erstaunlich gute Zustand der Burg – durch sorgfältige Restaurierungen gegen Ende des

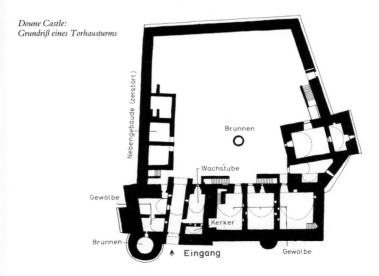

Doune Castle:
Grundriß eines Torhausturms

Doune Castle

19. Jh. noch verbessert – läßt das Mittelalter wieder lebendig werden. Die Konstruktion – ein befestigter quadratischer Torhausturm in der Nordostecke, ein Westturm und dazwischen liegender Haupttrakt bilden mit einer dreiseitigen Schutzmauer eine umfriedete Anlage – schafft einen verteidigungsbereiten und autarken (Brunnen im Hof!) Komplex. Ursprünglich waren noch weitere Gebäude entlang der Innenseite der Ringmauer geplant worden.

Der Eingang führt durch den ca. 30 m hohen *Torhausturm* unter einer langen überwölbten Passage in den Hof. Rechts gelangt man über eine Treppe in die große, restaurierte *Lord's Hall* (1. Stock). Noch original ist der mächtige, zweigeteilte Kamin; die hölzerne Musikantengalerie an der Rückwand ist bei der Restaurierung im 19. Jh. angebaut worden. Im Stockwerk darüber diente ein Raum von gleichem Ausmaß und fast 5,5 m Höhe einst als Wohnraum der Lords. An der Südseite liegt die kleine *Hauskapelle* mit einer hübschen oktogonalen Piscina.

Auf der anderen Seite des Eingangs, auf gleicher Höhe wie die Lord's Hall, befindet sich der Raum der Gefolgsleute, die *Retainer's Hall*. Das offene Holzdach ist eine getreue Rekonstruktion des alten Dachs; die Balken ruhen auf den originalen Konsolen, die als groteske Köpfe gestaltet sind. Daran schließt die *Küche* – ein Tonnengewölbe mit einem immensen Herd, der die ganze Breitseite einnimmt. Der *Wehrgang* auf der umlaufenden Ringmauer ist noch begehbar; von hier aus ist die strategische Anlage der Burg besonders gut zu übersehen.

Inchmahome Priory   Nr. 33

Lage: Auf einer Insel im Lake Menteith, A 81, 6 km östlich von Aberfoyle. *Geöffnet:* s. S. 238 (AM). Fähre von Port of Menteith.

Die malerische Lage mitten im *Lake Menteith,* von Hügeln umsäumt, macht die Ruine zu einer der am meisten photographierten Schottlands. Die Priorei wurde 1238 von *Walter Comyn, Earl of Menteith* für Augustinermönche gegründet. Hierher wurde *Maria Stuart* als fünfjähriges Mädchen 1547 nach der Niederlage der Schotten bei Pinkie für kurze Zeit in Sicherheit gebracht. Gegen Ende des 16.Jh. verfiel die Priorei – zu sehen sind heute nur noch Teile des Chors, des Turms und zwei Bögen des Hauptschiffs. Besondere Beachtung verdient das ausdrucksvolle *Grabmal* von Sir Walter Stewart und seiner Gemahlin (1294). Es zeigt einen für die Zeit ungewöhnlichen Naturalismus. Das Paar hält sich an den Händen und liegt einander zugewandt auf der Seite. Sir Walters Beine liegen über Kreuz – als Symbol für einen Kreuzritter, ein kleiner Hund zu Füßen seiner Frau als Zeichen der Treue. Der kleine Garten wurde der Legende nach von Maria Stuart gepflanzt – bedenkt man jedoch ihr Alter und die kurze Zeit ihres Aufenthalts, so ist es wahrscheinlich eher der Überrest des ehemaligen Klostergartens.

Die Trossachs: Loch Katrine   Nr. 33

›Trossachs‹ heißt die Schlucht zwischen *Loch Achray* und *Loch Katrine* und den beiden Bergen *Ben An* und *Ben Venue* (Ben = gälisch ›Berg‹). Der Ursprung des Namens ist nicht geklärt, die Bedeutung wird meist mit ›stacheligem, borstigem Gebiet‹ wiedergegeben. Die Trossachs enthalten alle charakteristischen Merkmale der Highlands in Miniaturausgabe: Hügel und Felsen, Lochs und die typischen Birken- und Eichenwäldchen. Die landschaftliche Schönheit hat die Gegend schon früh zu einer der Hauptattraktionen für alle Schottlandreisenden gemacht, weltberühmt wurden die Trossachs aber durch *Sir Walter Scotts* Gedicht ›The Lady of the Lake‹. Heute kennt kaum einer mehr als den Titel, im 19.Jh. gehörte das romantische Gedicht jedoch zu den meistgelesenen und -rezitierten Versen nicht nur in Schottland. Man kam zu Tausenden, um den Schauplatz der dramatischen Geschichte von der schönen *Ellen Douglas* und die von Scott so poetisch beschriebene Szenerie des Loch Katrine in natura zu sehen. Die Handlung des Gedichts entsprach genau dem damaligen Zeitgeschmack: eine pathetische Verknüpfung von Liebe, Fehde, Edelmut und schließlicher Versöhnung. Heute kann man auf einer Fahrt über den Loch Katrine mit dem Dampfer ›Sir Walter Scott‹ Literatur und Landschaft gleichermaßen auf sich einwirken lassen und stellt dabei vielleicht dasselbe fest wie *Fontane* vor 124 Jahren: »Die Trossachs sind unbedenklich ein glänzender Punkt, aber wenn nicht zu Nutzen und Frommen einiger Hotelbesitzer, doch mindestens aus an und für sich löblicher Begeisterung für den Dichter und Schilderer dieser Lokalität um einiges überschätzt worden. Der Irrtum, der dabei begangen wurde, und noch begangen wird, ist der, daß man die Schilderung mit dem Geschilderten verwechselt und die Unübertrefflichkeit jener auf die Sache selbst übertragen hat ... Was diesen Trossachs fehlt, das ist der Stempel des Besonderen. Man sieht rechts und links, vor- und rückwärts, stimmt in die ›Beautifuls‹, die mit der Regelmäßigkeit von Pendelschwingungen überall laut werden, nach bester Überzeugung ein, hat aber das Gefühl, sehr ähnliche landschaftliche Physiognomien schon oft gesehen zu haben.«

Mit Scott und den Trossachs verbindet sich noch eine weitere historisch-heroische Figur: der schottische *Robin Hood* des 18.Jh., *Rob Roy MacGregor,* Integrationsfigur der Jakobiterresistance, der in Eigenjustiz den Reichen nahm und den Armen gab. An diesen edlen Nationalhelden erinnern Scotts gleichnamiger Roman sowie *Rob Roy's Cave,* sein Felsenversteck am Loch Lomond (bei Inversnaid), und sein Grab in Balquidder.

Stirling Nr. 33

Die Geschichte Stirlings ist untrennbar mit seiner Burg verbunden, der einst mächtigen Hauptresidenz der Stewarts. Strategisch war Stirling bedeutend als die Pforte zum Hochland und daher Schauplatz vieler Schlachten, deren berühmteste die Schlacht von Bannockburn im Jahre 1314 wurde. Heute sieht man dem kleinen Städtchen, das sich stolz das ›Herz von Schottland‹ nennt, seine kriegerische Vergangenheit nicht mehr an. Trotz der neuen Universität – ein moderner Campus-Komplex 3 km außerhalb der Stadt – hat sich Stirling noch den liebenswürdigen, etwas altmodischen Charakter bewahrt.

Stirling Castle

Geöffnet: April, Mai u. Sept. 9.30–18.15 Uhr, So 11–18 Uhr; Juni–Aug. 9.30–20 Uhr, So 13–16 Uhr; Okt.– März 9.30–16 Uhr.

Mit ihrer Lage hoch auf einem Felsen über der Stadt erinnert die Burg von Stirling an die von Edinburgh, und wie dort gelangt man auch in Stirling durch eine steile Straße, gesäumt von alten Häusern, auf den Burgberg hinauf. Seit dem 12. Jh. war sie Sitz der schottischen Könige, doch erst unter den Stewarts erhielt die Burg das heutige Aussehen. Sie gilt als herausragendes Beispiel der *frühen schottischen Renaissance,* die ja von Frankreich die entscheidenden Impulse bekam.

Stirling Castle: Palastfassade

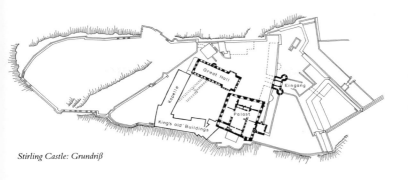

Stirling Castle: Grundriß

Den oberen Hof umrahmen der Palast, die Parlamentshalle, die Schloßkapelle und die King's Old Buildings.

Der *Palast,* für *James IV.* und *V.* von *Andrew Ayton* erbaut (1496–1540), ist ein Prunkstück früher Renaissance-Architektur. Charakteristisch hierfür ist die Konzeption des Baus um einen Innenhof herum. Blickfang bildet der *reiche Fassadenschmuck,* der die Front harmonisch gliedert und zugleich dekorativ verziert. Zwischen den Fenstern befinden sich hohe, rundbogige Nischen mit gedrehten Säulen auf Konsolen in Form von grotesken Dämonen. Auf den Säulen stehen mythologische Figuren, darüber, unter der Brüstung, noch einmal kleinere Figuren auf Säulchen, die wie brave Soldaten in einer Reihe Wache halten. In diesem Renaissancedekor sind noch deutlich gotische Merkmale enthalten, so die an gotisches Blattmaßwerk erinnernden Nischenbögen und die an mittelalterliche Burgzinnen angelehnte Brüstung.

Das kostbare *Renaissanceinterieur* der königlichen Gemächer im 1. Stock des Palastes ging während der Benützung als Kaserne fast völlig verloren. Nur die mächtigen Kamine blieben an Ort und Stelle. Glücklicherweise wurden die meisten *holzgeschnitzten Medaillons* der alten *Kassettendecke* bewahrt, als diese 1777 abgenommen wurde. Diese 35 ›Stirling Heads‹ werden zeitweilig in der *Queen's Guard Chamber* ausgestellt, bis sie wieder an ihren ursprünglichen Platz gebracht werden können.

Die *Great Hall* (Parlamentshalle), für *James III.* und *IV.*

Holzmedaillon der Kassettendecke

1475–1503 erbaut, war nach Beendigung einer der prächtigsten königlichen Säle Europas. Im 18.Jh. wurde sie recht gefühllos zweckentfremdet und als Kaserne benutzt. Nun ist man gerade dabei, sie wieder in den ursprünglichen Zustand zu bringen.

Die sich anschließende *Schloßkapelle* wurde von *James VI.* 1594 anläßlich der Taufe seines Thronfolgers Henry wiederaufgebaut. Das runde, von zwei Doppelsäulen flankierte *Arkadenportal* in der Mitte der Hauptfront führt in einen langgestreckten eleganten Renaissancebau mit Holzdecke, Fresken mit Früchten, den Initialen von James VI. und den königlichen Insignien sowie einem umlaufenden florentinischen Fries. In den *King's Old Buildings* ist ein *Armeemuseum* der Argyll und Sutherland Highlanders eingerichtet.

Argyll's Lodging   Nr. 33

Die jetzige *Jugendherberge* (Castle Wynd) wurde 1632 von *William Alexanders* als elegantes Stadthaus gebaut und 1674 vom *Earl of Argyll* erweitert. Das typische Renaissancegebäude illustriert die damalige Mode des Fassadendekors: mit reichen Ornamenten gefüllte Fenstergiebel, über dem Dreiecksgiebel des Eingangs das große Wappen der Familie.

Unweit davon, am Anfang der Broad Street, liegt die *Ruine der unvollendeten Renaissance-Residenz des Earl of Mar,* Regent von Schottland, die von 1570–1572 gebaut wurde. Daneben eine gut erhaltene gotische Kirche, *Holy Rude*. Das Hauptschiff, mit fünf Jochen, Eichendecke und massiven runden Säulen, wurde 1415 begonnen. Der beträchtlich höhere Chor stammt aus dem frühen 16.Jh. (ca. 1510–1523). Hier wurde *Maria Stuart* im Alter von neun Monaten zur Königin gekrönt, 24 Jahre später am selben Ort ihr einjähriger Sohn *James VI.*

Über den *Forth* führt die ›Old Bridge‹ (um 1400), jahrhundertelang die einzige Brücke der Stadt über den Forth. Neun schottische Könige, von James I. bis zu Charles II., sind über sie in die Stadt eingezogen.

Cambuskenneth Abbey   Nr. 33

Lage: 1,5 km östlich von Stirling. *Geöffnet:* s. S. 238 (AM; im Winter geschl.).

In der nahe der Stadt gelegenen Augustinerabtei, die *David I.* 1140 gegründet hatte, wurden oft Versammlungen des schottischen Parlaments abgehalten. Hier liegen *James III.* und seine Gemahlin *Margaret von Dänemark* begraben (1488), bei Ausgrabungen im letzten Jahrhundert fand man zwei Särge mit ihren Skeletten. Die Abtei wurde 1604 dem *Earl of Mar* übergeben, der sie als Steinbruch für den Bau seines Stadtpalastes benutzte. Heute sind noch eines der Klostergebäude, das Westportal der Kirche und ein einzelner Turm zu sehen, in dessen zwei Räumen verschiedene Grab- und Gedenksteine ausgestellt sind.

In *Dunmore Park* (10 km südöstlich von Stirling, von der A905 ab) steht eines der eigenartigsten Gebilde in ganz Schottland: eine riesige *Ananas aus Stein* auf dem Dach eines Gartenpavillons, den 1761 *Sir William Chambers,* der Rivale von Robert Adam, für den *Earl of Dunmore* baute. Der sonst klassisch-neutrale Bau endet in dieser verrückt-exotischen Ananas-Kuppel, aus der sich wie bei einer richtigen Frucht steinerne Blätter entfalten.

I. DIE HIGHLANDS

Die Region der Highlands wird durch eine scharfe geologische Trennlinie von den Lowlands unterschieden. Sie verläuft von Südwesten, ungefähr von der Mündung des Clyde, nach Nordosten bis Stonehaven. Das Land nordwestlich dieser Linie bilden die Highlands, ein Plateau mit tiefen Einschnitten in alle Richtungen, von Flüssen und vorzeitlichen Gletschern durchsetzt. Die charakteristische Szenerie bilden massive Felsen, einsame Torfmoore und kahle Hügel. Wie Dr. Johnson 1773 überspitzt formulierte: »Ein Baum kann in Schottland dasselbe Aufsehen erregen wie ein Pferd in Venedig.« Von den Wikingern bis zum 2. Weltkrieg wurden die Highlands erbarmungslos abgeholzt, die großen alten Eichen und Pinien barbarisch gefällt. Heute sind diese Wälder nur noch fragmentarisch in Ross-shire, Inverness-shire und Argyll zu finden. Man zündete ganze Waldgebiete in Kriegen an, man brauchte Holz zum Schiffsbau und für Brennöfen (meist englischer Firmen). Erst seit etwa 1950 geschieht eine durchgreifende Änderung. Die *Forestry Commission* und die *Nature Conservancy* haben ein Langzeitprogramm aufgestellt, mit dessen Hilfe die ursprüngliche Bewaldung allmählich wiederhergestellt, besonders die Wiederausbrei-

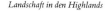

Landschaft in den Highlands

tung der schottischen Pinie ermöglicht werden soll. Die fast leeren Highlands werden langsam wiederbelebt; Tausende Hektar wurden bereits aufgeforstet, Dämme und Kraftwerke gebaut, neue Dörfer entstanden, alte wurden modernisiert und aktiviert.
Das Klima der Highlands ist an der Westküste durch den Einfluß des Golfstroms milde, jedoch sehr feucht und regenreich und vor allem windig. In geschützten Gärten wachsen noch hoch im Norden subtropische Pflanzen. Der Osten ist dagegen mehr kontinentalen Einflüssen ausgesetzt, d.h. im allgemeinen kälter und trockener.

Das Clansystem und die Geschichte der Highlands

Für mehr als tausend Jahre, von der Einführung des Christentums durch St. Columba bis zur Union von 1707 blieben die Highlands und die Lebensweise der Highlander mehr oder minder unverändert und unbeeinflußt von den Entwicklungen außerhalb. Die eigene Sprache und die undurchdringlichen Berge spannen sie wie in einen Kokon ein. Ohne Straßen und Kommunikationsmittel existierten sie in ihrer eigenen Welt. Gravierende Unterschiede in der gesellschaftlichen Ordnung zu den Lowlands begannen sich bereits im 12.Jh. herauszukristallisieren. In dieser Zeit wurden die Lowlands feudalisiert und anglisiert – bzw. normannisiert –, während die Highlands ihren gälischen Charakter behielten. Die Lowlands waren eng mit der Krone verbunden, der König verteilte das Land als Lehen. In den Highlands dagegen besaß der *Clan* das Land gemeinsam. Der Clan war eine patriarchalische, auf Stammesbasis organisierte Gesellschaft, durch gemeinsame Vorfahren und gemeinsames Land viel stärker verbunden als König, Vasallen und Pächter im normannischen Feudalsystem.
Die ersten Clans formierten sich im 12.Jh. in bestimmten, meist schon geographisch in sich geschlossenen Gebieten; kleinere Clans lebten oft nur in einem *Glen* (gälisch = Tal). In dieser Zeit entstanden die Nachnamen; die Mitglieder eines Clans nahmen den Namen des von ihnen gewählten ›Chief‹ (= Häuptling, Führer) an und setzten oftmals das Präfix ›Mac‹ (= Sohn von) davor. Die Mitglieder eines Clans verband mehr als nur der Name, es war eine Schutzgemeinschaft auf Leben und Tod, geprägt von einem unvergleichlich starken Zusammengehörigkeitsgefühl – das gälische Wort ›clann‹ bedeutet ja ›Familie‹.
Die Clans entzogen sich durch Jahrhunderte der königlichen Kontrolle. Sie akzeptierten zwar den König, fühlten ihm gegenüber jedoch nicht dieselbe Loyalität wie die Lowlander – in fast jeder bedeutenden Schlacht von Bannockburn bis Culloden kämpften Highlander auf beiden Seiten. Auch in sich bildeten sie keine geschlossene Einheit; zwischen den verschiedenen Clans herrschten dauernde, blutige Fehden. Brutale Überfälle, Raubzüge, Entführungen, Mord waren jahrhundertelang der Highland-Alltag. Diese wilde, anarchische Instabilität bedeutete für das Königtum einen ständigen Unruhefaktor. Nach der

Absetzung der Stuarts, denen die meisten katholischen Clans treu ergeben waren, beauftragte der englische König seinen General Wade mit einem großen Befriedungsprogramm. Wade ließ von dem größtenteils topographisch noch gar nicht erfaßten Gebiet genaue Karten zeichnen und stellte dann einen detaillierten Plan zum Bau von ca. 400 Straßen und Brücken auf. Mit dem Bau wurde 1725 begonnen. Damit waren auch die entfernten Gebiete besser zu erreichen und militärisch leichter in den Griff zu bekommen. Nach der Schlacht von Culloden im Jahre 1745 (s.S. 163), dem letzten fulminanten Ausbruch des stuarttreuen Widerstandsgeistes, waren die englischen Repressionen hart und rücksichtslos. Ohne Einfühlungsvermögen für den vollkommen anderen kulturellen Hintergrund und die starken Traditionen, versuchte man die Ordnung der Clans und damit die bisher fast unbeschränkte Macht der Chiefs zu brechen und die Highlands in englische Formen zu pressen. Das Tragen von Waffen, zu denen auch der Dudelsack zählte, Tracht und Clankennzeichen verbot ein Gesetz bis 1782. Die traditionellen, gewachsenen gesellschaftlichen Strukturen, der Zusammenhalt von Chief und ›kinsmen‹, die gälische Kultur der Highlands, versuchte man mit allen Mitteln zu zerstören. Die stuarttreuen Chiefs wurden exekutiert oder flohen, ihr Land wurde meist an englische Besitzer verteilt, denen persönlicher Profit mehr als das Land bedeutete. Im 19.Jh. ging man in den Highlands allgemein von der Viehwirtschaft auf Schafzucht über, die weniger Arbeitskräfte erforderte und dadurch billiger war. Den kleinen Bauern wurde damit die Existenzgrundlage entzogen, sie emigrierten in Scharen nach Übersee. Diese ›Clearances‹, die sich am schlimmsten im äußersten Norden auswirkten – in Sutherland, Ross und Cromarty wurden ganze Dörfer gewaltsam entvölkert – machten die Highlands zu einer einsamen, menschenleeren Region. Im Viktorianischen Zeitalter wurden die Highlands als Jagdgebiet entdeckt. Als nächster Schritt erfolgte die Umstellung von Schafen auf Rotwild; die Bevölkerung nahm ständig weiter ab. Gegenüber der gälischen Highland-Kultur wurde von englischer Seite im 19.Jh. eine allmähliche Entspannung erreicht. Den ersten Schritt machte König *Georg IV.* mit seinem Schottlandbesuch im Jahre 1822. Er erschien in Edinburgh im Kilt – ein von Sir Walter Scott gekonnt in Szene gesetzter Auftritt. Der König, klein und dick, zeigte zwar im Kilt keine gute Figur, aber eine versöhnliche und verständnisvolle Haltung den Highland-Traditionen gegenüber. Das Highland- und Tartanfaible der *Königin Victoria* schließlich sowie Scotts heroisch-romantisierende Historien waren Anlaß für eine Schottenwelle, die über ganz Europa rollte. Der *Tartan* verlor seine Bedeutung als Clankennzeichen und wurde zum kommerziellen Modeartikel reduziert. Die Tracht der Highlander wurde schließlich in ganz Schottland übernommen und zum nationalen Wahrzeichen, ähnlich wie Dirndl und Lederhose in Bayern. Dennoch blieb innerhalb der Clans das Bewußtsein für die alten Bräuche und Bindungen bis heute erhalten. Dies zeigen die jährlichen Clantreffen, zu denen die Mitglieder bis von Amerika anreisen – zum internationalen Clantreffen 1977 kamen allein 20 000 Schotten aus dem Ausland.

Die Tracht der Highlander

Zum ersten Mal schriftlich erwähnt wird der *Tartan,* der karierte Wollstoff in bestimmten Mustern, in einer Rechnung für *James V.* im Jahre 1538. Der früher mit verschiedenen Pflanzenfarben gefärbte Stoff – das Wort Tartan kommt aus dem Französischen – war das Unterscheidungsmerkmal der Clans. Jeder Clan besitzt seine eigenen Muster, meist einen ›Hunting Tartan‹ in gedämpfteren Farben für den Tag und einen ›Dress Tartan‹ für den Abend. Der Gebrauch der einzelnen Tartans war früher streng auf die ›kinsmen‹ der zugehörigen Clans beschränkt; wer keinem Clan angehörte, konnte den Tartan seines Distrikts tragen. Heute trägt jeder jeden Tartan, der gefällt. Nur die Königin besitzt noch das Privileg eines eigenen Tartans, den nur die Mitglieder der königlichen Familie tragen dürfen. Der *Balmoral-Tartan,* ein grau-weiß-rot karierter Stoff, entworfen vom Prinzgemahl der Queen Victoria, wird allein für die Königin gewebt und ist im Handel nicht erhältlich.

Vor dem 18. Jh. war der Kilt in Schottland noch nicht gebräuchlich. Der Highlander trug ein im Muster seines Clans kariertes Plaid um den Leib gewickelt, das gerade bis zum Knie reichte. In der Taille wurde es in Falten gelegt und gegürtet. Den *Kilt* entwickelte aus dieser kompliziert gelegten Decke 1730 *Thomas Rawlinson* – peinlicherweise ein Engländer. Er war Direktor einer Schmelzhütte in Glengarry und hatte mit Begeisterung die Tracht der Highlander übernommen. Allerdings empfand er in dem gewickelten, gegürteten Plaid nicht genügend Bewegungsfreiheit und ließ sich deshalb von einem Schneider das Kleidungsstück teilen. Die untere Hälfte, mit festgenähten Falten, wurde der erste Kilt, der sich schließlich als nationales Kleidungsstück in ganz Schottland durchsetzte. Ein originaler Männerkilt – die Falten sind schmäler als beim Damenkilt – hat eine Stoffbreite von 8 Yard (= 7,2 m) und reicht genau bis zur Mitte der Kniekehle. Zum korrekten schottischen Outfit gehört noch der *Sporran,* eine kleine Tasche aus Ziegenleder, die an einem Gürtel befestigt vor dem Bauch getragen wird – im logischen Französisch heißt sie ›cache-sexe‹. Außen an der rechten Wade im Kniestrumpf steckt der ›sgian-dubh‹, das ›Messer des Strumpfes‹ (gäl.). Das kurze Jackett trägt man tagsüber aus Tweed mit Hornknöpfen, abends aus Samt mit Bernstein- oder Silberknöpfen, das hierzu passende Hemd hat ein gerüschtes Spitzenjabot, die Schuhe silberbeschlagene Schnallen. Nach der alten Kleiderordnung trägt die Dame niemals einen Kilt, sondern einen *Rundumfaltenrock.* Heute werden diese Regeln großzügiger gehandhabt, der Kilt ist auch für Damen gang und gebe. Er ist allerdings länger als der Männerkilt, hat breitere Falten und wird im Gegensatz zu diesem nach rechts geschlossen.

Henry Raeburn: MacDonell of Glengarry

J. DIE KUNSTDENKMÄLER IM WESTEN

34 Argyll

Geographisch nimmt Argyll das Gebiet zwischen *Loch Long, Fort William* und *Glen Coe* ein, mit einer Anzahl von Halbinseln im Westen. Landschaftlich am schönsten ist der Norden: eine grandiose Szenerie von wildem Bergland, tief eingeschnittenen Lochs und einer einsamen, zerklüfteten Küste.

Die Gebietsreform von 1975, die Schottland in neun Gebiete neugliederte, ordnete Argyll offiziell der Region von Strathclyde zu. Doch das Bewußtsein der historisch gewachsenen Eigenständigkeit und der individuellen Traditionen blieb trotzdem in unverändertem Maße erhalten. Die erstaunliche Vielzahl von prähistorischen Kult- und Grabstätten wird vielleicht nur noch von den Orkneys überboten; sie weisen auf eine relativ dichte Besiedlung schon in der Steinzeit hin. Im 5. Jh. etablierten sich in Argyll die *Skoten,* ein keltischer Volksstamm aus dem Norden Irlands – daher der Name Argyll (= die ›Küste der Gälen‹). Sie gründeten das *Königreich Dalriada,* mit der Hauptstadt *Dunnad.* Der Legende nach brachten die Skoten von Irland den sagenhaften Schicksalsstein mit, den ›Stone of Destiny‹, auf dem in Scone (s. Nr. 32, S. 128) später die schottischen Könige gekrönt wurden. Mitte des 6. Jh. kamen die ersten irischen Missionare, unter ihnen der *hl. Columba,* der auf der Insel *Iona* sein Kloster gründete. Zum ersten christlichen König wurde von St. Columba dessen Landsmann *Aidan* im Jahre 574 in Dunnad gekrönt. Später wurde der schottische Regierungssitz nach Dunstaffnage (s. Nr. 34, S. 158) verlegt.

Um 800 hatten die Skoten ihre Machtposition im Norden bis Oban und im Osten bis Atholl ausgeweitet, 843 besiegte ihr König *Kenneth MacAlpine* die von den Wikingerinvasionen geschwächten *Pikten,* vereinte die beiden Königreiche und brachte den ›Stone of Destiny‹ und seinen Hof nach Scone. Dalriada wurde somit zur Kernzelle des späteren Schottland.

Dumbarton Castle Nr. 34

Lage: A 814, Dumbarton. *Geöffnet:* s. S. 238 (AM).

Die auf einem steilen Basaltfelsen über dem Clyde gelegene Festung war vom 6.–11. Jh. die Hauptbefestigung der *Britonen,* ab dem 13. Jh. in königlichem Besitz. Von hier aus wurde *Maria Stuart* im Alter von 5 Jahren heimlich zu ihrem Schutz nach Frankreich gebracht (1548). Die heutigen Bauten sind hauptsächlich jüngeren Datums; erhalten blieb nur ein Kerker aus dem Mittelalter und ein Torgang aus dem 12. Jh. Die *Sonnenuhr* am Fuß des Felsens ist eine Stiftung von Maria Stuart.

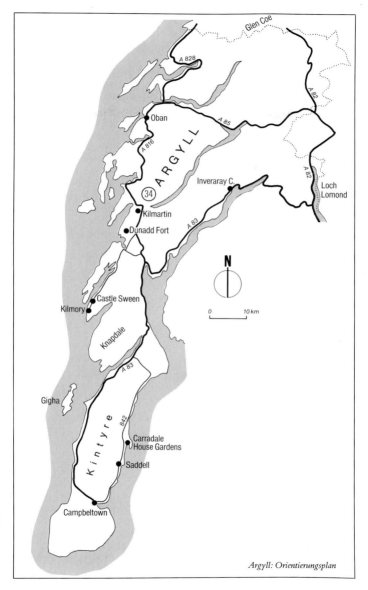

Argyll: Orientierungsplan

Loch Lomond Nr. 34

Der *größte See Britanniens* ist auch einer der schönsten und fester Bestandteil nationalen Liedguts; die ›bonnie bonnie banks of Loch Lomond‹ sind der melodische Inbegriff des romantischen schottischen Highland-Patriotismus. Wer den See nicht gerade in der touristischen Hochzeit besucht, empfindet seinen Ruhm auch als gerechtfertigt: Im Süden wird er von sanften, bewaldeten Hügeln gerahmt, gegen Norden zu verengt er sich und zwängt sich zwischen hohen Bergen hindurch, dem *Ben Lomond* im Osten und *Ben Vorlich* im Westen, beide über 900 m hoch. Hauptsächlich im Süden beleben den See mehr als 30 kleine Inseln. Auf der größten, *Inchmurrin* (= ›Insel der Speere‹), steht die Ruine von *Lennox Castle*. Auf dieser Insel und auf *Inchlonaig* (= ›Sumpf-Insel‹) wurden einst Alkoholiker und Geisteskranke interniert.
Carrick Castle: Die Ruine eines Turms der *Lamonts* und später der *Campbells* am *Loch Goil* datiert aus dem 15.Jh., doch soll sich hier bereits im 12.Jh. eine Wikingerburg befunden haben. 1685 wurde Carrick von den Truppen des *Earl of Atholl* niedergebrannt.
Argyll Forest Park (westlich und nordwestlich von Loch Long bis Loch Lyne): 1935 begann man hier mit einem gewaltigen Wiederaufforstungsprogramm der kahlen Hügellandschaft. Mittlerweile nehmen die drei Wälder *Ardgartan, Glenbranter* und *Benmore* mehr als 240 000 ha ein und sind zu einem der schönsten Waldgebiete der schottischen Highlands geworden.

Inveraray Castle Nr. 34

Lage: 1 km nördlich von Inveraray, A 83. *Geöffnet:* April–Juni tgl. (außer Fr) 10–12.30 u. 14–18 Uhr, So 14–18 Uhr; Juli–7.Okt. tgl. 10–18, So 14–18 Uhr.

Inveraray ist seit Jahrhunderten der Sitz der Chiefs des *Campbell Clans,* der *Dukes of Argyll*. Die alte Stammburg am Loch Fyne wurde im 18.Jh. abgerissen, mit dem Neubau beauftragte der 3.Duke of Argyll den englischen Architekten *Robert Morris*. 1746 wurde mit dem Bau begonnen. Es entstand ein frühes Beispiel eines georgianischen Schlosses im Stil des *Gothic Revival,* wie er gegen Mitte des 18.Jh. in Mode kam (vgl. auch Culzean Castle, Nr. 26, S 97). Die pseudo-mittelalterliche, romantisierende Konzeption zeigt hohe, spitzbogige Fenster und zinnenbewehrte runde Ecktürme an einem quadratischen Haupttrakt, der von einem mächtigen Zentralturm beherrscht wird. Die spitzen Kegeldächer und das Attikageschoß wurden erst im 19.Jh., beim Wideraufbau nach dem Brand von 1877, hinzugefügt.
Die Innenausstattung schuf der schottische Architekt *Robert Mylne* gegen Ende des 18.Jh. für den 5.Duke, eine Komposition aus prunkvoller Größe und französischer Eleganz. Die *Eingangshalle* gibt noch keinen Hinweis auf die leichte, farbenfrohe Pracht der Salons – hier ist die *Waffensammlung* des Schlosses ausgestellt, eine eindrucksvolle, kriegerische Kollektion aus weniger friedlichen Zeiten. Für den *Gobelin-Saal*

Inveraray Castle

ließ der Duke 1785 in Beauvais große *Gobelins* mit pastoralen Szenen anfertigen. Die Wände zwischen den einzelnen Tapisserien wurden von französischen Künstlern mit farbigen Blumengirlanden bemalt, die weiß-goldene Deckenstuckierung stammt von einem einheimischen Stukkateur. Derselbe wirkungsvolle Zusammenklang von Grisaillemalerei und Stuckornamenten herrscht auch im großen *Speisesaal*, dessen Möbel nach französischen Modellen in Edinburgher Werkstätten angefertigt wurden. Die *Familienporträts* stammen von den berühmtesten britischen Porträtisten: *Gainsborough* (John Campbell, der 4. Duke of Argyll), *Ramsay, Raeburn, Reynolds* und *Hoppner*.
1975 wurden bei einem verheerenden Brand viele der kostbaren Kunstschätze vernichtet. Dach und Obergeschoß brannten aus, doch die unteren Salons konnten im großen und ganzen gerettet werden. Für das gewaltige Restaurierungsvorhaben erhielt der Duke Spenden in Millionenhöhe von seinen Campbell-kinsmen aus aller Welt.

Kintyre   **Nr. 34**

Bei *Carradale*, einem kleinen Fischer- und Feriendörfchen (B 842, 8 km nördlich von Campbelltown) liegen die *Carradale House Gardens* (*Geöffnet:* April–Sept. tgl. 14–17 Uhr), eine Parkanlage von ca. 1870 mit reichem Azaleen- und Rhododendronbewuchs. Südlich des Hafens von Carradale stehen die Ruinen von *Aird Castle* auf einer kleinen Insel, die bei Ebbe zu Fuß erreichbar ist.
Saddell Abbey (B 842, 14 km nördlich von Campbelltown) wurde im 12. Jh. von *Somerled, Lord of The Isles*, für Zisterziensermönche gegründet. Nur noch einzelne Mauer-

fragmente sind von ihr erhalten; sehenswert sind jedoch eine Anzahl schöngemeißelter Grabplatten.
In *Campbelltown*, dem Geburtsort des schottischen Impressionisten *William MacTaggart*, steht am Beginn der Hauptstraße ein *Marktkreuz* aus dem 15.Jh. mit kunstvoll gearbeiteten Ornamenten und lombardischer Inschrift.
Die *Achamore House Gardens* auf der kleinen *Insel Gigha* sind berühmt für ihre Vielfalt an subtropischen Pflanzen, Rhododendren und Kamelien (*Geöffnet:* April–Okt. tgl. 10–18 Uhr, Fähre von Tayinloan oder West Loch Tarbert). Das Herrenhaus ist ein typisch schottischer Bau des Architekten *John Honeyman* (1884), der auch mit *Charles Rennie Mackintosh* zusammenarbeitete.

Knapdale Nr. 34

An der Küste von Knapdale, der ovalen Halbinsel, soll St.Columba zum ersten Mal in Schottland gelandet sein. Wenn vielleicht auch nicht die Kapelle des Heiligen, so war die Felshöhle ›St. Columba's Cave‹ doch sicherlich eine frühchristliche Betstätte. Über einem rohgehauenen Felsaltar sind in die Felswand einige Kreuze geritzt. Ausgrabungen im 19.Jh. entdeckten menschliche Spuren schon aus der Steinzeit. Die Kilberry Stones, bei der Ruine von Kilberry Castle (15.Jh.), sind eine Sammlung von Grabsteinen aus dem 9. und 10.Jh., die aus verschiedenen Funden aus der Umgegend zusammengestellt wurde.

Castle Sween Nr. 34

Lage: Ostküste vom Loch Sween.

Castle Sween gilt als die *älteste Steinburg Schottlands* (11.–12.Jh.). Sie stellt einen architektonischen Zwischentyp zwischen Ringmauerburg und Wohnturm dar. Hierdurch läßt sich die ungewöhnliche Ausdehnung des massiven Turms in die Horizontale erklären, die den klobig-gedrungenen Eindruck der Burg noch unterstützt. Die breiten, flachen Stützpfeiler und der rundbogige Eingang weisen auf normannische Arbeit hin. Es gibt keine Fenster außer einem in der kleinen Kammer

Castle Sween

auf dem Umgang. Überraschend viel ist noch erhalten: der Brunnen im Hof und die gut zu erkennende Küche mit Herd und Vorratsnischen. An den Nordwest- und Nordostecken befinden sich spätere Zubauten: ein Wohn- und ein Rundturm aus dem 13.Jh.
Kilmory Knap Chapel (am Loch Sween) ist eine typische kleine *Westhighlandkirche* aus dem 13.Jh. Die Ruine ist mit einem Glasdach versehen und enthält eine Sammlung keltischer Gedenk- und Grabsteine. Vor der Kirche steht das große *MacMillan's Cross* aus dem späten 15.Jh. mit Jagd- und Kreuzigungsszenen.

Dunadd Fort Nr. 34

Lage: 6 km nördlich von Lochgilphead, westlich der A 816.

Dunadd war die *Hauptstadt des alten gälischen Königreichs von Dalriada* (500–850), bevor dieses von *Kenneth MacAlpine* in das schottisch-piktische Königreich miteinbezogen wurde. Hier soll *St. Columba* die erste christliche Krönung, die von *König Aidan* (574), vollzogen haben. Die Zeremonie fand der Legende nach auf dem schottischen Schicksalsstein statt, den König Kenneth MacAlpine später nach Scone (Nr. 32, S. 128), und der englische König Edward I. schließlich nach Westminster brachte.
Von der ehemaligen Befestigungsanlage sind noch Mauerreste erhalten; auf einem Felsen auf der Spitze des Hügels sind verschiedene Symbole und Ogham-Inschriften eingemeißelt. Die *Ogham-Schrift*, benannt nach dem keltischen Gott der Schrift, *Ogmios*, ist die *älteste Schrift der gälischen Sprache*. Sie entstand um das 4.Jh. n. Chr. in Irland und wurde bis etwa zum 9.Jh. verwendet. Das Ogham-Alphabet umfaßt 20 runenähnliche Schriftzeichen. Links, rechts oder quer über eine senkrechte Grundlinie – bei frühen Inschriften die Kante eines aufrecht stehenden Steinblocks, später eine in den Stein geritzte Linie – wurde eine Reihe von Strichen (1–5) gemeißelt, die am unteren Ende der Grundlinie begann und nach oben verlief.
Zwischen dem Norden von Dunadd und Kilmartin verläuft die A 816 neben einem flachen Tal, das mit einer außergewöhnlichen Fülle an *Stehenden Steinen, Steinkreisen* und *Grabkammern* auf eine große rituelle Bedeutung in Stein- und Bronzezeit hinweist. Die interessanteste Grabkammer ist *Nether Largie North* aus der Bronzezeit. Die teilweise rekonstruierte Kammer ist mit Glas überdacht und leicht begehbar. In den Steinplatten sind verschiedene rituelle Symbole, Kultäxte u.a. eingeritzt. In der Kirche von *Kilmartin* stehen einige, meist mittelalterliche Grabsteine und -kreuze. Das älteste Kreuz stammt aus dem 9.Jh.

Oban Nr. 34

Der kleine Hafen ist hauptsächlich als Ausgangspunkt für die Hebriden von Bedeutung; an Sehenswertem bietet die Stadt selbst nur den runden ›MacCaig's Rower‹, der auf einem Hügel über die Stadt ragt. 1897 errichtete dieses viktorianische Folly ein Bankier aus Oban, der damit seiner Familie ein Denkmal setzen und der Arbeitslosigkeit der Stadt Abhilfe schaffen wollte.

Dunstaffnage Castle (von der A 85 ab, geöffnet: s. S. 238) liegt am Anfang von *Loch Etive*. Die unregelmäßig-viereckige Ruine mit den drei runden Türmen scheint wie aus dem Felsen herauszuwachsen. Über dem Eingang befindet sich ein Wohnturm aus dem 17. Jh., was einen erheblichen Kontrast zu den mächtigen Mauern des 13. Jh. schafft. Beachtenswert ist das hübsche kleine *Brunnenhäuschen* mit vier Türmchen. Die Ruine der *Kapelle* mit hohen schmalen Lanzettfenstern (13. Jh.) im angrenzenden Wäldchen ist die Grabstätte der Campbells von Dunstaffnage.

Die *Ardchattan Priory* am Nordende des *Loch Etive* war eine der drei schottischen Niederlassungen des *Valliscaulienser-Ordens,* die alle 1230 von Mönchen aus Burgund gegründet wurden. Dieser Orden distanzierte sich noch strenger von Cluny als die Zisterzienser und Kartäuser. Die Mönche aus dem Val des Choux (= ›Vallis Caulium‹) bei Chatîllon-sur-Seine widmeten sich ganz der Kontemplation und harten Feldarbeit – ihr Wahrzeichen ist der *Kohl,* der sich oft als Kapitellornament in ihren Kirchen findet. Von der Ardchattan Priory ist bis auf das Fragment eines Querschiffs im Garten eines neueren Hauses wenig erhalten; Cromwell und seine Soldaten brannten sie 1654 nieder. In diesem Haus wurde ein kleines Oratoriumsgewölbe entdeckt, der ›Prior's Room‹, das man für die Stelle der Kanzel des ehemaligen, mit einer Holzdecke überdachten Refektoriums hält.

Glen Coe Nr. 34

Das ›Tal der Tränen‹ (A 82) – ein kahles, von hochaufragenden Bergen überschattetes Tal – war 1692 Schauplatz einer der grausamsten Tragödien der schottischen Geschichte. Nach der Vertreibung des Stuartkönigs *James VII.* in der ›Glorious Revolution‹ (1688) wurde der Holländer *Wilhelm von Oranien* zum englischen und schottischen König gekrönt. Bei den stuarttreuen Highlandern hatte er von Anfang an einen schweren Stand. Um seine Machtposition zu sichern und zu festigen, erließ er den Befehl, daß ihm alle Clanchiefs bis spätestens 1. Jan. 1692 den Treueid zu schwören hätten – andernfalls werde er ihn mit ›Feuer und Schwert‹ erzwingen. Die Highland Chiefs erhielten von ›ihrem‹ König aus dem französischen Exil die Erlaubnis zu diesem Eid und kamen ihm deshalb auch alle pünktlich nach, bis auf den alten Chief eines kleinen Zweigs der MacDonalds, *MacIan MacDonald of Glencoe,* der den Termin, teils wegen der schlechten Winterwitterung, teils aus eigenem Versäumnis um fünf Tage überschritten hatte. Er selbst hielt seine Verspätung nicht für schlimm – König William dachte jedoch anders. Ihm war dies willkommene Gelegenheit, an dem kleinen Clan seine Stärke und Unerbittlichkeit zu demonstrieren. Er

Glen Coe

sandte ein Regiment unter Befehl von *Captain Robert Campbell of Glenlyon,* eines angeheirateten Verwandten des alten MacIan, nach Glencoe. Das Regiment wurde freundlich empfangen und willkommen geheißen. Unter einem Vorwand quartierten sich die Soldaten bei den MacDonalds ein und wurden von diesen einige Wochen lang mit offener Herzlichkeit und Gastfreundschaft bewirtet. Am 12. Februar erhielt Captain Campbell von seinem Vorgesetzten den Befehl, alle MacDonalds unter 70 zu töten – das Dokument, das die königliche Einwilligung beweist, ist heute noch erhalten. Für diesen Abend hatte Campbell eine Einladung bei MacIan zum Abendessen angenommen: Als Mahl begann's und endete als Massaker. In den frühen Morgenstunden überfielen die Soldaten ein Cottage nach dem andern, ermordeten die ahnungslos schlafenden MacDonalds und zündeten die Häuser an. Wer den Schwertern der Soldaten entkommen und fliehen konnte, kam draußen im Schneetreiben um. Daß diese Bluttat bis heute so lebendig in Erinnerung geblieben ist, lag vielleicht weniger an dem grausamen Morden selbst, als an der Verletzung des Gastrechts, das als unverzeihlichstes Sakrileg gilt.

Das *Glenfinnan Monument* (A 830, 30 km westlich von Fort William) erinnert an den berühmten *Jakobiteraufstand* von 1745. Hier richtete *Charles Edward Stuart* am 19.8.1745 seine Standarte auf und begann mit einem kleinen Häufchen getreuer Anhänger seinen großen Feldzug, der triumphal begann und in kläglicher Vernichtung bei Culloden endete. Die Gedenkstätte mit der Statue eines Highlanders wurde 1815 von *MacDonald of Glenaladale,* dem Nachkommen eines der Getreuen des Prinzen, errichtet. Alljährlich finden hier im August die traditionellen Highland Games und Glenfinnan Clanversammlungen statt.

35 Inverness-Shire

Der *Caledonian Canal* verbindet über *Loch Linnhe, Loch Lochy, Loch Oich* und *Loch Ness* den Atlantik mit der Nordsee. Von seinen fast 100 km Länge sind über zwei Drittel natürlicher Wasserweg. Voraussetzung hierfür war das *Great Glen*, ein vor Millionen Jahren entstandener tiefer Riß in der Erdkruste, der vom *Loch Linnhe* im Südwesten schräg nach Nordosten zum *Moray Firth* verläuft. In ihm liegen die drei schmalen, tiefen Seen, die, miteinander verbunden, den Caledonian Canal ergeben.

Die ersten Pläne stellte 1773 *James Watt* auf; mit dem Bau begann *Thomas Telford* 1803. 1822 wurde der Kanal eröffnet, erwies sich jedoch als zu seicht und konnte erst 1847 endgültig seiner Bestimmung übergeben werden.

Fischer- und Segelboote ersparen sich damit den langen Umweg über die schottische Nordküste. Kleinere Frachtschiffe benutzen ihn noch heute, wenn auch die Kapazität der 29 Schleusen gering ist – eines der Hauptprobleme beim Bau des Kanals war der beträchtliche Höhenunterschied von ca. 25 m. Die treppenartige Reihe von 8 Schleusen bei Banavie, bekannt als ›Neptune's Staircase‹, verdeutlicht diese Schwierigkeit.

Inverness-Shire: Orientierungsplan

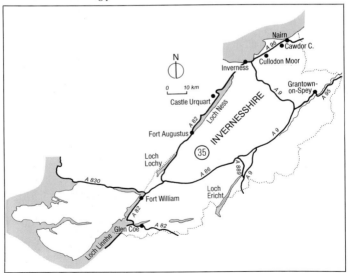

Fort Augustus Nr. 35

General Wade machte für sein Highland-Pazifierungsprogramm den Ort am Südende von *Loch Ness* zu seinem Hauptquartier. Er errichtete 1729 das Fort als zentrale englische Befestigung in den Highlands. In den englisch-jakobitischen Händeln wechselte die Festung oftmals den Besitzer und wurde zerstört. Die Ruinen wurden 1876 von *Lord Lovat* dem *Benediktinerorden* übergeben. Benediktinermönche gründeten eine Abtei und Klosterschule, nachdem sie aus dem aufgelösten ›Schottenkloster‹ von St.Jakob in Regensburg (1862) wieder in die Heimat zurückgekehrt waren. Nach der Reformation war dieses bayerische Kloster, eine Gründung irischer Mönche um 1100, ein zentraler Zufluchtsort schottischer Mönche geworden.

Der größere Teil von Wade's alter Festung wurde in dieses Kloster integriert, dessen Hauptgebäude jedoch aus dem 19.Jh. stammen.

Loch Ness Nr. 35

Als Tummelplatz des ›Monsters‹ ist Loch Ness zu einem internationalen Begriff geworden. Der nur 1,5 km breite und 36 km lange See hat die größte Wassermenge aller großbritannischen Seen. Seine Tiefe ist im wahrsten Sinne des Wortes unermeßlich. Dies hängt mit seiner Entstehungsgeschichte zusammen: Als Teil des großen Glen ist er ein vor ca. 2 Mill. Jahren aufgebrochener Erdspalt. Die Wände des Lochs sind nicht glatt; an beiden Seiten ragen Felsplatten bis in die Mitte des Sees und verzahnen sich teilweise. Deshalb ist es nicht möglich, senkrecht bis zum Grund vorzudringen. Bisher wird eine Tiefe von mindestens 300 m angenommen.

Die Mär vom ›Monster Nessie‹ hält sich hartnäckig seit über 1400 Jahren – zum erstenmal genannt wurde das Ungetüm in einer Biographie des *hl. Columba,* als es einen Mann verschlang (565). Auch im Mittelalter wird es urkundlich erwähnt. Danach hielt es sich recht lange verborgen: Erst im August 1930 erschien ein Zeitungsbericht über drei junge Männer, die ein etwa 7 m großes Wesen in kurzer Entfernung von ihrem Fischerboot gesehen haben wollten. 1933 wurde Nessie das erstemal photographiert, 1934 gelang einem *Mr. Wilson* die Aufnahme eines Objekts, das er als Kopf und Hals des Monsters identifizierte. Systematisch wurde die Jagd auf Nessie 1962 mit der Gründung des ›Loch Ness Investigation Bureau‹ begonnen. Spezialisierte Wissenschaftler (auch aus Japan und den USA) erforschten das Loch mit Hilfe hochmoderner technischer Mittel wie Infrarotkameras, Sonargeräten, Echolot und einer speziellen Unterwasser-Stroboskopkamera. Doch Nessie entzog sich allen Bemühungen mit Erfolg. Erschwerend für die Unterwasseraufnahmen in Loch Ness sind vor allem die zahlreichen Schlamm- und Torfpartikel, die Licht nicht durchdringen lassen, sondern reflektieren. Bis heute also ist das Mysterium um Nessie, den journalistischen Dauerbrenner der Saure-Gurken-Zeit und Verkaufsschlager der Souvenirindustrie, nicht enthüllt. Allerdings besteht eine wissenschaftliche Theorie, die das Vorkommen bisher unbekannter Tiere in Loch Ness plausibel erklärt. Nach ihr gibt es kein Monster, sondern mehrere kleine Tiere, nicht länger als ca. 60 cm, die, in einer Gruppe auftretend, bisher immer als ein ›Monster‹ identifiziert wurden. Weiterhin nimmt man eine unterirdische Verbindung des Lochs mit dem Meer an, die es diesen Tieren ermöglicht, unbemerkt hin und herzuschwimmen und unauffindbar zu bleiben.

Castle Urquart Nr. 35

Lage: Westküste von Loch Ness, 3 km südöstlich von Drumnadrochit. *Geöffnet:* s. S. 238 (AM).

Pittoresk auf einer felsigen Landzunge über dem Loch gelegen, die schon die natürlichen Voraussetzungen für eine Festung bietet, ist dies eine der meistphotographierten Highlandruinen – wohl nicht zuletzt wegen der phototrächtigen Kulisse des Sees mit Monster-Aura. Am nördlichen Ende der Ruinen steht als besterhaltener Teil der Turm. Die Anfänge von Urquart Castle sind älter als die im 14. Jh. entstandene und im 16. Jh. erweiterte *Steinburg,* deren Reste heute zu sehen sind. Schon *Edward I.* hatte hier eine Burg – vermutlich jene *Motte,* deren Hügel heute noch im Südwesten der Anlage zu finden ist – besetzt gehalten; der damals tief bis in die Highlands reichende englische Einfluß wird hieraus ersichtlich. 3 km südwestlich von Inverness (an der Stratherrick Road, östlich der A 862) steht ein *piktischer Stein* aus dem 7. oder 8. Jh., der *Knocknagael Boar Stone,* auf dem ein wilder Eber eingeritzt ist.

Castle Urquart

Inverness Nr. 35

Die *Hauptstadt des Nordens* (ca. 30 000 E) profitiert von der Schönheit und den wirtschaftlichen Vorteilen ihrer Lage an der Mündung des Caledonian Canal in den Moray Firth. Das Stadtbild prägen Geschäftigkeit und Expansion – schon Fontane beschrieb Inverness als »eine vorwärtskommende Stadt, die so viel von Handel und Wandel aufweist, wie an so nördlicher Stelle und bei so dünn gesäeter Bevölkerung nur irgend erwartet werden kann«.

Das älteste Gebäude der Stadt ist *Abertarff House* (Church Street), das 1592 als Stadtresidenz der *Familie Lovat* erbaut wurde. Es wurde 1966 vom National Trust restauriert und ist nun das *Zentrum der Highland Association*. Wenn auch die Restaurierung des Hauses selbst gelungen ist, ergibt sich dennoch zur Gesamtstraßenfront der Church Street ein störender Kontrast, da die Integration in die modernen Bauten nicht geglückt ist.

Die *alte Burg* von Inverness, einst östlich des jetzigen Burgbergs gelegen, wurde 1745 von *Bonnie Prince Charlies* Anhängern in die Luft gesprengt. Auch sie könnte der Schauplatz der *Ermordung König Duncans* gewesen sein, ebenso wie es *Cawdor* (Nr. 35, S. 165) und *Glamis* (Nr. 32, S. 132) von sich behaupten. Von den alten Gebäuden ist jedoch nach der gründlichen Sprengung nichts mehr übriggeblieben. An ihrer Stelle wurde im 19. Jh. das jetzige Castle erbaut, ein weitläufiges Gerichts- und Verwaltungsgebäude im Kastellstil. Auf der Terrasse steht eine Statue der Retterin des Prinzen, *Flora MacDonald* (s. S. 222). Das neben dem Castle befindliche *Museum* enthält Dokumente des Jakobiteraufstands und Material zur Geschichte der Highlands.

Culloden Moor Nr. 35

Lage: 3 km östlich von Inverness, an der B 9006.

Die schöne Maid von Inverness,
wie freudlos ihr der Tag vergeht.
Sie schafft und spinnt und webt, indes
Ihr dunkles Aug in Tränen steht.
»Drumossie-Moor, Drumossie-Tag,
O bittrer Tag, o blut'ges Moor,
Wo kalt und starr mein Vater lag
Und ich der Brüder drei verlor.

Sie liegen tief in Sand und Blut,
Im ersten Grün die Gräber stehn,
Der beste Bursch daneben ruht,
den Mädchenaugen je gesehn.
Weh Sieger, dir, der nach der Schlacht
Noch die Geschlagnen niedertrat
Du hast manch Herz betrübt gemacht,
Das dir doch nichts zuleide tat.«

So übersetzt Fontane Robert Burns' berühmte Totenklage um die Gefallenen auf dem Schlachtfeld von Culloden (Drumossie ist der alte schottische Name). Mit einer Armee von etwa 5000 erschöpften, ausgehungerten und schlecht ausgerüsteten Highlandern hatte sich der junge Pretender, *Charles Edward Stuart,* auf seiner Flucht vor den englischen Truppen im Moor von Culloden versammelt. Am 16. April 1746 rückte der *Duke of Cumberland,* der 25jährige Sohn *König Georgs II.,* von Nairn her mit einer Armee von ca. 9000 Mann gegen den Prinzen an. Um ein Uhr begann die Schlacht mit Artilleriefeuer, und trotz furchtlosen Einsatzes der Highlander waren diese dem englischen Heer nicht gewachsen. Ungefähr 1200 Highlander fielen in 40 Minuten, auf der Gegenseite dagegen nur 76 Soldaten. Die Verwundeten, die nicht mehr fliehen konnten, wurden auf Befehl des Duke of Cumberland erbarmungslos getötet, was ihm den Beinamen ›Der Schlächter‹ eintrug. Noch Tage nach der Schlacht suchten englische Soldaten in der Umgegend nach verwundeten und versteckten Jakobiten. Mit dieser

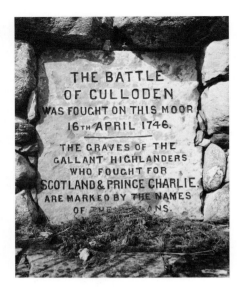

Culloden Moor

Niederlage hatten die Schotten nicht nur eine Schlacht verloren, sondern endgültig die Hoffnung auf eine Restauration der Stuarts. Der Kultur des Hochlands, der Lebensweise der Clans war mit Culloden ein Ende gesetzt.

Bonnie Prince Charlie entkam trotz intensivster englischer Hetzjagd schließlich nach Frankreich; als verbitterter Alkoholiker starb er 1788 im römischen Exil. Der *Duke of Cumberland* wurde in England mit Jubel und Gloria empfangen und vom König mit Ehren bedacht. Zur Feier des triumphalen englischen Sieges komponierte der Hofkomponist *Georg Friedrich Händel* das Oratorium ›Judas Maccabäus‹.

Mitten durch das nun teilweise trockengelegte Moor von Culloden führt die B9006; rechts und links der Straße markieren einfache Steine mit den Namen der Clans die Gräber der Highlander. Ein großes *Mahnmal* (1881) erinnert an die Gefallenen. *Leanach Farmhouse* hatte den Jakobiten als Hauptquartier gedient; dahinter, auf dem English Field, liegen die gefallenen englischen Soldaten begraben.

Die *Clava Cairns* (bei Culloden, von der B851 ab) sind eine große Anlage aus der Stein- und Bronzezeit (2000–1500 v.Chr.). Sie enthält drei große Grabkammern, die von *Stehenden Steinen* umgeben sind, sowie einen kleineren Steinkreis. Die äußeren beiden Kammern werden durch lange, schmale Tunnels erreicht, die zentrale Kammer ist ringförmig ohne Eingang. Einige der Stehenden Steine zeigen die sog. ›Cup-markings‹, muldenförmige rituelle Markierungen, deren Bedeutung nicht bekannt ist.

Cawdor Castle   Nr. 35

Lage: B 9090, zwischen Inverness und Nairn. *Geöffnet:* Mai–Sept. tgl. 10–17.30 Uhr.

»Es liegt erfreulich dieses Schloß; gelind und leicht die Lüfte hier, verführen uns die sanften Sinne« – so spricht *König Duncan* in Shakespeares ›Macbeth‹ über Cawdor Castle und weiß noch nicht, daß er darin ermordet werden wird. Ob nun Cawdor wirklich der Schauplatz des berühmten Königsmords gewesen ist, ist nicht geklärt – die heute existierende Burg war es sicher nicht; denn ihr ältester Teil, der zentrale Turm, wurde erst 1454 gebaut. (Der Lageplatz einer älteren Burg, die durchaus der historische Schauplatz gewesen sein mag, befindet sich 1 km nördlich des jetzigen Cawdor Castle.) Im 16. Jh. kamen neue Anbauten an den Turm hinzu, die im folgenden Jahrhundert noch einmal verändert wurden. Die kleinen Erkertürmchen wurden mit Kegeldächern versehen und größere Fenster eingebaut. Der wehrhafte Charakter der Stammburg der *Thane* (Than = Freiherr) *von Cawdor* blieb bis heute erhalten. Alle Veränderungen und Neuerungen fügten sich homogen in den trutzigen Stil ein. Eine Besonderheit Cawdors ist die *Zugbrücke,* die älteste erhaltene in Schottland.

In den kleinen, verschachtelten Räumen hängen Waffen und Familienporträts der Campbells of Cawdor. Im *Schlafzimmer* steht ein großes venezianisches Himmelbett mit den originalen roten Samtvorhängen; die Tapisserien mit biblischen Szenen wurden speziell für diesen Raum 1682 in Arras angefertigt. Anschließend der *Gelbe Salon* mit Möbeln und Gemälden des 17. Jh. und der *Tower Room,* die alte Eingangshalle, aus dem 15. Jh. Von hier führt eine steile Wendeltreppe hinab in das Gewölbe, in dem ein uralter Stamm eines *Weißdorns* steht. Der Sage nach soll einem früheren Than im Traum befohlen worden sein, mit einem Esel auf dem Gebiet umherzuwandern, auf dem er seine neue Burg zu bauen beabsichtige. Genau an der Stelle, an der sich der Esel des Abends zur Ruhe legen würde, solle er die Burg bauen, so werde sein Haus für immer gedeihen. Der Esel legte sich unter eben jenen Weißdornbusch, und dem Than blieb nichts anderes übrig, als die Burg darum herum zu bauen. Die moderne Wissenschaft hat diese Legende untermauert: eine C+14 Untersuchung hat den Tod des Baumes auf ca. 1370 datiert.

Cawdor Church (Cawdor, B 9090): Die kleine, T-förmige Kirche (1619) ist ein typisches Beispiel für nachreformatorische Kirchenarchitektur. In ihrer schlichten Einfachheit ähnelt sie mittelalterlichen Kirchen. Der Glockenturm mit umlaufender zinnenbewehrter Brüstung wurde erst im 18. Jh. hinzugefügt.
Rait Castle (5 km südlich von Nairn) ist ein gut erhaltenes, dachloses *Hallenhaus* aus dem späten 13. bis frühen 14. Jh. Unter Hallenhäusern versteht man Burgen, deren Ausdehnung mehr in die Horizontale als in die Vertikale geht (meist nur 2 Geschosse) und deren Hauptmerkmal eine große Halle ist. Bemerkenswert bei Rait sind das hochgelegene *Spitzbogenportal* und die *Spitzbogenfenster*.

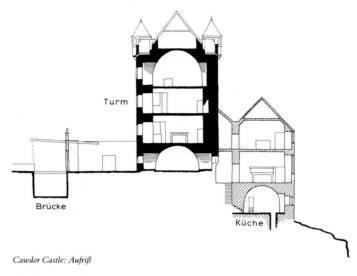

Cawdor Castle: Aufriß

Cawdor Castle

K. DIE KUNSTDENKMÄLER IM NORDOSTEN

Der Nordosten Schottlands gehört geographisch zwar zu den Highlands, erinnert in weiten Teilen der Landschaft mit seinen fruchtbaren Feldern, Weiden und bewaldeten Hügeln jedoch mehr an die Lowlands. Die kahle Highland-Szenerie findet sich lediglich im Westen. Schon in *prähistorischer Zeit* war diese fruchtbare Region relativ dicht besiedelt, wie die zahlreichen *Steinkreise* und *Grabkammern* beweisen. In der schottischen Geschichte spielt der Nordosten vor allem als das *Königreich der Pikten* eine Rolle. Von ihnen sind noch viele Symbolsteine erhalten, an denen die Entwicklung der Symbolkunst während der frühchristlichen Zeit (5.–10. Jh.) gut abzulesen ist. Die Einflüsse, die Gebrauch und Gestaltung der Symbole prägten, sind nicht bekannt; die Steine zeigen allesamt einen hoch entwickelten, sich in starren formalen Konventionen bewegenden Symbolcode, den wir heute nicht mehr entschlüsseln können. Die häufigsten, immer wiederkehrenden Symbole sind Kamm und Spiegel, Halbmond, Schlange, Z- und V-förmige Zeichen und das ›keltische Tier‹, ein elefantenähnliches Fabelwesen.

Mit dem Nordosten Schottlands assoziiert man heute mehr als mit allen anderen Teilen die *Whiskyproduktion*. Die Dichte der Destillerien ist hier am größten, vor allem in der Gegend des Flusses Spey, die als ein Zentrum berühmter Destillerien gilt. Auf dem ›Whisky Trail‹ kann man durch die liebliche Speyside-Landschaft fahren und sich bei der Besichtigung der Destillerien durch die einzelnen Marken hindurchprobieren.

Schottischer Whisky ist mehr als ein hochprozentiges Getränk. Zusammen mit Kilt und Dudelsack hat er das Bild des trinkfreudigen und -festen Schotten in der ganzen Welt geprägt. Am schönsten verdichtet ist dieses Klischee in einer Anekdote über die Schlacht von Culloden: Als der Feldgeistliche den Soldaten am Vorabend der Schlacht die Kommunion austeilen wollte, waren weder Wein noch Brot vorhanden – so behalf er sich mit Whisky und Oatcakes. Etymologisch ist Whisky das Äquivalent zu dem lateinischen ›aqua vitae‹ und dem französischen ›eau de vie‹: Das Wort wird von dem gälischen ›uisge beatha‹ abgeleitet und bedeutet ebenfalls ›Wasser des Lebens‹. Zwei Arten von Whisky werden unterschieden: der reine *Malt Whisky*, der nur aus gemalzter Gerste hergestellt wird, und der *Blended Whisky*, eine Mischung aus Malz- und Kornwhisky (to blend = mischen). Blended Whisky wird erst seit etwa 1850 hergestellt, nachdem man eine Methode gefunden hatte, den billig und in großen Mengen herstellbaren Kornwhisky mit kleineren Mengen des teuren Malt Whiskys zu versetzen, ihm dadurch dessen Aroma zu verleihen und die Schärfe und den beinahe antiseptischen Geruch zu nehmen. Damit wurde der Exportmarkt für den Blended Whisky eröffnet; er eroberte sich bald die ganze Welt. Im Gegensatz zur Herstellung des Kornwhiskys, einem

Whisky-Destillerie

fortlaufenden industriellen Produktionsvorgang, ist die des Malt Whiskys eine Kunst. Der Großteil des produzierten Malt Whiskys wird mit dem Korn-Whisky zum ›Blended‹ verarbeitet; von dem in Flaschen abgefüllten Teil wird wiederum mehr exportiert, als in Schottland selbst zum Verkauf kommt. Von den vier Hauptgebieten des Malt Whiskys, mit insgesamt 115 Destillerien, werden die *Speyside Malts* als die besten anerkannt, die Aristokraten unter ihnen stammen aus der Speyside Region.

Drei Komponenten bestimmen einen gelungenen Malt: die *Gerste,* das *Wasser* – möglichst kalt (für den Kühlvorgang), klar und weich – und, als die ›Seele‹ des Whiskys, der *Torf,* der ihm das unvergleichliche Aroma verleiht. Der Herstellungsvorgang ist kompliziert und erfordert Zeit. Zuerst läßt man die gereinigte Gerste sich mit Wasser vollsaugen und breitet sie dann auf großen Betonböden aus. Das Wasser bewirkt im Samenkorn die Produktion von zwei Enzymen, die die Stärke des Gerstenkorns in Zucker (= Maltose) umwandeln – das Korn beginnt zu keimen. Dieser Wachstumsvorgang wird nun durch Trocknen gestoppt. Die Gerste wird auf großen Metallsieben über einem Torffeuer ausgebreitet, der Rauch des Torfs gibt dem späteren Whisky den typischen Geschmack. Dann wird das Malz gedroschen und gemahlen, in einem Maischbottich mit heißem Wasser versetzt und damit der ganze Zucker ausgeschwemmt. Diese Flüssigkeit wird auf 21° gekühlt und in große Gärtanks geleitet. Zugesetzte Hefe leitet den Gärungsprozeß ein. Das Zuckerwasser fermentiert mit der Hefe zu einer alkoholischen Lösung, die in großen zwiebelförmigen Kupferkesseln, den *Stills,* gebrannt wird. Der Alkohol verdampft nach oben, wird in einem Rohr kondensiert und sammelt sich in einem Behälter. Nun kann der Whisky in Eichenfässer – vorzugsweise benutzte alte Sherryfässer – gefüllt werden und lagert für mindestens 5–15 Jahre. Nach 15 Jahren verändert sich der Geschmack kaum noch, ebenso wenig gewinnt ein einmal in Flaschen abgefüllter Whisky durch zusätzliche Lagerzeit noch an Güte.

Auf die häufige Frage, ob der Malt Whisky mit oder ohne Wasser zu trinken sei, antworten Schotten meist mit dem kernigen Satz, daß ein Highlander zwei Dinge nackt liebe, eines davon sei Malt Whisky. Blended Whisky dagegen verträgt das Mischen mit Wasser und anderen Ingredienzien, z.B. in Cocktails, vorzüglich. Den besten Whisky zu nennen, ist unmöglich – die Geschmacksskala reicht hier von einem weichen, samtigen Malt, wie dem *Glenmorangie,* bis zu einem kräftigen, ›torfigen‹ Islay-Malt, wie dem *Laphroaig.*

36 Aberdeen

Die *drittgrößte Stadt Schottlands,* mit ca. 185 000 Einwohnern etwas größer als Dundee (Nr. 31), ist heute Zentrum der Nordseeölförderung und des Viehhandels (die berühmte Rasse der Aberdeen-Angus Rinder!), außerdem Universitäts- und Hafenstadt – eine geschäftstüchtige Stadt voll pulsierender Aktivität. Trotz der enormen industriellen Expansion ist der historische Charakter der ›granitenen‹ Stadt erhalten geblieben, die distanzierte und klare Strenge der Union Street (1800) und die akademischruhige Atmosphäre des Universitätsviertels im alten Aberdeen (16. und 17.Jh.). Die Entdeckung des Nordseeöls brachte für Aberdeen bzw. für ganz Schottland kaum finanzielle Gewinne. In Aberdeen bewirkte es eine rapide Erhöhung der Mieten und Lebenshaltungskosten, höhere Löhne jedoch nur für die direkt an der Ölförderung Beteiligten. Die Gewinne aus dem Ölgeschäft fließen nach wie vor nach England.

Stadtrundgang

Die zentrale Achse der Stadt ist die *Union Street,* ein einheitlich geschlossener Entwurf von hellgrauen, glatten Granitfassaden, die nüchtern und zurückhaltend wirken. Die Hauptsehenswürdigkeiten des Zentrums können von hier aus bequem zu Fuß erreicht werden.
In der Mitte der Castle Street (Ostende der Union Street) steht das *Stadtkreuz* (a; 1686). Um die sechseckige Basis verteilen sich die Medaillons mit den Wappen und Köpfen der schottischen Könige von James I.–VII., oben auf dem Kreuz steht das schottische Einhorn. Ecke Broad/Union Street befindet sich das *Old Town House* (b; 1886), in dem der Turm des früheren Tolbooth (14.Jh.) miteinbezogen ist.
Provost Ross's House (c; Shiprow, südwestlich der Castle Street) ist mit einem Erbauungsdatum von 1593 das älteste Haus Aberdeens. Mit den Arkaden im Erdgeschoß und dem vorspringenden Turm gibt es ein typisches Beispiel spätmittelalterlicher Stadtarchitektur. 1952 wurde es vom National Trust restauriert. Noch steht das Haus leer, doch plant die Stadt die Einrichtung eines *maritimen Museums,* das die Geschichte von Aberdeens Häfen, Seehandel, Fischerei etc. illustrieren soll.
Hinter dem modernen Betonhochhaus *St. Nicholas House* (d; Broad Street), in dem sich das Touristeninformationsbüro befindet, liegt, etwas in dessen Schatten, *Provost Skene's House* (e; *geöffnet:* Mo–Sa 10–17 Uhr). Provost Skene baute das ursprünglich von 1545 datierende Haus im 17.Jh. zu einem Stadtpalais aus. Hier logierte der Duke of Cumberland vor der Schlacht von Culloden. Heute ist das restaurierte Haus *Museum* und im Stil bestimmter Perioden eingerichtet, mit georgianischem Regency- und viktorianischem Mobiliar. Besonders schön ist die *Deckenbemalung der Kapelle* (frühes 17.Jh.), die man 1951 entdeckte, als man den Verputz entfernte. Einige Räume zeigen hübsche Deckenstukkaturen; zu beachten ist auch ein kleiner piniengetäfelter Raum, der Wandmalereien enthält, die ein einzigartiges Beispiel für den Stil des 18.Jh. darstellen. Die inneren Felder der Vertäfelung sind marmoriert, die äußeren bilden den Rahmen mit Figuren und Miniaturlandschaften im italienischen Stil.

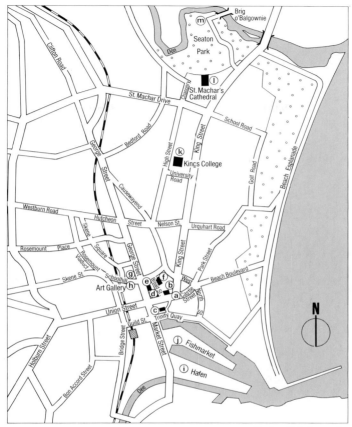

Aberdeen: Orientierungsplan

Gegenüber von St. Nicholas liegt eines der beeindruckendsten Häuser der Stadt – das *Marischal College* (f), das 1593 auf dem Gelände eines alten Franziskanerklosters von *George Keath*, dem 5. Earl Marischal, gegründet worden ist. 1860 wurde es mit dem älteren *King's College* zur Aberdeen University zusammengelegt. Der Bau wurde 1844 erneuert, die markant hervorspringenden Türme, Stützpfeiler und Säulchen wurden 1906 der Fassade angefügt. Diese prägnanten geraden Linien überbetonen geradezu die Vertikale und ziehen den Bau in die Höhe. Am Ostende baute man 1903 die alte *Franziskanerkirche* wieder

171

auf. Im Innern des College sind die *Gemäldegalerie* und das *anthropologische Museum* mit ägyptischen und chinesischen Sammlungen sowie lokalen Ausstellungsstücken zu besichtigen. Die große Halle ist meist nur durch die Glastür zu sehen; sie wird nur zu Konzerten und öffentlichen Veranstaltungen geöffnet.

Neben dem von *William Adam* 1732 erbauten *Robert Gordon's College* (g; nur Haupttrakt) befindet sich die *Art Gallery* (h; Schoolhill, *geöffnet:* tgl. 10–17 Uhr, Do bis 20 Uhr, So 14–17 Uhr) mit einer weitreichenden Sammlung britischer Gemälde des 20.Jh. Einem Sohn der Stadt verdankt das Museum die umfangreiche *MacDonald-Collection* mit herausragenden Gemälden englischer und schottischer Künstler. Eine eigene Abteilung dieser Sammlung umfaßt 92 Selbstporträts britischer Künstler. Im Erdgeschoß sind jeweils wechselnde Ausstellungen sowie eine Abteilung für dekorative Kunst eingerichtet.

Über die *Market Street* (südlich der Union Street) erreicht man den *Hafen* (i) in wenigen Minuten. Lohnenswert ist vor allem der Besuch des *Fischmarkts* (j; Mo–Fr ab 7.30 Uhr). In diesem größten Fischereihafen Schottlands werden täglich Hunderte Tonnen Fisch umgeschlagen.

Das King's College (k) Nr. 36

Das alte Aberdeen (ca. 2,5 km nördlich des jetzigen Zentrums) bewahrt bis heute die friedvolle Ruhe des alten Universitätsviertels. In der High Street liegt Aberdeens ältestes College, das *King's College,* gegründet

Kapelle des King's College

1495 vom *Bischof Elphinstone* und nach seinem Freund und Monarchen James IV. benannt. Das King's College beherbergte seit jeher die Geisteswissenschaften, das Marischal College dagegen die Naturwissenschaften. Von dem ursprünglichen Bau ist jedoch nur noch die Kapelle original erhalten geblieben, ein typisches Beispiel spätgotischer Architektur in Schottland (1500–1506). Die dominierende, mächtige *Steinkrone* ist mit der von St. Giles in Edinburgh (Nr. 5) die einzig erhaltene in Schottland. Aus dem gedrungenen, stämmigen quadratischen Turm mit treppengleich abgestuften Stützpfeilern wachsen vier schlanke Strebebögen in die Höhe und formen sich zu einer eleganten Krone; deren Abschluß bildet ein Aufsatz mit der steinernen Nachbildung der *Kaiserkrone Karls des Großen* (restauriert 1633 nach einem Sturm). Die Vorhalle, heute Kriegerdenkmal, ist durch einen *Lettner,* den einzig erhaltenen originalen Lettner in einer schottischen spätmittelalterlichen Kirche, vom Hauptschiff abgetrennt. Das anschließende eichene *Chorgestühl* ist ebenso wie der Lettner eine flämische Arbeit. Die hintere der beiden Sitzreihen wird von kunstvoll geschnitzten Baldachinen überdacht. An der hölzernen Kanzel (1540) sind auf Porträtmedaillons die Köpfe schottischer Könige von James I.–VII. dargestellt. In der Kapelle liegt ihr Gründer *Hektor Boece,* der erste Prinzipal des College, begraben (1536).

Die Kathedrale (l) Nr. 36

Die Kathedrale von *St. Machars* (Canonry) wurde 1157 auf dem Gelände einer früheren keltischen Kirche (6.Jh.) gegründet. Die ältesten Teile des heutigen Baus stammen jedoch erst aus dem 14.Jh. Es sind die Säulen in der Ostfront, ursprünglich die Pfeiler der Vierung. Sie sind aus Sandstein und daher leicht vom späteren Granitbau (15.Jh.) zu unterscheiden. Vom ehemaligen Chor und den Querschiffen sind nur noch Ruinen vorhanden; denn der zentrale Westturm der Kathedrale (vollendet 1522) war 1588 in sich zusammengestürzt und hatte damit Chor und Querschiffe zerstört. So besteht die heutige Kirche lediglich aus Haupt- und Seitenschiffen. Die Westfront (um 1425) mit ihren Zwillingstürmen und Brustwehr demonstriert die Vorliebe für den Stil romanischer und Kastellarchitektur, wie er für das 15. und 16.Jh. typisch war. Die Turmspitzen aus Sandstein wurden um 1530 von *Bischof Dunbar* aufgesetzt. Zwischen den Türmen befindet sich ein großes, in 7 Lanzetten geteiltes Fenster, das die Vertikale der Strebepfeiler verstärkt. Die eichene *Kassettendecke* des Hauptschiffs (1520) mit 49 Schilden, auf denen päpstliche, königliche und bischöfliche Wappen bemalt sind, stammt von Bischof Dunbar. Sein Grab befindet sich im südlichen, von ihm errichteten Querschiff (1522). Am Westende des nördlichen Seitenschiffs liegt das *Grabmal* von *Bischof Leighton* (1440), auf den der größte Teil des Granitbaus zurückgeht.

Kathedrale von St. Machars

Die *Brig o' Balgownie* (m; von der Kathedrale durch den Seaton Park zu erreichen) ist die *älteste mittelalterliche Brücke in Schottland*. Sie wurde 1320 auf Veranlassung von König *Robert the Bruce* als schlichter gotischer Bogen über den Don gebaut (1607 restauriert). *Lord Byron,* der hier in der Gegend aufwuchs und in Aberdeen zur Schule ging, erwähnt sie im 10. Canto seines ›Don Juan‹: ›The Dee, The Don, Balgounie's Brig's Blackwall, All my boy's feelings, all my gentler dreams.‹
Etwas außerhalb der Stadt, Richtung Stonehaven, befindet sich die *Brig o' Dee,* eine siebenbogige Brücke mit Inschriften und Wappen, die Bischof Dunbar von 1520–1527 errichten ließ. Bei der Verbreiterung (1842) legte man auf die Erhaltung des mittelalterlichen Erscheinungsbildes großen Wert und fügte die ursprüngliche Westfassade wieder an die breitere Brücke an.

37 Grampian

Muchalls Castle Nr. 37

Lage: Von der A 92 ab, 18 km südlich von Aberdeen. *Geöffnet:* Mai–Sept. Di u. So 15–17 Uhr.

Das kleine Schlößchen, das in zauberhafter Lage auf das Meer hinausblickt, wurde 1619–1627 vom *1. Baronet of Leys* erbaut. Der Grundriß ist L-förmig, die offenen Seiten schließen Mauern zu einem Hof. Diese vermitteln noch den Eindruck einer befestigten Anlage; rechts und links neben dem Eingang befinden sich je drei Schießscharten in der Wand, und die Ecken schließt oben eine Brustwehr ab. Das Castle, das eher einem befestigten Herrenhaus als einem Schloß ähnelt, ist heute noch in Privatbesitz. In den unteren Räumen bildet ein massives Kreuzgewölbe die Decke, zu der die flache Stuckdecke des Drawing Rooms kontrastiert. Sie ist reich mit Blumen, Figuren und Wappen verziert, die ornamentalen Linien treffen sich in den typischen herabhängenden Zapfen.

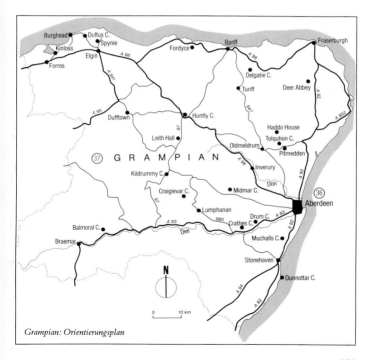

Grampian: Orientierungsplan

Drum Castle   Nr. 37

Lage: Von der A 93 ab, 15 km westlich von Aberdeen. *Geöffnet:* Mai–Sept. Mo–Sa 11–18 Uhr, So 14–18 Uhr.

Der rechteckige, klotzige schlichte *Wohnturm* ist einer der ältesten und sicher *der besterhaltene in Schottland.* Er stammt aus dem späten 13.Jh. (um 1280) bis frühen 14.Jh. *Robert the Bruce* übergab 1323 den königlichen Wald von Drum seinem Fahnenträger *William de Irvine,* dessen direkte Nachfahren die Burg bis 1976 besaßen und dann dem National Trust übergaben. Während der Jahrhunderte wurde der Turm nur wenig verändert. Die Mauern sind breit genug, um Treppen Platz zu bieten; die Stärke von ca. 4 m an der Basis verjüngt sich nach oben auf ca. 3 m. Eine Außentreppe führt zum *Haupteingang im 1. Stock.* Von hier aus gelangt man über eine *Wendeltreppe* in die *obere Halle,* die ursprünglich durch einen hölzernen Zwischenboden zweigeteilt war. Diese Halle, von einem hohen Steingewölbe überdacht, war früher der eigentliche Wohnraum der Burgherren. Vom umlaufenden *Wehrgang* hat man einen herrlichen Blick über die ganze Ebene. An den Turm wurde 1619 ein jakobäisches *Herrenhaus* angefügt. Baumeister waren die Steinmetzfamilie der *Bells,* die viele Schlösser im Nordosten in der kurzen Blütezeit nach der Reformation baute. Hervorstechendes Merkmal dieser Bell-Bauten sind die weichen, abgerundeten Kanten, wie sie uns auch bei Crathes und Craigievar wiederbegegnen. Die Einrichtung dieses Traktes ist größtenteils original, lediglich einzelne Stücke wurden aus dem Fundus des National Trust ergänzt.

Crathes Castle   Nr. 37

Lage: Von der A 93 ab, 5 km östlich von Banchory. *Geöffnet:* Apr. u. Okt. Mi 11–13 u. 14–18 Uhr, Sa + So 14–18 Uhr; Mai–Sept. Mo–Fr 11–18 Uhr, Sa + So 14–18 Uhr. Garten tgl. ab 9.30 Uhr.

Das L-förmige Tower-House der *Familie Burnett,* das im 16.Jh. von Alexander und Catherine Burnett erbaut wurde, ist ein typisches Beispiel der späten schottischen Kastellarchitektur, des ›Scottish Baronial‹. Die ehemals funktionalen, zur Verteidigung dienenden architektonischen Details (vornehmlich im oberen Teil) waren in dieser Zeit nur noch dekorativer Effekt. Dem *Turm* von Crathes (1553–1595) fehlt die dominierende Höhe von Craigievar, doch gleicht er sich durch den Reichtum an pittoresken Details wieder aus. Oberer Stock und Dachlinie zeigen eine phantasievolle Fülle an unregelmäßig verteilten Fenstern, mehrfach gewinkelten Friesen, vorspringenden Erkern und Ecktürmchen, die von einem verspielten umlaufenden Konsolgesims unterstützt werden. Aus den Türmchen und der zentralen Brustwehr über der Uhr stoßen kleine Kanonenrohrattrappen als Wasserspeier hervor.

Im frühen 18.Jh. wurde, dem Wunsch nach größerem Komfort ent-

Crathes Castle: Bemalte Balkendecke

sprechend, an das Tower-House ein Seitenflügel angebaut. In seiner schlichten, zweistöckigen Form wirkt er gegenüber der Originalität des Turms recht inkongruent und verstärkt zudem noch den Eindruck der Gedrungenheit. Dieser Trakt brannte 1966 ab, wurde jedoch genauso wiederaufgebaut.

Das Innere von Crathes rühmt sich der *drei bedeutendsten bemalten Holzdecken* (um 1600) Schottlands. Die schönste der drei Balkendecken ist im Raum der ›Nine Nobles‹, ein in der Renaissance in ganz Europa häufig verwendetes Motiv. Die neun Figuren sind *Hektor, Alexander* und *Julius Caesar* als Helden der Antike; *Jesaia, David* und *Judas Makkabäus* aus dem Alten Testament; *Artus, Karl der Große* und *Godfrey de Bouillon* als Helden der Zeit der Troubadoure. Die zweite Decke ist im ›Green Lady's Room‹, dem ›Zimmer der Grünen Dame‹, das angeblich verwunschen ist. Im ›Raum der Musen‹, einstmals das *Musikzimmer* von Catherine Gordon-Burnett, werden diese mit Instrumenten, singend und spielend dargestellt, zusammen mit den fünf Tugenden. Zwischen den Figuren stehen erklärende Verse. Den großen *Gobelin* entwarf *William Morris* (1868), der ›Vater des englischen Kunsthandwerks‹. Einzigartig in Crathes ist auch die *Eichentäfelung* der ›Long Gallery‹ (um 1620). Sie verläuft im Dachgeschoß über die ganze Breite

des Hauses und ist mit Bossen dekoriert, die die königlichen Wappen und die der Familie tragen. Reste von alten *Fresken* sind noch in der großen Halle zu sehen; hier hängen auch die *Familienporträts* der Burnetts.
Der *Park* wurde 1702 angelegt; aus dieser Zeit stammen die schönen alten Eibenhecken. In diesem Jahrhundert wurde die Anlage jedoch noch bedeutend erweitert.

Bei *Banchory*, einem Zentrum des Lavendelanbaus und der Parfumindustrie, überspannt die Stromschnellen des Feugh eine schmale Brücke, die *Bridge of Feugh,* von der man häufig die Lachse springen sieht.
Lumphanan (A 980, 17 km nordwestlich von Banchory) wird gewöhnlich mit dem *Tod Macbeths* assoziiert. Der *Peel Ring* ist eine der besterhaltenen ›motte-and-bailey‹-Burgen Schottlands. Ausgrabungen der letzten Jahre ergaben, daß die umlaufende Steinmauer auf dem Hügel erst aus dem 18. Jh. datiert und einige der Bauten im 15. Jh. hinzugefügt worden sind. Macbeth hielt hier nach Dunsinane seine letzte Stellung gegen Malcolm Canmore. Die Stelle, an der Macbeth gefallen sein soll, markiert ›Macbeth's Cairn‹, ein kleiner Kreis von Bäumen (1 km nördlich von Lumphanan).

Craigievar Castle Nr. 37

Lage: Von der A 980 ab, 11 km südlich von Alford. *Geöffnet:* Mai–Sept. Mi, Do + So 14–19 Uhr, Juli + Aug. auch Sa.

Der kompakte, schlanke Wohnturm wurde 1610–1626 von *William Forbes,* Kaufmann und Bruder des Bischofs von Aberdeen, erbaut und blieb seither unverändert stehen. In seiner Originalität entfaltet der siebenstöckige Turm einen besonderen, beinahe skurrilen Charme. Der Grundriß zeigt im großen und ganzen die übliche L-Form. Der Unterbau, mit abgerundeten Ecken und willkürlich eingesetzten kleinen Fenstern in den glatten Mauern, macht noch einen relativ einfachen Eindruck. Erst das Obergeschoß spielt alle Möglichkeiten phantasievoller architektonischer Variationen des mittelalterlichen Wehrburgenstils aus. Runde Erkertürmchen krönen spitze Kegeldächer, ein umlaufender Konsolenfries markiert und belebt die Wandfläche, die oben in einem Gewirr von Staffelgiebeln und steilen Dächern endet.
Im Innern zeigt das Schlößchen bereits den Einfluß der *Renaissance.* Die Halle besitzt ein großartiges steinernes Gewölbe, das mit kraftvollen, reichen Stuckornamenten verziert ist. Die Hauptlinien treffen sich in geometrischen Figuren und hängen als schwere Zapfen herab. Typisch für den Renaissance-Stil sind das monumentale *Stuart-Wappen* über dem Kamin, das zwei nur dekorative Karyatiden flankieren und die Schnitzereien der hölzernen Wandvertäfelung. Mittelalterliche Charakteristika zeigen dagegen noch die hölzerne Zwischenwand am Ende der Halle mit zentraler Tür und die Musikantengalerie. Auffallend an Craigievar ist das kompliziert-verwickelte Treppensystem. Es gibt hier sogar eine Geheimtreppe, die in einen kleinen Raum in der Mauer über einem Fenster in der Halle führt. Hier könnte sich ein Mann verstecken und alle Gespräche in der Halle mithören. Auch die übrigen Räume sind mit den gleichen wuchtigen Deckenstuckornamenten versehen.

Craigievar Castle

Östlich von *Tarland,* bei der A974, liegt das *Culsh Earthhouse,* eine Anlage aus der Eisenzeit. Wegen der außergewöhnlichen Stärke der Dachplatten nimmt man an, daß das Erdhaus als Zufluchtsstätte gebaut worden ist. Die Eingangspassage ist unüblich breit und hoch, am Ende verbreitert sie sich zu einem kleinen Raum. Taschenlampe zur Besichtigung unbedingt notwendig!

Balmoral Castle Nr. 37

Lage: A93, Dee-Tal. Nur in Abwesenheit der Kgl. Familie und von außen zu besichtigen.

Im Schloß von Balmoral konzentriert sich die *Highland-Romantik Queen Victorias* und damit ihres ganzen Zeitalters. *Queen Victoria* und *Prinz Albert* hatten Balmoral, ohne es je in natura gesehen zu haben, 1848 gepachtet und vier Jahre später gekauft. 1853 wurde der Architekt *William Smith* aus Aberdeen mit dem Neubau des Schlosses nach Plänen des Prinzgemahls beauftragt. Der hohe, weiße, turm- und zinnenverzierte Granitbau wurde zum *Musterbeispiel des schottischen Neo-Baronialstils.* In Queen Victorias ›Dear Paradise‹ herrschen individuelle, spielerische Charakteristika vor. Balmoral war kein repräsentativer Prunkpalast, sondern ihr persönliches privates Heim, in das sie sich mit ihrer Familie zurückziehen konnte. Hier wanderte sie, malte Aquarelle der Highland-Landschaft, begleitete Prinz Albert auf die Jagd und suchte Kontakt zur Bevölkerung. Nach dem frühen Tod des Prinzgemahls 1861 kehrte die Königin noch bis zu ihrem Tod alljährlich nach Balmoral zurück. Auch noch ihr letzter Geburtstag im Jahre 1900 wurde hier gefeiert. Die hohen dunklen Tannenbäume im Park von Balmoral Castle wurden von Prinz Albert gepflanzt, Königin Victoria legte den *Ballobuchie Forest* (an der Straße westlich von Balmoral) an.

Die *kleine graue Kirche* von *Crathie* (13 km westlich von Ballater) ist die 5. einer Reihe von Crathie-Kirchen. Die erste wurde im 5. Jh. gegründet; die Ruine der 2., mittelalterlichen, steht nun im Friedhof von Crathie. Zu dem jetzigen kleinen, schlichten Granitbau legte Queen Victoria 1893 den Grundstein. Die touristische Attraktivität der Kirche liegt in ihrer Verbindung zum englischen Königshaus. Während ihrer alljährlichen Aufenthalte in Balmoral besucht die Queen hier den Gottesdienst; nach der Messe ist die Kirche dann jeweils den Schaulustigen zur Besichtigung freigegeben.

Braemar Nr. 37

Braemar ist seiner landschaftlichen Umgebung wegen ein beliebter Ferienort für Wanderer, Naturfreunde und Jäger. Alljährlich am 1. Samstag im September wird die kleine Stadt jedoch turbulenter Schauplatz für das berühmteste aller schottischen Highland-Festspiele, das ›Royal Braemar Highland Gathering‹. Der Ursprung dieser Festspiele soll im 11. Jh. liegen, als König *Malcolm Canmore* die Clans am ›Brae (= Hügel) of Mar‹ zusammenrief, um im Wettstreit die besten Männer zur Aufstellung seiner Armee zu ermitteln. Das historisch belegbare Datum des 1. Gatherings ist jedoch das Jahr 1832. Neben den üblichen Aufmärschen der Dudelsackpfeifer und dem Highland Dancing sind es vor allem die athletischen Aktivitäten, die dem Clantreffen das besondere Flair verleihen, so beispielsweise das berühmte ›Baumstammwerfen‹.

›Baumstammwerfen‹

Weniger wilde Attraktionen bietet dagegen das *Braemar Sommerfestival* mit Theater- und Konzertaufführungen. Sie finden meist im Invercauld Festival Theatre statt; gegenüber liegt das Haus, in dem *Robert Louis Stevenson* 1881 seinen Roman ›Die Schatzinsel‹ schrieb.

Braemar Castle (*Geöffnet:* Anfang Mai–Mitte Okt. 10–18 Uhr, Aug. + Sept. Son-et-lumière), eine Burg mit traditionellem L-förmigem Grundriß, wurde 1628 von den *Earls of Mar* erbaut. Bereits 61 Jahre später wurde sie von den jakobitischen *Farquharsons* niedergebrannt. Nach der Niederlage von Culloden kam sie in englischen Besitz, wurde 1748 wiederaufgebaut und befestigt und diente dann der englischen Armee als Stützpunkt in den Highlands. Aus dieser Zeit datieren die sternförmige Festungsmauer mit Schießscharten sowie der untypisch gestaltete Oberbau der heutigen Burg mit seinen zinnenbewehrten, schlanken Eck-Erkertürmchen. Beachtung verdienen außerdem auch die mächtigen Tonnengewölbe in den unteren Stockwerken, das eiserne Gitterportal und das unterirdische Verlies.

Kildrummy Castle Nr. 37

Lage: A 97, 16 km westlich von Alford. *Geöffnet:* s. S. 238 (AM).

Im frühen 13. Jh. wurde die Burg für König *Alexander II.* gebaut und ging in den folgenden Jahrhunderten wie ein Spielball zwischen der englischen und schottischen Krone hin und her. Trotz der bewegten Belagerungsgeschichte – zuletzt wurde Kildrummy nach der mißlungenen Jakobiter-Rebellion von 1715 geschleift – sind die Ruinen ein massives und eindrucksvolles Beispiel vor allem zweier Bauphasen des späten 13. und frühen 14. Jh. Die fünfseitige Verteidigungsanlage, von einem breiten Burggraben umgeben, besteht aus einer Ringmauer mit vier Rundtürmen und einem Torbau. Einer dieser Türme, der Donjon oder Hauptturm, ist größer als die anderen und hat seinen eigenen Brunnen – er diente in Belagerungszeiten als letzter Zufluchtsort. Der Torbau mit den mächtigen Doppeltürmen an der Vorderseite ist wahrscheinlich unter dem englischen König *Edward I.* entstanden (ca. 1296–1303). Von den im Innern befindlichen Ruinen ist am interessantesten der *Giebel* der nachträglich in die Ringmauer eingefügten Kapelle, der von der Ostmauer schräg hervorspringt. Er datiert von ca. 1250 und besitzt drei schöne Lanzettfenster. Gleich nördlich der Ruine befinden sich die Reste eines tiefergelegenen Wassertores.

Die *Kildrummy Castle Gardens* (*geöffnet:* Apr.–Okt. 9–17 Uhr) sind für ihre Vielfalt an Bäumen und Pflanzen sowie den Wassergarten berühmt.

Kildrummy Castle

Leith Hall Nr. 37

Lage: B9002, 11 km südlich von Huntly. *Geöffnet:* Mai–Sept. 11–18 Uhr, So 14–18 Uhr, Garten ganzjährig 10 Uhr – Dämmerung.

Den Kern von Leith Hall bildet ein Z-förmiger Wohnturm (um 1650), früher *Cascieben Castle* genannt, das bereits die Entwicklung zum offenen Herrenhaus demonstriert. An diesen Bau wurden im 18. und 19. Jh. Seitenflügel angefügt, die zusammen mit dem Tower-House (Nordflügel) einen Innenhof umschließen. Zahlreiche Militaria dokumentieren die *Armeetradition* der Familie *Leith-Hay*. An die Verbindung zu den Jakobiten erinnert ein Präsent, das Bonnie Prince Charlie einem Hay-Vorfahren am Vorabend der Schlacht von Culloden machte. Das Haus wurde 1945 dem National Trust übergeben; das ganze Interieur ist unverändert erhalten, wie es generationenlang von der Familie Leith-Hay benützt wurde.

Huntly Castle Nr. 37

Lage: Castle Street, Huntly. *Geöffnet:* s. S. 238 (AM).

An den Ruinen von Huntly Castle läßt sich eine lange Baugeschichte vom 12.–17. Jh. ablesen. Die 1. Burg war eine normannische ›Motte-and-bailey‹-Anlage. Deren hölzerne Palisaden und Bauten wurde allmählich durch Steingebäude ersetzt. Im Bürgerkrieg 1452 wurde diese Steinburg der Gordons zerstört und die Reste 1552 abgerissen, als der *4. Earl Gordon of Huntly* die Burg neu als ›Palast‹ erbaute. 1594 wurde Huntly erneut zerstört; von der drei Jahre später folgenden Restaurierung durch den *1. Marquis of Huntly* stammen die architektonisch schönsten Teile der heute zu besichtigenden Bauten. Nachdem der 2. Marquis wegen Unterstützung des unbeliebten Königs *Charles I.* exekutiert worden war, geriet Huntly allmählich in Verfall. Die vielen Änderungen, An- und Umbauten schaffen eine komplizierte und nicht leicht zu überschauende Struktur. Den Hauptteil der Ruinen bildet der Z-förmige Palace aus dem 16. und 17. Jh. Seine Grundmauern und Gewölbe sind noch diejenigen der älteren Burg; daher gilt Huntly als die *früheste Z-Plan-Burg Schottlands,* wenn auch ein Rundturm viel schwächer ausgebildet ist, als im allgemeinen bei Z-Plan-Burgen üblich. Eine Reihe schöner *Erkerfenster* im obersten Stock zeigt deutlich den Einfluß Frankreichs. Das *Eingangsportal* mit einem darüberliegenden hohen, die Vertikale betonenden Wappenfeld, in das kunstvoll heraldische Embleme gemeißelt sind, kann zu den schönsten Britanniens gerechnet werden. Unter dem Palast ist noch der *große Kerker* aus dem 15. Jh. erhalten. An der Nordseite des Palastes befindet sich ein von mehreren Gebäuden umgebener *Hof;* im Norden sind noch die Fundamente des massiven *Wehrturms* aus dem 15. Jh. zu sehen. Innerhalb dieses Hofs stand ursprünglich wahrscheinlich die *Schloßkapelle,* die später als Stall benutzt wurde.

Der *Picardy Stone* (von der A 96 ab, 12 km südwestlich von Huntly bei Myreton) ist ein *piktischer Stein* aus dem 7. oder 8. Jh. Er zeigt frühgälische Inschriften und verschiedene Symbole, u. a. einen Spiegel und die keltische Schlange.
Der *Maiden Stone* (von der A 96 ab, 10 km westlich von Inverurie) gilt als eines von Schottlands bedeutendsten *frühchristlichen Denkmälern*. Der 3 m hohe Granitstein stammt aus dem 9. Jh. Auf ihm sind piktische Symbole und Tiere, ein keltisches Kreuz und ein deutlich erkennbarer Kentaur dargestellt. An seinem Fuß sind Kamm und Spiegel eingemeißelt, die dem Stein seinen Namen geben.

Pitcaple Castle   Nr. 37

Lage: 8 km nordwestlich von Inverurie, von der A 96 ab. *Geöffnet:* Mai–Sept. 11–18 Uhr.

Das hübsche, weißgekalkte Schlößchen mit Z-förmigem Grundriß datiert hauptsächlich aus dem späten 16. Jh. Weitere Anbauten stammen von 1830. In den beiden großen runden Ecktürmen befinden sich Treppen. Die kleinen Eck-Erkertürmchen und das Dach sind typisch für den pittoresken Stil der Kastellarchitektur. Die Räume im Erdgeschoß besitzen Steingewölbe, die Schießscharten in den Mauern erinnern noch an die einstmals notwendige Verteidigungsbereitschaft. Diese wurde früher noch durch einen die Burg umgebenden Graben und eine Zugbrücke unterstützt. Zu den historischen Gästen von Pitcaple Castle zählt neben *Maria Stuart* (1562) auch *Charles II.* (1650); im gleichen Jahr logierte hier auch *Montrose* als Gefangener auf dem Weg zu seiner Exekution in Edinburgh.

Inverurie   Nr. 37

Im Südosten der Stadt (B 993) liegt ›The Bass‹, ein *konischer Hügel,* der einst die Motte einer ›motte-and-bailey‹-Befestigung des 12. Jh. bildete. In dem kleinen *Friedhof* am Fuß des Hügels, hübsch in den Flußwiesen gelegen, sind *vier piktische Steine* verschiedener Größe aufgestellt. Sie zeigen – mehr oder minder gut erkennbar – Symbole und Tierdarstellungen, u. a. ein Pferd und die keltische Schlange. Gut erhaltene Darstellungen (Schlange, Halbmond, V + Z-Zeichen) finden sich auf einem weiteren piktischen Stein, dem *Brandsbutt Stone* aus dem 8. Jh. (bei der Brandsbutt Farm, A 96, nach Ortsende von Inverurie). Neben piktischen Symbolen steht hier auch eine *Inschrift in Ogham,* der ältesten Schrift des Gälischen (s. auch S. 206).

Dyce   Nr. 37

In einer Biegung des Don steht in einem Friedhof die Ruine von *St. Fergus,* einer vorreformatorischen Kirche. In den Ostgiebel sind *vier piktische Steine* eingebaut. Einer davon ist kreuzförmig mit Doppeldiskus, Z + V-Zeichen, Halbmond sowie Spiegel- und Kamm-Symbol. Der 2. Stein zeigt Tierdarstellungen und den Doppeldiskus. Die beiden anderen Steine sind kleiner und haben Kreuze eingemeißelt.

Castle Fraser   Nr. 37

Lage: A 944, 25 km westlich von Aberdeen. *Geöffnet:* Mai–Sept. tgl. 11–18 Uhr, So 14–18 Uhr.

Den Kern der Burg, die von 1454–1921 von der Familie Fraser bewohnt war, bildet ein Turm aus dem 15. Jh. Im späten 16. Jh. wurde er zu einem Z-förmigen Bau erweitert, mit fünfstöckigem Haupttrakt und Ecktürmen, einem quadratischen Turm mit Giebel im Nordwesten und einem siebenstöckigen Rundturm mit flachem Dach und umlaufender Brüstung im Südosten. Im 17. Jh. wurden noch zwei niedere Flügel angebaut. Das Schloß gilt als besonders ausdrucksvolles Beispiel *flämischer Architektur* in Schottland; hierzu tragen die ornamentgeschmückte Fassade und das riesige königliche Wappen bei. Eine Attraktion im Innern ist das ›Laird's Lug‹, eine in der Mauer raffiniert versteckte kleine Spionagekammer, in der ein ungesehener Lauscher sogar in der Halle Geflüstertes hören kann.

Castle Fraser

Pitmedden Garden Nr. 37

Lage: Bei Udny, die B999 von der A92 ab. *Geöffnet:* Tgl. 9.30 bis zur Dämmerung.

Die großzügige Parkanlage wurde 1675 von *Sir Alexander Seton* entworfen. Nach strenger barocker Art gruppieren sich Buchsbaumhekken, Beete und Sträucher zu kunstvollen ornamentalen Mustern, bereichert durch Sonnenuhr, zentralen Brunnen und eine Löwenstatue. Von den vier formalen Schemata sind drei nach dem Vorbild des Parks von Holyrood Palace (Nr. 7) angelegt, das vierte ist das heraldische Emblem Sir Alexander Setons. An beiden Seiten des Parks stehen hübsche kleine Pavillons mit Glockendächern (1675). Im südlichen Pavillon zeigt eine kleine Ausstellung die Entwicklung des ›formalen‹ Gartens.

Tolquhon Castle Nr. 37

Lage: Von der B999 ab, 11 km östlich von Oldmeldrum. *Geöffnet:* s. S. 238 (AM).

Ein *Tower-House* des 14. Jh. wurde 1584–1589 von seinem damaligen Besitzer *William Forbes* zu einem weitläufigen, zwei Höfe umschließenden Bau erweitert. Die Burg litt relativ wenig unter kriegerischen Zerstörungen; erst nachdem sie ab Mitte des 19. Jh. nicht mehr bewohnt wurde, geriet sie in Verfall. Von außen bietet die Ruine einen trutzigen, wehrhaften Anblick. Beeindruckend ist der mächtige *Torbau mit Schießscharten* und vergitterten Fenstern, der von zwei Rundtürmen flankiert wird. Zwischen diesen erhebt sich über dem Portal das Wappen. Eine Inschrift in der Mauer rechts neben dem Torhaus gibt über den Umbau der Burg durch William Forbes (15.4.1584–20.10.1589) Auskunft. Die umlaufende Umfriedungsmauer konnte von den zwei Ecktürmen, einem runden und einem quadratischen, verteidigt werden. Durch den Torbau betritt man den inneren Hof mit den Wohnbauten. Zur Linken befindet sich die Ruine des quadratischen *Auld Tower,* etwas weiter der alte Brunnen. Der eigentliche Wohntrakt liegt im Süden und Westen, mit Küche (gewaltiger Herd und Backofen), Vorratsräumen und Treppen, und der großen Halle im 1. Stock.

Haddo House Nr. 37

Lage: Von der B9005 ab, 12 km nordwestlich von Ellon. *Geöffnet:* Juni–Sept. Mi + Sa 14.30–17 Uhr.

Der jahrhundertelange Familiensitz der *Gordons of Methlick,* ›The Old House of Kellie‹, wurde 1732 durch den großzügigen palladianischen Bau nach einem Entwurf von *William Adam* ersetzt. Inmitten eines großen Terrassengartens steht der klar gegliederte Bau in vollendeter harmonischer Schlichtheit. Der zentrale Haupttrakt schwingt beidseitig hufeisenförmig in zwei kleinere Seitenpavillons aus. Zum (ehemaligen) Haupteingang im 1. Stock erheben sich graziös zwei Treppen. Der heutige Eingang im Erdgeschoß wurde 1880 vom 1. Marquis of Aberdeen gebaut.

Die eleganten Innenräume zeigen exquisites Mobiliar und Gemälde, u.a. auch das *Porträt* des *4. Earl of Aberdeen,* Premierminister von 1852–1855, dem Haddo House viel von seinem heutigen Aussehen verdankt. Besonders hinzuweisen ist auf die *Hauskapelle* (1880), deren Ostfenster der Präraffaelit *Burne-Jones* entworfen hat.

Die *Haddo House Choral Society,* mit einem eigenen Theater neben dem Haus, hat sich zu einem von Schottlands führenden Orchestern entwickelt. Über das Programm der Opern- und Konzertveranstaltungen gibt das Sekretariat Auskunft (Choral Secretary, Haddo House, Aberdeen, Tel. Tarves 666).

Das zerstörte *Tower-House* von *Gight* (spr. ›Gicht‹, wie die Krankheit), 8 km nordwestlich von Haddo (von der B9005 ab), war ursprünglich ein L-förmiger Bau aus dem späten 16. Jh., mit Geschützscharten und kleinen Fenstern, Keller- und Küchengewölben. Auf der glockenförmigen Tafel über dem Eingang hatte sich früher das Wappen der Besitzer, eines Zweiges des Gordon Clans, befunden. In späterer Zeit wurden im Osten des Turms weitere Gebäude angefügt. Von 1479–1787 war Gight im Besitz der Gordons, deren letzte Erbin, *Lady Catherine Gordon,* die *Mutter Lord Byrons,* es verkaufen mußte, um die Schulden ihres Mannes zu tilgen.

Haddo House

Gight gehört mit Delgatie Castle, Craig Castle und Towie Barclay zu einer architektonisch eng verwandten Gruppe von Burgen des späten 16.Jh., die alle von denselben Steinmetzen gebaut wurden. Man erkennt sie an den besonders schön gearbeiteten Kreuzrippengewölben, deren Bossen mit grotesken Masken und Wappenschildern verziert sind.

Delgatie Castle   Nr. 37

Lage: Von der A947 ab, 3 km östlich von Turriff. *Geöffnet:* Ganzjährig für Gruppen, für einzelne Personen Juli und August nach Voranmeldung. Tel. Turriff 3479.

Der gewaltige Wehrturm, seit über 700 Jahren Sitz der *Familie Hay,* soll in seinen Fundamenten aus dem 12.Jh. datieren. Erweiterungen wurden bis zum 17.Jh. vorgenommen. Aus dem späten 16.Jh. stammt ein 6 Stockwerk hoher Turm auf L-förmigem Grundriß mit umlaufender Brustwehr. Der ebenso große, weißgekalkte Erweiterungsbau des 17.Jh. besteht aus großen, unbehauenen Steinen mit Schießscharten und einem mächtigen Giebel. Die Tonnen- und Kreuzgewölbe der Innenräume (nach 1570) sind keine mittelalterlichen Originale, sondern jakobäische Nachempfindungen. Die bemalten Decken stammen von ca. 1590. *Maria Stuart* logierte hier für 3 Tage (1562); ihr Porträt hängt in ihrem damaligen Schlafzimmer.

Deer Abbey Nr. 37

Lage: Bei Old Deer, an der A950. *Geöffnet:* s. S. 238 (AM).

Das alte Dörfchen *Old Deer* geht auf eine keltische Klostergründung von *St. Drosten* im 7. Jh. zurück. Von diesem Kloster ist heute nichts mehr zu sehen, doch blieb daraus eine der kostbarsten literarischen Reliquien der keltischen Kirche, das ›Book of Deer‹, erhalten (heute Universitätsbibliothek Cambridge). Es ist ein lateinisches Manuskript aus dem 9. Jh. mit Teilen des Neuen Testaments. Die gälischen Randbemerkungen (11. oder 12. Jh.) sind die frühesten bekannten Schriftzeugnisse des schottischen Gälisch.

Am Nordufer des Ugie liegen die stark zerstörten Ruinen von *Deer Abbey*. Die Abtei wurde 1219 von *William Comayn, dem Earl of Buchan,* für Zisterziensermönche gegründet. Im späten 16. Jh. wurde sie verlassen und als Steinbruch benutzt. Die besterhaltenen Teile (restauriert 1809) liegen im Süden des Geländes. Hier befanden sich, hinter dem Klostergarten, Küche und Versammlungsraum der Mönche, darüber Refektorium und Dormitorium. Von der großen, kreuzförmigen Abteikirche aus rotem Sandstein im Stil des Early English, mit einstmals einem Hauptschiff von 5 Jochen, ist kaum mehr etwas erhalten. Nachdem das Gelände 1809 in den Besitz der *Familie Ferguson* gekommen war, verwendete Admiral Ferguson fast alle Steine der Kirchenruine zum Bau eines *klassizistischen Mausoleums* (1854), das 1930 wieder abgerissen wurde. Die einzig erhaltenen architektonischen Fragmente der Kirche, im Nordwesten des Geländes an der Mauer, sind 2 Sedilia-Bögen, eine doppelte Piscina und Teile eines Altars.

Südlich von *Peterhead,* nach Aberdeen die größte Stadt des Nordostens und Basis der Nordseeölförderung und Fischerei, liegen die spektakulärsten und grandiosesten Küstenabschnitte dieses Gebiets, die ›Bullers of Buchan‹. An den Klippen führt ein Pfad entlang eines ca. 65 m tiefen Felsspalts, einstmals wahrscheinlich eine riesige Felshöhle, deren Dach zusammengebrochen ist. Die Küste zwischen *Fraserburgh* und *Inverness* ist reich bestückt mit Ruinen ehemaliger Burgen, fast alle sehr zerstört, die Zeugen der einst so notwendigen Küstenverteidigung sind (Kinnaird Castle, Pitsligo, Dundarg).

Duff House Nr. 37

Lage: Banff, A98. *Geöffnet:* Apr.–Sept. s. S. 238 (AM).

Im Süden des kleinen Hafenstädtchens *Banff* liegt unerwartet ein architektonisches Prunkstück: *William Adams'* unvollendete Kopie der Villa Borghese. Unter dem Einfluß des englischen Architekten *Vanbrugh* entwarf Adam das Gebäude für *William Duff, dem 1. Earl of Fife,* (1725–1740). Der mächtige, zweigeschossige Haupttrakt mit vier Ecktürmen gilt als *Meisterwerk der klassischen georgianischen Periode*. Dramatische Qualität entfaltet die Hauptfront: eine harmonische Kombina-

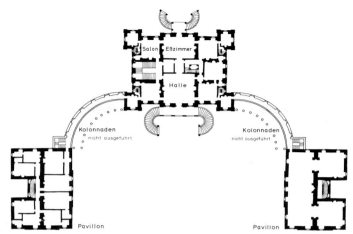

Duff House: Grundriß

Duff House

tion klassischer Details der unteren Stockwerke – korinthische Pilaster, runde und dreieckige Fenstergiebel, zentraler Risalit und Tympanon – mit eher dem Baronialstil zuzuordnenden Charakteristika des Attikageschosses, der abschließenden Balustrade und vorspringenden Ecktürmen. Der Grundriß dieses Haupttrakts illustriert das kompakte, symmetrische Renaissance-Arrangement, mit Haupteingang und Halle im Zentrum, von der die einzelnen Räume abgehen. Nur dieser Block wurde gebaut; denn als Adam seinen Auftraggeber nach 13jähriger Bauzeit bereits 70 000 £ gekostet hatte, ließ William Duff den Bau einstellen und verweigerte Adam noch ausstehende Zahlungen. Daraufhin verklagte der Architekt den Bauherrn vor Gericht – Duff verteidigte sich mit dem Argument, Adam habe sich beim Bau ungerechtfertigte Aufwendungen geleistet. Adam gewann zwar den Prozeß, doch der ursprüngliche Plan, halbkreisförmig geschwungene Kolonnaden, ähnlich wie in Hopetoun House (Nr. 13, S. 50), an den Hauptblock anzuschließen, wurde nie ausgeführt, ebenso wie viele der Räume ohne die geplante Ausstattung blieben. William Duff war über die immensen Ausgaben und den unerfreulichen Prozeß so verärgert, daß er Zeit seines Lebens Duff House nie bewohnte. Im 19. Jh. wurden einige Räume im viktorianischen Stil ausgestattet. Nachdem die Familie das Haus 1906 aufgegeben hatte, diente es eine Zeitlang als Hotel, Sanatorium und im 2. Weltkrieg als Lager für deutsche Kriegsgefangene. In den 50er Jahren konnte es in letzter Minute vor dem Abbruch gerettet werden. Nun ist es im Besitz des Umweltministeriums und wird restauriert.

Fordyce ist ein kleines, hübsches Dörfchen mit engen verwinkelten Gassen, in dem die Zeit stehen geblieben zu sein scheint. Mitten in der Main Street erhebt sich plötzlich und unerwartet eine *befestigte Burg* (1592), klein, in traditioneller Bauweise mit L-förmigem Grundriß, Staffelgiebeln, einem hervorspringenden Treppenturm, konischen Ecktürmchen an 2 Seiten, Schießscharten und einer schweren Eichentür. Im Osten des Turms wurde im 17.Jh. ein weiterer Trakt angebaut. Besonderen Charme hat auch der alte kleine *Friedhof* von Fordyce mit der efeubewachsenen Ruine der *Kirche von St. Talcritan,* einem quadratischen Turm mit Glockenturm und Außentreppe in den 1. Stock.

Cullen House   Nr. 37

Lage: Cullen, westlich von Banff.

Auf dem Gelände eines alten Klosters errichtete *Sir Walter Ogilvie of Deskford* im Jahre 1660 einen L-Plan-förmigen Wohnturm und zog von Finlater Castle auf den Klippen hierher. Im 17.Jh. wurde das Haus von *Robert Adam* großzügig erweitert, ein 2. Mal 1861 von *David Bryce,* wobei der L-Grundriß immer beibehalten wurde. Das Interieur von Cullen House geht auf *Robert Adam* und *Grinling Gibbons* zurück; besonders wertvoll sind die Temperamalereien im King Charles Room. Die kostbare Gemäldesammlung wurde 1975 versteigert, als der *Earl of Seafield* seinen Familiensitz aufgeben mußte. Seitdem steht der Bau leer.
Unweit vom Haus entfernt befindet sich eine alte *Marienkirche,* ein kreuzförmiger Bau von 1543. Sie schließt eine frühere rechteckige Kirche aus dem 13.Jh. ein, die *Robert the Bruce* zum Andenken an seine Gemahlin später erweiterte. Aus dem 16.Jh. stammt der

Sakramentsschrein in der Nordwand des Altarraums und das grandiose barocke *Grabmonument* von Sir Alexander Ogilvie.
In *Dufftown* konzentrieren sich berühmte *Whisky-Destillerien* (allein 8 in unmittelbarer Nachbarschaft). 1 km südlich der Stadt liegt die *Mortlach Church,* eine frühchristliche keltische Gründung, die im 12.Jh. zu einer normannischen Kirche erweitert wurde. In der heutigen Kirche sind einige architektonische Details des Mittelalters erhalten, darunter besonders schöne Lanzettfenster des Chors aus dem 13.Jh. Im Norden der Stadt liegen die Ruinen von *Balvenie Castle;* eine von einem Burggraben umschlossene Ringmauerburg der Comyns aus dem 13.Jh. Einige Teile des Mauerwerks stammen noch aus dieser Zeit, das meiste jedoch aus dem 15. und 16.Jh., als der *4. Earl of Atholl* die Frontseite der Burg in ein wohnlicheres Tower-House umbaute. Besonders hübsch sind die runden Treppentürme zum Innenhof hin, die oben viereckig ausgekragt sind. Über einem Portal im Hof befinden sich die Wappen von John, Lord Forbes und seiner Frau.
In der Nähe kann in der 1886 gegründeten *Glenfiddich Distillery* der Herstellungsprozeß des Whiskys besichtigt werden. Ein eigenes Museum illustriert die Geschichte der Whisky-Destillation (*geöffnet:* Mo–Fr 10–12 Uhr u. 14–16 Uhr).

Auchindoun Castle Nr. 37

Lage: 2 km südlich von Dufftown von der A 941 ab. *Geöffnet:* s. S. 238 (AM).

Die beeindruckenden Ruinen erheben sich innerhalb einer eisenzeitlichen Befestigung auf einem einsam gelegenen, 60 m hohen Hügel mitten in kahler Moorlandschaft. Der zentrale L-Plan-Wohnturm aus dem 15.Jh. wurde von *Robert Cochrane* gebaut, dem Baumeister *James' III.* Interessantester Teil ist das außergewöhnliche, gotische, noch im Bau korrigierte Kreuzgewölbe in der einstigen oberen Halle. Noch relativ intakt ist die Umfriedungsmauer, die den L-förmigen massiven Wehrturm umgibt.

Elgin Cathedral Nr. 37

Lage: North College Street, Elgin. *Geöffnet:* s. S. 238 (AM).

Die Kathedrale von Elgin, das ›Licht des Nordens‹, galt einst als prächtigste unter den schottischen Kathedralen. Ein vollendetes Meisterwerk gotischer Baukunst, wurde sie in eine Reihe mit den schönsten Kathedralen des Kontinents gestellt. Heute ist sie nur noch eine beeindruckende Ruine, die dennoch die Spuren einstiger Pracht erkennen läßt. Das Land um Elgin, ein fruchtbares Küstengebiet, lud jahrhundertelang zu zahlreichen Invasionen ein. Die Kathedrale litt so einerseits unter den Verwüstungen, profitierte aber andererseits auch von den Wiederaufbauten, die sie stets noch schöner und gewaltiger wiedererstehen ließen.
Geschichte: Als der Bischofssitz von Moray im Jahre 1224 nach Elgin verlegt wurde, begann man sofort mit dem Bau der Kathedrale. Ein Feuer beschädigte 1270 die noch nicht vollendete Kirche schwer. Erst im frühen 14.Jh. waren die Ausbesserungsarbeiten fertiggestellt und die Kathedrale vollendet. 1390 rächte sich *Alexander Stewart,* der ›Wolf von Badenoch‹, für seine Exkommunikation durch den Bischof von Moray und zerstörte mit seinen Soldaten die frühgotische Kathedrale völlig. Rasch begann man mit dem Wiederaufbau; die bemerkenswerten Veränderungen und Neuerungen waren die Rekonstruktion des Kapitelhauses als direkte Kopie desjenigen von Lincoln und der Bau

eines zentralen Turms. Dieser brach 1506 in sich zusammen, wurde 1538 wiederaufgerichtet, und stürzte 1711 endgültig ein. Als man 1567 alles Blei vom Dach entfernte, um Geld für Truppenbesoldungen zu beschaffen, verfiel ein großer Teil des Gebäudes. Convenanter zerhackten und verbrannten 1640 den schönen hölzernen Lettner, der einst das Hauptschiff vom Chor trennte, und das reich geschnitzte Chorgestühl. Gründlich zerstört wurde der Bau schließlich durch Cromwells Truppen, die das prachtvolle, fein ziselierte Maßwerk des großen Westfensters zerschlugen.

Die Gesamtlänge der Kathedrale betrug 96 m; damit ist sie kürzer als die von St. Andrews (Nr. 30). Eine unvergleichlich prächtige Ansicht bietet die Nord-Westfront. Die Zwillingstürme, heute nur noch abgebrochene Stümpfe, sind massiv und teilweise befestigt; dennoch zeigen sie eine elegante Harmonie in Linie und Proportion, wie sie selten in der 1. Hälfte des 13. Jh. erreicht wurde. Hierin zeigen sich französische Einflüsse und sicher auch das Vorbild der Kathedrale von Lincoln. Das zentrale Portal, tief hinter neun Bögen und Pilastern zurückgesetzt, ist heute schwer entstellt. Über einer sehr beschädigten Blendarkadenreihe erscheint das große ›Alpha-Fenster‹, von dem nur noch die abgebrochenen Stümpfe des Maßwerks erhalten sind. An das Hauptschiff mit 6 Jochen und doppelten Seitenschiffen erinnern heute lediglich die Fundamente einiger Säulen. Die Fassade des südlichen Querschiffs *(Innis Aisle)* enthält Teile der frühesten Bauperiode (1224) und über dem Torbogen mit gezahnter Ornamentierung ein spitzbogiges Oval. Typisch für den Transitionalstil (1230) ist die Reihe rundbogiger Fenster. Der Chor, an den sich kleine Seitenkapellen anschließen, besitzt einen leichten, hübschen Lichtgaden mit doppelten und dreifachen frühgotischen Lanzettfenstern (um 1270). Der etwas erhöht liegende Chor endet flach, nicht in der üblichen Apsis. Diese Ostwand wirkt wunderbar harmonisch in der Gliederung der Fenster: Über 2 Reihen von jeweils 5 Lanzettfenstern, die von geometrischen geraden Linien gerahmt werden, erhebt sich die große Ostrose – das ›Omega-Fenster‹. Das südliche Seitenschiff des Chors hat als einziges noch das kunstvolle *Kreuzrippengewölbe* des 15. Jh. behalten. Hier befinden sich die Reste *spätgotischer Grabmäler* und *-platten*. Nördlich des Chors steht das oktogonale *Kapitelhaus*, die Rekonstruktion des 15. Jh. eines früheren Kapitelhauses aus dem 13. Jh. Es ist berühmt für seinen zentralen Stützpfeiler und das Gewölbe, in dem die Hauptrippen durch ein Spinnennetz kleinerer Rippen untereinander verbunden sind. Es ist dies das einzig bekannte und völlig intakte Beispiel dieses Gewölbetyps in Schottland.

In der *High Street* in Elgin zeigen noch einige Häuser den typischen Stadtcharakter des 17. und 18. Jh. Am schönsten ist *Duff O'Bracco's House* (1694), mit seinen charakteristischen Frontarkaden, die eine Weiterentwicklung aus den mittelalterlichen überstehenden Holzgalerien darstellen. Das *Museum* am Ende der High Street enthält eine reiche Fossiliensammlung und prähistorische Waffen.

Elgin Cathedral

Spynie Palace Nr. 37

Lage: Von der A 941 ab, 3 km nördlich von Elgin. *Geöffnet:* s. S. 238 (AM).

Gegen Ende des 15. Jh. war Spynie Palace die *glänzendste nicht-königliche Residenz* im ganzen Reich, umgeben von italienischen Terrassengärten und mit einem Interieur, das an Glanz und Komfort sonst nur die reichsten Fürsten dieser Zeit genossen. Dieser Palast demonstrierte Macht und Bedeutung der Bischöfe von Moray, die als Berater und Gesandte des schottischen Königs nicht nur die Kirchen-, sondern auch die Landespolitik beeinflußten.

Die frühe Burg (14. Jh.) war ein von einer hohen Ringmauer umgebener Hof mit massiven Ecktürmen, im Osten und Süden von einem Burggraben geschützt. Im Norden befand sich die große Halle, im Süden des Hofs die Kapelle. Über dem zentralen Portal sind heute noch die Waffen von *Bischof John Innes* (1408–1414) zu sehen. Die meiste Beachtung verdient jedoch der große *David's Tower* (1470–1480), ein massiver Wohnturm, den *Bischof David Stewart* gegen Angriffe der Gordons gebaut hat. Der damalige Chief des Gordon Clans, der *Earl of Huntly,* hatte nämlich nach seiner Exkommunikation dem Bischof gedroht, »ihn aus seinen Taubenlöchern herauszuziehen«. Der Turm ist mit der damals modernsten wehrtechnischen Ausstattung versehen, u. a. mit mehreren doppelt ausgeschrägten Schießscharten, die sowohl dem Schützen eine größere Manövrierfähigkeit erlaubten, als auch ein breiteres Schußfeld boten.

Duffus Castle Nr. 37

Lage: Von der B 9012 ab, 6 km nordwestlich von Elgin.

Die eichenen Palisaden einer ausgedehnten ›motte-and-bailey‹-Anlage (13. Jh.) wurden im frühen 14. Jh. durch einen steinernen Wohnturm mit massiver Ringmauer ersetzt. Diese Ruine der alten Familie *de Moravia*, heute von einem mit Wasser gefüllten Burggraben umgeben, dominiert als weithin sichtbares Wahrzeichen die flache Landschaft. Durch den gewaltigen Druck, den die Steinmasse des Turms auf den künstlichen, für Holzbebauung geplanten Erdhügel ausgeübt hat, ist ein Teil des Turms abgespalten und abgerutscht.

Gordonstoun Nr. 37

In der Schule von Gordonstoun wurden *Prinz Philip* und seine beiden Söhne, *Prinz Charles* und *Prinz Andrew,* erzogen – entgegen der allgemeinen Bildungstradition des britischen Hochadels, dessen Kinder meist in englische Public Schools, wie z. B. Eton, geschickt wurden. Das Internat von Gordonstoun, die vornehmste und strengste Schule Schottlands, wurde 1934 von dem deutschen Pädagogen *Kurt Hahn* nach seiner Emigration aus Deutschland gegründet. Hier führte er die erzieherischen Grundsätze, die auch für seine 1. Schulgründung Salem in Baden bestimmend waren, weiter: die Ausbildung eines (selbst-) disziplinierten humanistischen Verantwortungsbewußtseins als Individuum und ›homo socius‹.

Burghead Well Nr. 37

Lage: Bei Burghead, 12 km nordwestlich von Elgin. *Geöffnet:* s. S. 238.

Innerhalb eines befestigten Forts aus der Eisenzeit befindet sich der berühmte ›römische Brunnen‹, den man früher irrtümlicherweise für ein römisches Badehaus hielt. Eine lange, aus dem Stein geschlagene Treppe führt in eine unterirdische, künstlich aus dem Fels gehauene Kammer. An ihrem Fuß befindet sich ein etwas über 1 m tiefes *Wasserbecken,* das die neuere archäologische Forschung für ein *Taufbecken* von frühchristianisierten Pikten hält.

Birnie Church Nr. 37

Lage: 5 km südlich von Elgin, östlich der B 9010.

Die Kirche illustriert deutlich, wie eine vorchristliche Kultstätte in das Christentum übergeführt und integriert wurde. Die Devise des *hl. Columba* war es ja gewesen, heidnische Stätten nicht zu zerstören, sondern zu weihen und dem Christentum dienstbar zu machen. Ein stehender Stein aus prähistorischer Zeit steht noch vor dem ›Minister's gate‹, andere Steine sind in die Friedhofsmauer eingebaut; so auch der *Birnie Stone,* ein bereits sehr verwitterter piktischer Symbolstein mit einem Adler und anderen symbolischen Darstellungen.

Um 500 stand hier bereits eine *keltische Kirche;* das heutige Gebäude datiert jedoch von ca. 1140. Ursprünglich war es der Bischofssitz von Moray, bevor dieser nach Elgin verlegt wurde. Der schlichte niedere Bau besteht aus Hauptschiff und Chor – eine unscheinbare kleine Kirche, die für sich in Anspruch nimmt, die älteste kontinuierlich benützte Kirche Schottlands zu sein. Der originale Charakter ist im Innern, trotz der umgreifenden Modernisierung im Jahre 1891, gut erhalten. Besonders schön ist vor allem der breite Bogen zwischen Schiff und Altarraum, wie er so typisch für die normannische Kirchenarchitektur ist.

Pluscarden Abbey Nr. 37

Lage: Von der B 9010 in Elgin die Straße nach Barnhill (ca. 10 km in südwestlicher Richtung). *Geöffnet:* zu jeder – vernünftigen – Zeit.

Die Abtei, eine der drei schottischen Niederlassungen des *Valliscaulienserordens,* zeigt in ihrer Geschichte Parallelen zur Kathedrale von Elgin. Sie wurde um die gleiche Zeit gegründet (1230), und als Teil der Diözese von Moray erlitt auch Pluscarden Verwüstungen durch den ›Wolf von Badenoch‹ im Jahre 1390. In diesem Jahr wurde die Abtei schlimmer zerstört als 1303 durch die Truppen des englischen Königs *Edward I.* 1454 übernahmen Benediktinermönche die Abtei und blie-

ben hier bis zur Reformation, nach der die Abtei aufgelöst wurde und verfiel. Seit 1943 gehört sie jedoch wieder dem *Benediktinerorden,* dessen Mönche sie wiederherstellen.

Die Abteikirche ist seit den Zeiten der Valliscaulienser unvollendet. Sie besteht aus den Mauern des Chors, dem zentralen Mittelturm (1230) und den Querschiffen. Besonders schön ist die *Ostfront:* Über 4 schlanken Lanzettfenstern befindet sich ein großes spitzbogiges Fenster und ganz oben im Giebel ein spitz an den Enden zulaufendes ovales Fenster. Auffallendes Merkmal der Außenansicht sind die *verkleinerten Fenster* – Zeichen des Wiederaufbaus der Kirche nach den Zerstörungen. Die ehemals großen Bögen, die mit Steinen ausgefüllt wurden, sind noch gut zu erkennen.

Man betritt die Kirche durch ein Portal in der Westseite des Turms. Das nördliche Querschiff (13.Jh.) ist einer der ältesten Teile der Kirche, die großen bunten Glasfenster wurden 1960 eingesetzt. Die kleine ›Lady Chapel‹ mit dem Hauptaltar hat beinahe völlig originales Mauerwerk aus dem 13.Jh. Unter dem Verputz befinden sich hier noch *Fresken* aus dem 13.Jh., deren Freilegung auf dem Restaurierungsprogramm steht.

Sueno's Stone Nr. 37

Lage: An der B 9011, nach Ortsende von Forres.

Der schlanke, über 7 m hohe Monolith ist einzig unter den piktischen Steinen – sowohl im Reichtum der Skulptur als auch im Zustand der Erhaltung. Die lebendigen Darstellungen zeigen Reiter, Speerträger, gefangene Frauen, Krieger ohne Köpfe, Köpfe ohne Krieger, einen piktischen Broch und das Radkreuz als christliches Symbol. Dieses einzigartige Sandsteinmonument wird auf das 9.–11.Jh. datiert, den Darstellungen nach hält man den Monolith für den Gedenkstein eines Sieges der Pikten über – vermutlich – die Wikinger.

Kinloss Abbey (5 km nordöstlich von Forres), eine von *David I.* gegründete Zisterzienserabtei (1151), die einstmals weitreichende Bedeutung besaß, ist heute nur mehr eine fragmentarische, bewachsene Ruine. Nach der Reformation wurden die Steine der Abtei zum Bau neuer Häuser verwendet. So blieben von der Kirche nur noch die Grundmauern und das Gewölbe des Ostendes, im Westen ein Torbogen und ein Fragment des Abtshauses.

Brodie Castle Nr. 37

Lage: An der A963, 5 km westlich von Forres. *Geöffnet:* Ostern–Mitte Okt. Mo–Sa 11–18 Uhr, So 14–18 Uhr. Park ganzjährig 9.30–Dämmerung.

Die Stammburg der Brodies seit ihrer Erbauung im 15.Jh. wurde erst kürzlich dem National Trust übergeben. Trotz viktorianischer Restaurierungen blieb sie im Kern noch die alte Burg. Der größte Teil des Gebäudes ist zwar modern, doch von der Südseite aus gesehen dominiert noch der alte *L-förmige Turm* mit Brüstung, Wehrgang, 4 Stockwerken und einem schmalen Treppenturm in einer Ecke.
Beeindruckend sind die mächtigen *Steingewölbe* des Erdgeschosses und die alte Küche mit dem riesigen Kamin und Backofen. Das Gewölbe der Halle im 1.Stock wurde um 1640 mit Stuck verziert, die Gipsornamente passen sich den Linien des alten Gewölbes genau an.
Im Gelände von Brodie Castle, gleich nach der Einfahrt (Osttor), steht, geschützt unter einem Holzdach, ein bedeutender piktischer Stein, der *Rodney Stone*. Auf dem fast 2 m hohen Monolithen werden delphinköpfige Schlangen, ein Elefant (oder das mysteriöse ›keltische Tier‹), Doppeldiskus und weitere Symbole dargestellt sowie Inschriften in der Ogham-Schrift.

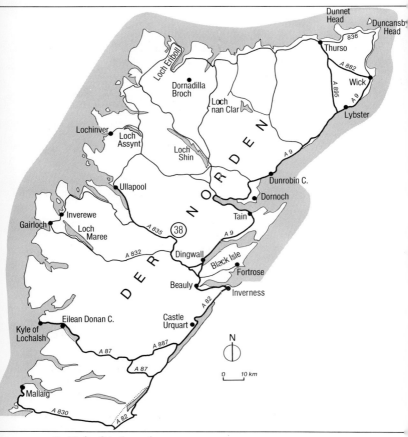

Der Norden: Orientierungsplan

L. DIE KUNSTDENKMÄLER IM NORDEN

Das hier beschriebene Gebiet des Nordens umfaßt das ganze Festland zwischen *Mallaig, Fort William* und – nördlich des Caledonian Canal – *Inverness*. Die Höhepunkte einer Reise in diesen Teil Schottlands liegen mehr in der landschaftlichen Schönheit als in kunsthistorischen Sehenswürdigkeiten. Neben Burgruinen, prähistorischen Funden und einigen Zeugnissen der Wikinger bietet das Gebiet kaum Außergewöhnliches. Die Folgen der schrecklichen *Clearances* (= Säuberungen) des 19. Jh. sind heute noch zu sehen: Kilometerweit ist die Landschaft verlassen und öde. Das klassische Beispiel für diese Säuberungen geschah zwischen 1807 und 1821 in der Grafschaft *Sutherland:* Um Platz für Schafzucht zu gewinnen, wurden beinahe 10000 Bauern erbarmungslos aus ihren Häusern vertrieben und ihre Dörfer niedergebrannt. Viele kamen dabei um; wer es sich leisten konnte, emigrierte nach Kanada und Amerika.

Das Land, menschenleer und einsam, bietet eine gewaltige Szenerie von hohen und kahlen Bergen, Lochs und Bächen in langen schmalen Glens, in denen Schafe, Vögel und Wild die einzigen Lebewesen sind – eine Eintönigkeit von gewaltiger Größe.

38 Die Küstenroute Beauly – Kyle of Lochalsh

Beauly Priory   Nr. 38

Lage: Beauly, A 9, 20 km westlich von Inverness. *Geöffnet:* s. S. 238 (AM).

Das nördlichste der drei schottischen Valliscaulienserklöster wurde 1230 gegründet. Wie auch in Ardchattan und Pluscarden bemühte sich der karge, strenge Orden nicht um Gütervermehrung und architektonische Pracht. Der kleinen Gemeinde von Beauly (= Beau Lieu), die nur aus 7 Mönchen bestand, war der Kampf um die tägliche Existenz genug. Die Kirche war einfach im Grundriß, kreuzförmig und ohne Turm und Seitenschiffe. Im 16. Jh. wurden die Westfront und Teile des Hauptschiffs von *Robert Reid,* dem Bischof von Orkney, restauriert. Sein Wappen befindet sich über dem Eingangsportal. Aus dem 13. Jh. sind in der Südseite noch 3 Fenster mit zartem Kleeblattmaßwerk erhalten sowie der Torbogen im südlichen Querschiff. Besondere Beachtung verdienen auch die *Fensterarkaden im Altarraum*. Das nördliche Querschiff wurde 1901 restauriert und ist *Grabstätte* der Mackenzies von Kintail.

Fortrose Cathedral   Nr. 38

Lage: Fortrose.

Auf der *Halbinsel Black Isle,* die entgegen ihrem Namen grün und fruchtbar ist, ist *Fortrose* mit ca. 1100 E die größte Stadt.
Die kleine Kathedrale aus rotem Sandstein wurde von *David I.* gegründet, jedoch erst 200 Jahre später zur Kathedrale erhoben. Damit ist sie die letzte schottische Kathedrale vor der Reformation. Von dem erweiterten und teilweise erneuerten Bau aus dem späten 13. und frühen 14.Jh. sind heute nur noch das südliche Querschiff mit oktogonalem Turm und das anschließende, zweistöckige *Kapitelhaus* erhalten. Letzteres diente der Stadt als *Rathaus* und *Tolbooth,* gehörte ursprünglich aber zur Kathedrale. Die Form des einzig erhaltenen Querschiffs vermittelt in ihrer Geschlossenheit den Eindruck eines eigenständigen Gebäudes – wenig erinnert an die ehemals anschließende Kathedrale, deren Steine Cromwell fast vollständig zum Bau seines Forts in Inverness verwendet haben soll.

Tain   Nr. 38

In dem seit Wikingerzeiten bestehenden Städtchen – der Name geht auf das germanische ›Thing‹ zurück – steht einer der *ältesten schottischen Tolbooths.* Der massive Turm mit kleinen Ecktürmchen und spitzem Kegeldach gleicht mehr einem Tower-House als einem Rathaus; denn er war früher ja auch Zufluchtsort der Bürger in Gefahren. Die ältesten Teile stammen aus dem 15.Jh., doch wurde der gesamte Bau 1707 restauriert und erneuert.
St. Duthus Chapel und *St. Duthus Church* erinnern an eine der tragenden Gestalten der keltischen Kirche, den *hl. Duthus,* der um 1000 in Tain geboren wurde. Die Ruine der kleinen Kapelle stammt aus dem 11. und 12.Jh. und soll sich genau am Geburtsort des Heiligen befinden. 1427 wurde sie von *McNeill of Creich* niedergebrannt, der Feinde verfolgte, die sich in der Kirche verbarrikadiert hatten – alle Flüchtlinge kamen dabei ums Leben. Die Kirche von St. Duthus entstand einige Jahre vor der Zerstörung der Kapelle (um 1360) auf dem Grund einer früheren Kirche. Bis 1560 befanden sich hier die Reliquien des Heiligen und machten die Kirche zu einem häufig besuchten *Wallfahrtsort.* Besonderes Interesse verdient das große Ostfenster, dessen fünf schmale Lanzetten in leuchtend buntem Glas biblische Allegorien, Blumen, Ranken und Früchte darstellen.

Dornoch   Nr. 38

1224 gründete in der alten Wikingersiedlung *Gilbert de Moravia,* Bischof von Caithness, eine Kathedrale. Ihre Gründungsurkunde wird noch heute in Dunrobin Castle aufbewahrt. Von dieser Kirche sind kaum noch authentische Teile erhalten – der jetzige Bau ist eine zweimal neu aufgebaute und restaurierte Pfarrkirche. Die Schäden und Veränderungen einer übereifrigen Restaurierung im Viktorianischen Zeitalter durch *William Burn* (1835–1837) wurden zum Teil 1924 wiedergutgemacht, als man zur 700-Jahr-Feier der Kathedrale die originalen Steinmetzarbeiten des 13.Jh. im Chor und an den Ostseiten der Querschiffe unter den Gipsschichten freilegte. Den eindrucksvollsten Anblick bietet die Ostseite des Chors: schmale, hohe Fenster sind hier in 3 gleichmäßige Arkadenbögen eingesetzt. In der Kathedrale liegen 16 Earls of Sutherland begraben; am Westende der Kirche befindet sich das schwer beschädigte *Grabmal* des Bruders des Gründers, *Sir Richard de Moravia.* Der ehemals prachtvolle *Bischofspalast* ist ebenfalls verschwunden – als einziger Rest ist sein Turm heute als Teil eines Hotels (gegenüber der Kathedrale) erhalten. In der Geschichte Schottlands setzt Dornoch den Schlußstrich unter ein trauriges Kapitel: Der *Witch's Stone* markiert die Stelle, an der 1722, 11 Jahre nach der Geburt *David Humes,* die letzte Hexe in Schottland verbrannt wurde. Es war eine Frau namens *Janet Horne,* die man angeklagt hatte, ihre Tochter in ein Pony verwandelt, zu einem Hexentreffen geritten und vom Teufel beschlagen lassen zu haben. Nach der Reformation hatte in Schottland eine Hexenjagd begonnen, die in grausamen Exzessen kulminierte. Zwischen 1560 und 1707 wurden zwischen 3000 und 4500 (die genauen Zahlen sind heute nicht mehr feststellbar) Frauen als Hexen angeklagt und hingerichtet. In England dagegen, mit einer fünfmal so großen Bevölkerung, waren es nur etwa 1000 Menschen. Aberglauben hatte es in den Highlands schon immer gegeben; der Glaube an übernatürliche Kräfte war – und ist in entlegenen Teilen auch heute noch – fest in der gälischen Kultur verankert. Doch wurden vor der Reformation Geister und Feen als selbstverständliche Teile des Daseins betrachtet und als gut wie böse akzeptiert. Erst mit der Reformation, die Zauberei als gottlos verbot, setzte die grausame Hexenjagd ein.

Dunrobin Castle   Nr. 38

Lage: Von der A9 ab, 20 km nordöstlich von Dornoch. *Geöffnet:* Mai–Sept. Mo–Fr 11–18, So 13–18 Uhr.

In beeindruckender Lage direkt an der Nordseeküste ist das Schloß seit dem 13. Jh. Sitz der *Dukes of Sutherland*. Benannt wurde es nach seinem Gründer, *Robert,* dem *2. Earl of Sutherland,* der hier 1275 als erste Burg einen mächtigen quadratischen Wohnturm baute. Nach verschiedenen Erweiterungen im 16. und 17. Jh. wurde das Schloß im 19. Jh. von *Sir Charles Barry,* dem Architekten des Parlamentsgebäudes in Westmin-

Dunrobin Castle

ster, neu gestaltet. Barrys Bau (1856) ist typischer Neo-Baronialstil, jedoch ungleich dem ›germanischen‹ Balmoralstil sehr französisch in der Erscheinung. Hohe, spitze Kegeldächer und spielerisch-romantische Türmchen spiegeln sich im Teich des italienischen Gartens wie ein Feenschloß. Innen sind der mächtige alte Turm zu besichtigen und einige prachtvoll eingerichtete Salons der insgesamt 150 Räume des riesigen Schlosses. Das Prunkstück unter ihnen ist der *Drawing Room*, mit Mortlake-Tapisserien, Möbeln im Stil Louis V. und zwei besonders schönen Bildern von *Canaletto*.

Bei einer Familie dieses Reichtums – vor 100 Jahren waren die Sutherlands Westeuropas größte Grundbesitzer; heute haben sie mit einem Zehntel des damaligen Besitzes immerhin noch eine halbe Million Hektar – sind auch die Ahnenporträts von erster Qualität. Gemälde von *Reynolds, Hoppner, Romney, Ramsay, Landseer* vereinigen sich zu einer repräsentativen, exquisiten Sammlung.

Im *Sommerhaus* aus dem 18.Jh. ist ein kleines *Museum* eingerichtet. Die Ausstellungsstücke besitzen eine weite Bandbreite – sie reichen von piktischen Steinen bis zu verschiedenen ›Viktoriana‹.

Grey Cairns of Camster   Nr. 38

Lage: Von der A9 ab auf die Watten Road; 3 km östlich von Lybster.

Das Gebiet zwischen *Latheron* und *Wick* ist besonders reich bestückt mit *prähistorischen Denkmälern*. Die Grey Cairns sind zwei Grabkammern, die man in die Jungstein- bis Bronzezeit (ca. 3000–2000 v.Chr.) datiert. Sie wurden sorgfältig restauriert, mit Beleuchtung ausgestattet und geben einen hervorragenden Eindruck der megalithischen Grabkultur. Die *Round Cairn* (›Runde Kammer‹) ist eines der bedeutendsten Exemplare ihrer Art auf dem schottischen Festland. Sie besitzt noch eine perfekt erhaltene Eingangspassage. Die *Long Cairn* (›Lange Kammer‹) ist in drei Teile unterteilt. An die Hauptkammer schließt sich noch eine kleinere Kammer an. Bei den Ausgrabungen fand man Menschen- und Tierknochen, Steinwerkzeuge und Tongeschirr.

An einer kleinen Straße am *Loch Rangag* stehen die *Achavanish Standing Stones*, eine Kultstätte in Form eines nicht ganz vollendeten Ovals. Ursprünglich standen hier wohl etwa 60 Steine.

Bei *Mid Clyth*, an der A9, liegt der *Hill o' Many Stanes*, ein kleiner Hügel mit 22 Reihen kleiner Steine. Jede Reihe hat ca. 8 oder mehr Steine. Diese Anlage wird auf ungefähr 1800 v.Chr. datiert. Ihre genaue Bedeutung und Funktion ist nicht entschlüsselt, jedoch vermutet man rituelle astronomische Zusammenhänge.

Wick   Nr. 38

Die Hafenstadt, die auf Wikingerzeiten zurückgeht (Vik = Bai) ist heute Fischereizentrum und eine Basis der Nordseeölförderung. Beeindruckend sind die grandiose Küstenszenerie, das steil ins Meer abbrechende Land und die Fragmente alter Festungen auf den Klippen. 2 km südlich von Wick liegt über dem Meer auf einem Vorgebirge die Ruine eines kleinen, fensterlosen Turms, des *Old Castle of Wick*, der möglicherweise norwegischen Ursprungs ist (12.Jh.). Am nördlichen Ende der Stadt befinden sich auf einem schmalen Riff zwei nebeneinanderliegende Burgruinen, *Castle Sinclair* (frühes 17.Jh.) und *Castle Girnigoe* (15.Jh.). Beide waren einst Burgen der *Sinclairs, Earls of Caithness,* und wurden um 1679 verlassen. *Duncansby Head* (30 km nördlich von Wick) ist die sturm- und meerumtobte Nordostspitze Schottlands. Vom Leuchtturm aus hat man ein großartiges Panorama über die Orkneys, Pentland-Riffe und die Landvorsprünge der Ostküste.

Castle of Mey   Nr. 38

Lage: A 836, 11 km westlich von John O'Groats. *Geöffnet:* Park, nur für 3 Tage im Jahr.

Die Burg auf Z-förmigem Grundriß, früher als *Barrogill* bekannt, war seit 1568 Sitz der *Earls of Caithness*. Seit 1852 befindet sie sich im Besitz der Königinmutter. Anbauten stammen aus dem 18. und 19.Jh. Im 19.Jh. wurden die Mauern erhöht und mit Zinnen versehen. Berühmt bereits in jakobäischer Zeit war der *Park* des Schlosses. Hohe Mauern schützen hier Obstbäume und Blumen vor den Stürmen der Nordsee.
Dunnet Head (B 855, 20 km nordöstlich von Thurso) ist der *nördlichste Punkt des britischen Festlands.* Von dem abrupt fast 130 m ins Meer abfallenden Sandsteinvorsprung öffnet sich ein weiter Blick zu den Orkneys und über die Nordküste.
Thurso, das nordische Thors-a (Thors = Fluß), ist heute ein kleines ruhiges Fischerstädtchen – im Mittelalter war es einer der Haupthandelshäfen zwischen Schottland und Skandinavien. Erst seit 1954, mit dem Bau des *Atomkraftwerks* in Dounreay (15 km westlich), gewinnt Thurso wieder an Leben und Aktivität. Ältestes Gebäude der Stadt ist die kleine *St. Peter's Church,* die aus dem 12. oder 13.Jh. stammt und wahrscheinlich von *Bischof Gilbert de Moravia* gegründet wurde. Im 17.Jh. wurde sie in großen Teilen rekonstruiert und 1862 das letztemal benutzt. Der älteste Teil ist der Altarraum mit anschließender halbkreisförmiger Apsis.
Das *Folk Museum* (High Street) gibt einen Überblick über lokales Leben und Gebräuche während der vergangenen Jahrhunderte.
Bei *Crosskirk* steht die Ruine einer kleinen *Marienkapelle* aus dem 12.Jh. Ungewöhnlich ist hier der enge und niedere Durchgang vom Schiff zum Altarraum.

Dornadilla Broch   Nr. 38

Lage: 20 km nördlich von Lairg, von der A 836 auf die Loch Hope Road abbiegen.

Der Broch, ein kleiner, hübsch an einem Fluß und am Fuß des Ben Hope gelegener *piktischer Wehrturm,* ist noch relativ gut erhalten. Der höchste Mauerteil zeigt wahrscheinlich die originale Höhe (Brochs: s. auch S. 236).

Loch Eriboll

In diesem tiefen Einschnitt kapitulierten 1945 die deutschen U-Boote und erfüllten damit eine alte Weissagung, daß einst ein Krieg am Loch Eriboll sein Ende finden würde. Auf Schritt und Tritt stößt man hier auf *prähistorische Zeugnisse.* An der Westseite des Lochs, östlich der Straße, ist ein völlig intaktes *Erdhaus* unverändert erhalten, mit Treppe und langem Durchgang, der in eine runde Kammer führt (Taschenlampe unbedingt erforderlich).
In den Klippen nahe der Westseite der Mündung des Lochs befindet sich eine riesige Höhle mit 3 Kammern: *Smoo Cave.* In der inneren Kammer ist ein 16 m hoher Wasserfall. Die Besichtigung ist nur mit Spezialausrüstung und nach vorheriger Anmeldung beim *Durness Information Centre* möglich.
Berühmt für das grandiose Panorama ist *Cape Wrath,* die 160 m hohe *Nordwestspitze Schottlands.* Es sind steil abfallende Klippen aus Gneis, von denen sich der Blick von den Hebrideninseln Harris und Lewis im Westen bis zu den Orkneys im Osten erstreckt.

Ullapool   Nr. 38

Die nördliche Westküste Schottlands ist vor allem ihrer landschaftlichen Schönheit und der Pracht ihrer Gärten wegen berühmt, in denen unter dem Einfluß des Golfstroms subtropische Pflanzen gedeihen. Ullapool, als der einzig größere Ort, ist das Zentrum dieses Gebiets – ein kleines Fischerstädtchen mit weißgeschlämmten Häusern, für den Tourismus bedeutend als Anlegestelle der Fähren nach Lewis. Einziges Museum der Stadt ist das *Loch Broom Highland Museum* (Quay Street), das Anschauungsmaterial der Highland-Heimat bietet.

Inverewe Gardens
Nr. 38

Lage: A 832, 10 km nordöstlich von Loch Gairloch, bei Poolewe. *Geöffnet:* Ganzjährig 10 Uhr bis Dämmerung.

Mit der Pracht, Fülle und Verschiedenheit ihres Pflanzenwuchses stehen die Gärten an erster Stelle aller schottischen Parks. In traumhafter Lage breitet sich die Anlage über einen steilen Vorsprung in den Loch Ewe vor dem Hintergrund einer malerischen Bergkulisse aus.
1862 wurde der Park von *Osgood Mackenzie* angelegt. Obwohl sich Inverewe auf dem gleichen Breitengrad wie Labrador befindet, ermöglicht der Golfstrom einen üppigen Reichtum an Azaleen, Rhododendren und Pflanzen aus den entlegensten Teilen der Erde wie Südamerika oder Südafrika. Es gedeihen hier Lilien aus dem Himalaja ebenso wie Riesenvergißmeinnicht aus dem Süd-Pazifik.

Eilean Donan Castle
Nr. 38

Lage: Neben der A 87, zwischen Inverinate und Dornie. *Geöffnet:* Ostern–Sept. tgl. 10–12.30 und 14–18 Uhr.

Die Burg, die ihrer pittoresken Lage wegen zu den meistphotographierten Highland-Burgen zählt, geht auf eine Befestigung aus dem Jahre 1230 zurück. Der Stammsitz der *MacRaes* wurde im 18. Jh. von einem englischen Kriegsschiff aus fast vollkommen zerstört. Heute ist die Burg wieder restauriert und dient als Kriegerdenkmal des Clans MacRae.

M. DIE KUNSTDENKMÄLER AUF DEN HEBRIDEN

Ein Archipel von ca. 50 Inseln und zahllosen kleinen Riffs und Felsen schirmt die schottische Westküste in doppelter Linie vom Atlantik ab: die *Inneren* und *Äußeren Hebriden*. Ihr Name beruht auf einem antiken Mißverständnis. *Ptolemäus* erwähnt sie zum erstenmal im 2.Jh. n.Chr. als ›Hebuden‹ oder ›Ebudae‹ und verfälscht damit den eigentlichen nordischen Namen ›Havbredey‹, was ›Inseln am Rande der See‹ bedeutet. Nichts prägt die Hebriden so sehr wie das Meer, die elementare Wind-und-Wasser-Verbindung, die auf den fast baumlosen kleinen Inseln ständig spürbar ist. Noch heute, trotz Television und Flugzeug, liegen sie weit genug von den Einflüssen der Zivilisation weg und konnten somit eine eigenartige und faszinierende Atmosphäre vom ›Ende der Welt‹ bewahren.

Geschichte: Die außergewöhnliche Dichte von prähistorischen Funden beweist die Besiedelung der Hebriden bereits in der *mittleren Steinzeit*. Die fünf Grabstätten auf *Oronsay* (heute nicht mehr zu besichtigen) gelten als die *frühesten menschlichen Spuren in Schottland*.

St. Columba landete 563 auf der kleinen Hebrideninsel *Iona* und machte sie zum Zentrum seiner großen Mission, die das Christentum in ganz Schottland verbreitete. Etwa 200 Jahre später verwüsteten die *Wikinger* die Insel auf ihren Raubzügen. 880 kamen die Hebriden unter eine fast 400 Jahre dauernde Herrschaft der *norwegischen Könige*. In nordischen Ortsnamen sind noch Spuren dieser Zeit zu finden. Nach der Vertreibung der Norweger 1266 und der Abgabe der Inseln an Schottland erreichte der *Clan MacDonald* eine dominierende Stellung auf den Hebriden. Durch königliche Schenkungen, Erbe und geschickte Heiratspolitik hatte er bald sämtliche Inseln in seinem Besitz und konstituierte ein quasi separates Königreich, das Reich der ›Lord of the Isles‹ mit der Insel *Islay* als Zentrum. Diese Autonomiebestrebungen der Lords führten zu dauernden Konflikten mit der schottischen Krone, bis *James IV.* 1493 den *4. Lord of the Isles* besiegte und die Hebriden dem schottischen Königreich eingliederte. Damit wurde ihnen ein direktes, ordnendes Oberhaupt genommen, und sie wurden Schauplatz blutiger Fehden, in denen sich die Clans rücksichtslos bekämpften und auszurotten versuchten. Später trugen auch noch die gälenfeindliche Reformation und das Anglisierungsprogramm des englischen Königs *William III.* zu Zerstörung der gälischen Kultur und dauernde Armut der Inselbewohner bei. Mit Fischfang, Viehzucht und der Kelpproduktion (ab dem späten 18.Jh.) – *Kelp* ist eine aus Seetang-Asche gewonnene Substanz, die man für die Herstellung von Glas und Seife benötigte – konnten sie sich gerade ernähren; zum Wohlstand reichte es nicht. Die katastrophalen Clearances des frühen 19.Jh. und durch Mißernten bedingte Hungersnöte trieben ganze Gemeinden in die Emigration. Der Bevölkerungsrückgang hält auch heute noch an, besonders auf den Äußeren

Hebriden; die Einwohnerzahl ist seit 100 Jahren auf ein Drittel gesunken. Noch immer stehen die Inseln großen wirtschaftlichen Problemen gegenüber. Die permanente Arbeitslosigkeit läßt viele junge Leute aufs Festland abwandern, die Einwohner leben kümmerlich von Hummerfang, Tweedweben und Sommertourismus. (Wichtig für Reisende: Auf den Hebriden wird die Sonntagsruhe noch streng eingehalten; auch die Fähren verkehren nur Mo–Sa!)

Das Gälische

Die gälische Sprache und Kultur, das keltische Element, das einstmals in ganz Schottland vorherrschte, ist im Lauf der Jahrhunderte kontinuierlich zurückgedrängt worden, so daß heute nur noch die Äußeren Hebriden eine in erster Linie gälisch sprechende Bevölkerung haben.

Das Gälische ist eine *indogermanische Sprache der keltischen Gruppe* (deutsch und englisch gehören zur germanischen Gruppe), die in zwei Untergruppen geteilt wird, das *Q-Keltisch* und das *P-Keltisch*. Zu ersterem gehören das *schottische* und *irische Gälisch* sowie *Manx,* die Sprache der Isle of Man; die zweite Gruppe bilden das *Walisische, Cornische* und *Bretonische.*

Vor der Reformation war Gälisch die erste Sprache im ganzen Nordwesten Schottlands und auf den Hebriden. In der klangvollen, hochentwickelten Sprache entstand Literatur von großer poetischer Qualität, wie es die überlieferten Balladen und Lieder zeigen. Durch die irische Mission wurde die gälische Kultur bis nach Mitteleuropa getragen. Zeugnis hierfür sind die Schottenklöster irischer Missionare im 10.Jh. (z.B. in Regensburg und Wien) und ihre Chroniken. In der kunstfeindlichen, puritanischen Reformation wurden die gälische Sprache und Literatur – Ausdruck einer stark katholischen Bevölkerung – gewaltsam unterdrückt. Die gezielte Zerstörung von Tradition und Sprache, die als ungebildet und barbarisch galt, da sie von einer hauptsächlich bäuerlichen Gesellschaft gesprochen wurde, setzte sich bis ins 18.Jh. fort. Für die englische Regierung war das Gälische die Sprache von monarchiegefährdenden Separatisten. In einem großangelegten Anglisierungsprogramm ging man mit Erfolg daran, die keltische Kultur zu vernichten. *Königin Victoria,* die sich in ihrer romantischen Highlandbegeisterung erstmals für die Erhaltung der Sprache einsetzte, konnte deren Rückgang nicht mehr verhindern. Englisch setzte sich allgemein als Umgangssprache durch. Wer vorankommen wollte, mußte englisch sprechen. 1872 verbot ein Gesetz Gälisch als Unterrichtssprache in den Schulen. Erst in allerjüngster Zeit bemüht man sich in Schottland wieder intensiv um eine gezielte Wiederbelebung des Gälischen, bevor es ganz ausstirbt. Die Census-Statistik stellte 1971 – bei einem Anwachsen der Gälischsprechenden um 9,8% innerhalb von 10 Jahren – 88 892 Personen, das sind 2% der Gesamtbevölkerung, fest. Mittlerweile existiert ein gälisches Radioprogramm;

gälische Sprachkurse werden mehr und mehr eingerichtet und besucht, gälische Volks- und Musikfeste organisiert, und auf North Uist wird eine rein gälische Zeitung herausgegeben. Auch die zeitgenössische gälische Dichtung erlebt einen enormen Aufschwung. Ihre bedeutendsten Vertreter sind vor allem *Somhairle Maclean* (1911), der entscheidend von dem schottischen Dichter *Hugh MacDiarmid* beeinflußt ist und wie dieser das alte Sprachgut mit zeitgemäßen Inhalten füllt, sowie *Derick Thomson* (1921), *George Campbell Hay* (1915) und *Iain Crichton Smith* (1928). In dieser Dichtung drückt sich die Problematik einer Kultur aus, die eigentlich schon der Vergangenheit angehört und die Kluft zum modernen Industriezeitalter nicht überwinden kann.

39 Die Inneren Hebriden

Islay   Nr. 39

Fähren von Tarbert, Flugzeug von Glasgow Airport.

Die südlichste Insel der Inneren Hebriden bietet als Hauptattraktion eine spektakuläre Küstenszenerie *(The Rhinns of Islay),* den *Islay Malt Whisky* ›Laphroaig‹ und einige frühchristliche Denkmäler. Das *Kreuz von Kildalton* (11 km von Port Ellen), ein gut erhaltenes keltisches Kreuz aus dem 8. Jh., gilt als eines der schönsten in ganz Schottland. Schaft und Arme werden durch die vier Quadranten eines Kreises verbunden – dies mag sowohl den Halt der Konstruktion unterstützen als auch ein Symbol des alten keltischen Sonnenzeichens sein. Weitere Kreuze stehen bei der Kirchenruine in *Kilnave* (ebenfalls aus dem 8. Jh. doch bereits sehr verwittert) und in *Kilchoman* (mit einer Kreuzigungsszene, Inschriften und Ornamenten).

Jura   Nr. 39

Fähre von Port Askaig, Islay.

Der Name der Insel kommt vom nordischen ›Dyr Öe‹ (= Rotwild-Insel). Mit ca. 20mal soviel Rotwild wie Einwohnern (etwa 250) ist Jura seit Wikingerzeiten Jagdgebiet. Es gibt 6 Dörfer, eine Schule, einen Arzt und keine Polizei, da Verbrechen nicht vorkommen. Im Norden der Insel wohnte *George Orwell* von 1946–1948 und arbeitete an seinem antiutopischen Roman ›1984‹.

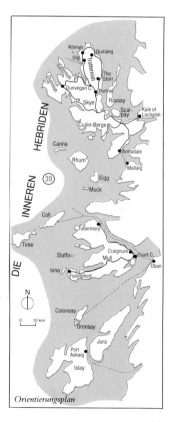

Orientierungsplan

Mull

Fähre von Oban.

Was *Dr. Johnson* auf seiner Hebridenreise 1773 bemerkte, gilt auch noch heute: »Not many allurements but to the mere lover of naked nature.« Arm an kunsthistorischen Sehenswürdigkeiten, hat Mull doch einen besonderen Charme und eigenen Charakter durch die unverdorben einsame und wilde Schönheit der kargen Landschaft (besonders im Süden!) und die großartige Küste. Am eindrucksvollsten ist die *Carsaig Bucht,* in der das Meer riesige Bögen und Tunnel aus dem Basaltfelsen ausgewaschen hat – die *Carsaig Arches.* Die zu Johnsons Zeiten fast völlig baumlose Insel wurde in den letzten Jahrzehnten erheblich aufgeforstet, wenn auch noch immer in weiten Teilen der Eindruck von Öde und Kargheit entsteht.

Duart Castle

Lage: Südlich von Craignure, Duart Bay. *Geöffnet:* Mai–Sept. Mo–Fr 10.30–18 Uhr, Juli und Aug. auch So 14.30–18 Uhr.

Die Burg, deren älteste Teile von ca. 1250 stammen, ist die *Stammburg der MacLeans.* Nach Zerstörung und Enteignung (1692) verfiel sie zur Ruine und wurde erst 1912 durch den Clanchief *Sir Fitzroy MacLean* zurückgekauft und restauriert. Zu besichtigen sind als ältester Bauteil die Ringmauer (13.Jh.), der originale Wohnturm (14.Jh.) mit 3–4 m dicken Mauern, und in der Burg eine Sammlung historischer MacLean-Mementos. An dem Sekretär im State Bedroom soll *William Wordsworth* viele seiner Gedichte geschrieben haben.

Torosay Castle

Lage: 3 km südlich von Craignure. *Geöffnet:* Mai–Mitte Okt. Mo–Fr 10–18 Uhr, Juli und Aug. auch So.

Das frühviktorianische Landhaus liegt in einem wunderschönen italienischen Terrassengarten. Es enthält die Möbel, Gemälde und Porzellansammlung aus der Familie des Besitzers sowie eine kleine Ausstellung, die Material zur Erforschung des Monsters von Loch Ness zeigt.

Iona

Fähre von Fionnphort/Mull oder Rundfahrt von Oban.

Das kleine Inselchen war seit der *Eisenzeit* bewohnt, doch erst nach der Ankunft des *hl. Columba* mit der apostolischen Zahl von 12 Gefährten (563) begann Ionas Ruhm als *Wiege der schottischen Christenheit* (nach Whithorn!). Columba, ein irischer Prinz, gründete hier, auf der ersten Insel, von der aus seine Heimat nicht mehr zu sehen war, ein Kloster. Von diesem Zentrum aus unternahmen er und seine Mönche die großen Missionsreisen, auf denen sie das Christentum über ganz Schottland bis hin zu den Orkneys und Shetlands verbreiteten. Nach Columbas Tod (597) wurde Iona *Wallfahrtsort* und *Begräbnisstätte der schottischen Könige,* bis im 11.Jh. die Abtei von Dunfermline (s. Nr. 29, S. 113) diesen Platz einnahm. Wikingerraubzüge im 9. und 10.Jh. verwüsteten die Insel und zerstörten das Kloster. Innerhalb von 11 Jahren suchten sie dreimal die Insel heim; 806 wurden 68 Mönche erbarmungslos ermordet. 1203 gründete *Reginald MacDonald, Lord of the Isles,* ein neues Kloster für Benediktiner, etwas später ein Nonnenkloster für Augustinerinnen. Die Benediktinerkirche wurde 1507 zur Kathedrale der Diözese von den Inseln erhoben und nach der Reformation 1607 dem protestantischen Bischofssitz angegliedert.

Vom Anlegeplatz der Fähre aus erreicht man als erstes die Ruine der normannischen Augustinerinnen-Kirche *(The Nunnery)* – Hauptschiff, Seitenschiff und anschließende Kapelle mit Teilen des Gewölbes (um 1200, mit Erweiterungen des 13.Jh.). Im Süden der Kirche befinden sich die Reste der Klostergebäude.

Neben dem Weg zur Kathedrale steht 3 m hoch auf einem Sockel *MacLean's Cross* aus dem 15.Jh. Auf einer Seite des Radkreuzes bildet der Gekreuzigte in einem langen Gewand die zentrale Figur, darüber befindet sich ein Lilienwappen und an einer Seite ein Kelch. Der Schaft ist beidseitig mit Blättern und den nach der keltischen Tradition ineinander verschlungenen Linienornamenten verziert. Auf der der Straße zugewandten Seite des Kreuzes sind im oberen Teil des Schaftes zwei Tiere, darüber ornamentale Verzierungen.

St. Oran's Cemetery (Rheilig Oran)

Im ältesten Friedhof Schottlands – ›awful ground‹, sagt schaudernd *Dr. Johnson* – liegen die Toten aus 13 Jahrhunderten. Als erster König des vereinigten Königreichs von Schottland wurde *Kenneth MacAlpine* 860 hier begraben. Dann folgten 60 Könige (darunter 48 Schotten, 8 Norweger, 4 Iren und 2 Franzosen), Fürsten, Clan-Chiefs und Äbte. Auch der von *Macbeth* ermordete *König Duncan* ist unter den toten Herrschern. Bei Shakespeare heißt es auf die Frage nach dem Leichnam des Königs: »Nach Icolmkill, führt man ihn zur heil'gen Gruft, wo die Gebeine seiner Ahnen alle versammelt ruhn.« (*Icolmkill* ist der spätere Name der Insel, er bedeutet ›Insel des hl. Columba‹). Die meisten der kostbaren Grabsteine – die ältesten stammen aus dem 7.Jh. – sind heute im *Infirmary Museum* (hinter der Kathedrale) untergebracht, um die Skulpturen vor der Witterung zu schützen.

Die Kathedrale

Der Bau steht an der Stelle der von *Reginald* gebauten Kirche und stammt hauptsächlich aus dem frühen 16.Jh. Seitdem ist er jedoch

Die Kathedrale von Iona

durch Restaurierungen sehr verändert worden. Das auffallende äußere Charakteristikum des kreuzförmigen Baus ist der gedrungene quadratische *Mittelturm*. Seine vier Fenster sind mit Kleeblattmaßwerk in verschiedenen Mustern versehen. Innen fallen vor allem die mannigfaltig verzierten *Säulenkapitelle* der Stützpfeiler des Chors auf. Sie zeigen groteske Dämonen, Menschen, Tiere, Blumen, Blattwerk und biblische Motive sowie lebhafte Szenen aus dem mönchischen Leben. Im Altarraum stehen *Abtsgräber* aus dem späten 15.Jh. und eine gotische *Sedilia* (14.Jh.). Der kunstvoll gearbeitete Torbogen zur Sakristei datiert von 1500. Im südlichen Querschiff befindet sich das *Marmorgrabmal* des *VIII. Duke of Argyll* und seiner Gemahlin, die 1899 die Abtei der Church of Scotland übergaben.

Die anschließenden *Klostergebäude* stammen aus neuerer Zeit (restauriert seit 1938). Ebenfalls rekonstruiert wurde der *Kreuzgang*. Lediglich zwei der zierlichen Zwillingssäulen in der Südwestecke sind noch original aus dem 13.Jh. erhalten. Die Plastik in der Mitte, das ›Kommen des Hl. Geistes‹ (1960), stammt von *Jacques Lipchitz*.

Vor der Kathedrale ist ein Teil des alten roten Marmorpflasters freigelegt worden, der ehemaligen Begräbnisstraße zur Abtei, der ›Street of the Dead‹. Hier, gegenüber der Westfassade des Schiffs, steht das hohe, schlanke *St. Martin's Cross* aus dem 10.Jh., St. Martin von Tours gewidmet und berühmt für den fast perfekten Erhaltungszustand und die Feinheit der Skulptur. Die Ostseite zeigt Bossen und Schlangen, auf der Westseite bildet die Jungfrau mit dem Kind, von 4 Engeln umgeben, die zentrale Figurengruppe. Auf Armen und Schaft des über 4 m hohen keltischen Kreuzes sind verschiedene Tiere und Menschen dargestellt, darunter wieder Schlangen und Bossen. Linker Hand steht das schmale *St. John's Cross* (10.Jh.); es wurde 1926 aus Fragmenten restauriert und ist seither bereits zweimal wieder umgefallen. Von *St. Mathew's Cross* am Brunnen ist nur noch ein abgebrochener Stumpf des Schafts erhalten.

Staffa   Nr. 39

Es ist nur selten möglich, auf der Insel anzulegen; die Besichtigung erfolgt daher meist vom Boot aus. Die Boote fahren entweder von Oban oder Ulva Ferry/Mull ab.

Staffa, das grandiose, überwältigende Naturwunder von Basaltsteinformationen, das Generationen von Künstlern inspirierte und zu Begeisterungsstürmen hinriß, das jedes Jahr neue Touristenscharen anlockt, wurde der Welt erst 1772 bekannt. Auf dem Weg nach Island entdeckte es der Naturforscher *Sir Joseph Banks,* und seither hat die Begeisterung für diesen ›Tempel, nicht von Menschenhand erschaffen‹ nicht mehr aufgehört.

Iona: St. Martin's Cross

Fingalshöhle auf Staffa

Staffa, die ›Insel der Säulen‹, entstand durch einen Vulkanausbruch im Tertiär. Riesige Lavamassen wurden aus dem Meer geschleudert, die sich beim Abkühlen zu jenen schwarzen regelmäßigen Basaltsteinsäulen formten, die der Insel ihren Namen gaben. Fast unnatürlich gleichmäßig strukturierte, symmetrische schwarze Bündelpfeiler ragen aus dem Meer, das im Lauf der Jahrtausende gewaltige Höhlen aus ihnen ausgewaschen hat. *Fontane* beschrieb diesen Prozeß ungleich poetischer: »Staffa, als Gott Vulkan sein Werk getan und zehn- oder hunderttausend Basaltsäulen an dieser Stelle ans Licht geschickt hatte, stand da wie ein festgeschnürtes Bündel steinerner Tannen. Der Ozean, der hier von Anbeginn der Tage sein Wesen getrieben und absolut geherrscht hatte, erzürnte über diesen Sendling aus der Unterwelt und begann, mit überlegener Macht an ihm herumzuschlagen. Ganze und halbe Stücke wurden abgerissen und herausgespült, und da aber, wo der Ozean ... mit der Gewalt eines horizontal abgefeuerten, ewig wiederholten Schusses verfuhr, da sind unter dem Einfluß eines nimmer rastenden Bohrers jene Höhlen entstanden, die sich an verschiedenen Stellen bis tief in die Felsen hineinziehen und unter denen die Fingalshöhle die größte und schönste ist.« Fontanes Urteil wird seit der Entdeckung der Insel von den Besuchern geteilt. Durch die von steil aufragenden Säulen gesäumte Öffnung gelangt man wie durch ein Kirchenportal in einen riesigen Innenraum, dessen Seiten, Dach und Grund aus schwarzen acht- und fünfeckigen Pfeilern bestehen – der Vergleich mit einer gotischen Kirche ist oft gezogen worden.

Daß diese Höhle nicht nur als geologisches Naturwunder fasziniert, sondern zum romantischen Mythos wurde, ist dem schottischen Dichter *James Macpherson* aus Kingussie (1736–1796) zu verdanken. 1760 veröffentlichte er ein Werk, das er als Übersetzung eines alten gälischen Manuskripts, eines Epos über die mythischen keltischen Helden *Ossian* und seinen Vater *Fingal* ausgab. Fast 15 Jahre nach der fatalen Niederlage von Culloden, dem Ruin der gälischen Kultur, erschien damit auf einmal ein bisher unbekanntes Literaturdenkmal, hatte Macpherson einen ›keltischen Homer‹ entdeckt, der Ossian hieß. Viele, u. a. Dr. Johnson, trauten der Sache nicht und nannten sie Betrug, womit sie recht behielten; denn der ›Ossian‹ war eine Fälschung. Macpherson hatte, zwar unter Benutzung authentischer gälischer Quellen, das Epos selbst verfaßt. Der Popularität des ›Ossian‹, der der gesamteuropäischen Romantik Impuls und Inspiration gab, tat der Streit um dessen Authentizität keinen Abbruch. Dichter und Komponisten, von *William Blake* bis *Felix Mendelssohn-Bartholdy, Johann Gottfried Herder, William Turner, Johannes Brahms,* alle lasen Ossian, fühlten ›ossianisch‹ und schufen Werke darüber. Felix Mendelssohn besuchte Staffa im August 1829. Das elementare Erlebnis der Einsamkeit, das Dröhnen des Meeres, den gewaltigen Basaltfelsen setzte er in eine der großen romantischen Kompositionen um: die ›Hebriden-Ouvertüre‹ oder ›Fingals Höhle‹.

Rhum und *Eigg,* die ›Cocktail-Inseln‹, und die beiden kleinen Inselchen *Muck* und *Canna* sind Skye im Süden vorgelagert, besondere Sehenswürdigkeiten bieten sie nicht. Auf *Eigg* spielte sich im 16. Jh. eines der tragischsten Ereignisse der Clan-Fehden ab. In einer Höhle an der Küste versteckten sich alle Bewohner der Insel, ungefähr 200 MacDonalds, vor einer Gruppe MacLeods von Skye, die auf Eigg gelandet waren, um sich wegen eines MacDonald-Vergehens zu rächen. Die MacLeods entdeckten das Versteck und zündeten vor der Höhle ein Feuer an, in dem alle 200 Menschen erstickten. *Sir Walter Scott,* der die Höhle 1814 besuchte, brachte als Andenken einen Schädel mit nach Hause.
Rhum ist heute Naturschutzgebiet. In den Clearances von 1826 wurde die gesamte Bevölkerung, bis auf eine Familie, gezwungen auszuwandern.

Skye Nr. 39

Fähren von Kyle of Lochalsh nach Kyleakin, von Glenelg nach Kylerhea, von Mallaig nach Armadale.

Die zweitgrößte der Hebrideninseln, vom Festland nur durch eine Meerenge getrennt, gilt mit ihrem abwechslungsreichen Panorama, den steilen, kahlen *Cuillin-Bergen,* der zerklüfteten, wilden Küste als landschaftliches Paradies. Einziges Manko ist nur der viele Regen; denn durch die Lage am Golfstrom ist das Klima zwar mild, aber feucht und dunstig. Daneben ist Skye aber auch berühmt für ›Lebenswasser‹, das gälische ›uisge beatha‹, den *Whisky.* Es gibt nur eine Destillerie auf der Insel, deren harter, torfiger Maltwhisky, der *Talisker,* zu den beliebtesten zählt. Die Cuillins, im Süden der Insel, gelten mit ihren wilden, zerklüfteten Basaltfelsen als eine der besten und schwierigsten Bergsteigerregionen ganz Britanniens.

In *Armadale,* dem Landeplatz der Fähre, steht *Armadale Castle,* ein spätgeorgianischer Bau von *Gillespie Graham* 1815–1819 für *Lord MacDonald* erbaut. Heute ist es das *Zentrum des MacDonald-Clans* und besitzt ein eigenes Clan-Museum. An der Küste, verwachsen mit dem Felsengrund, stehen die Ruinen von *Dunscaith Castle,* einer MacDonald-Burg aus dem 13–16. Jh. *Dunvegan Castle,* am Ende des *Dunvegan Loch,* ist seit etwa 1200 Sitz der Chiefs des *MacLeod of MacLeod-Clans.* Der oft veränderte und erweiterte Bau zeigt alle möglichen Baustile vom 15–19. Jh., wobei von der ursprünglichen, für *Sir Roderick of MacLeod* gebauten Burg nur noch wenig (Teile der Ringmauer des 13. Jh.) übrig ist. Diese erste Burg erreichte man über einen gut zu verteidigenden Eingang vom Meer her, heute über eine leichter zugängliche Brücke über den trockengelegten Burggraben. Neben einigen guten *Porträts* (*Ramsay* und *Raeburn*) enthält die Sammlung der Burg vor allem MacLeod-Andenken, Briefe von *Scott* und *Dr. Johnson,* der mit *James Boswell* 1773 hier zu Gast war, und die berühmte ›Fairy Flag‹, die *Feen-Fahne.* Diesem Stück Stoff aus syrischer Seide (7. Jh.) wird die Macht zugeschrieben, den Clan der MacLeods dreimal aus größter Gefahr retten zu können. Zweimal wurde diese Kraft bereits in Anspruch genommen!

Im Westen von Dunvegan liegt die *Halbinsel von Duirinish.* 6,5 km von Dunvegan steht in *Colbost* das *Black House Museum,* ein altes Hebriden-

Skye: Black House Museum

Farmhaus, dessen Einrichtung das bäuerliche Leben auf der Insel demonstriert. Das *Black House* ist der typische primitive Haustyp der Hebriden, wie er noch bis ins 19. Jh. gebaut wurde. In dem flachen, rechteckigen Haus mit abgerundeten Ecken lebten Menschen und Tiere zusammen. Es bestand aus doppelten Steinmauern, zwischen die Erde oder Torf gepackt wurde – ein simples Isolierungsprinzip, das gegen die Winterstürme Schutz bot. Die Wände erreichten oft eine Stärke von mehr als 2 m. Auf der inneren Mauer saß ein niederes Strohdach auf, das mit Seilen und Steinen befestigt wurde. Der Regen lief in die Erdschicht zwischen den Mauern ab und verstärkte die Konsolidierung. Fenster fehlten; für die Ventilation sorgten lediglich kleine Löcher in dem unteren Teil des Dachs. In der Mitte des Hauses befand sich der Herd; eine hölzerne Zwischenwand trennt einen Verschlag für das Vieh ab.

Fast an der Spitze der Halbinsel liegt das kleine Dorf *Boreraig*, das ›Mekka des Dudelsacks‹. Die Geschichte dieses schottischen Nationalinstruments wird im ›Piping Centre‹ in Ton und Bild illustriert. Hier unterwies die Familie der *MacCrimmons*, durch Generationen die offiziellen *Dudelsackpfeifer des Clans MacLeod*, fast 300 Jahre lang Schüler in ihrem Piping-College in der Kunst der Sackpfeife. Dieser Familie ist es vor allem zu verdanken, daß der Dudelsack, der ja keine schottische Erfindung oder Eigenart ist (schon zu Neros Zeiten war in Rom die Sackpfeife bekannt; heute ist sie auch auf dem Balkan noch weit verbreitet), heute fast ausschließlich mit Schottland assoziiert wird.

Der lange Stammbaum dieser ehrenamtlichen Pfeifer begann um 1570 mit *Donald Mòr,* dem die Entwicklung des ›pìobaireachd‹ oder ›pibroch‹, der ›Großen Musik‹, zugeschrieben wird. Dies ist eine komplizierte Kompositionsform mit Themen und Variationen in mehreren Sätzen, die den Dudelsack aus der volkstümlichen Sphäre der einfachen Tänze und Weisen heraushob und ihn in die einer komplexen, kunstvollen Musik eintreten ließ. Das Spektrum der Literatur für das Instrument wurde damit bedeutend erweitert; es reicht von Tänzen über kriegerische Marschmusik (mit Dudelsackklängen wurden ja in den schottischen Schlachten die Soldaten angefeuert!) bis zu würdevoller, elegischer Trauermusik. Schriftlich festgehalten wurden die Kompositionen nicht mit Noten, sondern zur besseren Gedächtnisstütze mit einem Noten entsprechenden System von Silben, dem ›canntaireachd‹. Das Funktionsprinzip der ›Great Highland Bagpipe‹ ist relativ einfach. Der Sack ist ein aufblasbarer Schafsbalg, der – unter den Arm geklemmt – durch Druck einen Luftstrom in 4 Pfeifen bringt. Der Ton entsteht, ähnlich wie bei Klarinette oder Oboe, durch die Vibration eines Plättchens in den Pfeifen. Der Pfeifer bläst durch ein Rohr den Sack auf und spielt auf der Melodiepfeife, dem ›chanter‹, einem flötenähnlichen konischen Rohr aus Hartholz. Diese Pfeife hat einen Tonumfang von 9 Tönen. Die 3 anderen Pfeifen geben die monotone Begleitung, die Dudelsackmusik für ungeübte Ohren so oft nur begrenzt erträglich macht. 2 Tenorpfeifen klingen eine Oktave unter dem tiefen ›a‹ des ›chanter‹, die Baßpfeife eine Oktave unter den Tenorpfeifen.

Portree ist die einzige Stadt der Insel und damit Hauptstadt. Im Royal Hotel verabschiedeten sich am 1. Juli 1746 *Bonnie Prince Charlie* und *Flora MacDonald* voneinander. 5 Monate lang war der Prinz nach der Niederlage von Culloden vor den Engländern kreuz und quer durch das Land geflohen. Auf seinen Kopf waren 30000 £ gesetzt, eine damals gewaltige Summe. Doch die loyalen, stuarttreuen Highlander, die ihn versteckt hielten, waren nicht mit Geld zu bestechen; keiner von ihnen verriet den Prinzen. Im Juni 1746 war er auf *South Uist* (Äußere Hebriden) überall von Engländern umgeben, ein Fortkommen schien unmöglich. Daß dies dennoch gelang, war nur dem 24jährigen Bauernmädchen Flora MacDonald zu verdanken. Sie schmuggelte den Prinzen, als Zofe verkleidet, erfolgreich durch alle englischen Kontrollen hindurch und brachte ihn nach Skye. Von hier aus, dem Hafen von Portree, entkam Charles Edward Stuart auf einem französischen Schiff in das sichere Frankreich. Flora MacDonald wurde kurz darauf von den Engländern verhaftet und nach London gebracht. Dank der allgemeinen Amnestie von 1747 konnte sie schon bald nach Skye zurückkehren, heiratete dort und wurde Mutter von sieben Kindern. Ihr erstes Cottage ist noch neben dem Floddigarry Hotel zu sehen. Der Prinz trank sich mittlerweile im römischen Exil zu Tode. Dies sind die historischen Tatsachen; ein romanzenhungriges Zeitalter verklärte die bei-

Dudelsackpfeifer

›The Old Man of Storr‹

den zum heroisch-tragischen Liebespaar. Von der Flora-MacDonald-Aura wurde auch *Dr. Johnson* auf seiner Hebridenreise angezogen; er besuchte die bereits ältere Bäuerin in ihrem Haus. Johnsons Kommentar steht heute auf ihrem Grabstein in Kilmuir: »Ein Name, der in der Geschichte genannt werden wird, und wenn Mut und Treue Tugenden sind, ehrenvoll genannt werden wird.« Der Grabstein Floras mußte bereits erneuert werden, da der erste Stück für Stück von Touristen weggetragen wurde.

Neben der bizarr gezackten Felsenkette der schwarzen Cuillin-Berge – wie Staffa vulkanischen Ursprungs – ist vor allem die *Halbinsel Trotternish* im Norden von Skye für einzigartige geologische Formationen berühmt. An ihrer Nordspitze steht der *Quiraing,* eine grandiose Versammlung vor: Basaltsäulen, -türmen und -tischen, Nadeln und Obelisken; weiter südlich an der Ostküste von Trotternish der *Kilt Rock,* eine braune Basaltformation, so genannt wegen der tartanähnlichen Effekte der vertikalen Felsstrukturen. Am Fuß des Berges ›The Storr‹ steht ein fast 50 m hoher schwarzer Obelisk, der ›Old Man of Storr‹, umringt von kleineren Steinsäulen. Erinnert Staffa an eine Kathedrale, so denkt man bei diesem Anblick unwillkürlich an die prähistorischen Steinkreise.

40 Die Äußeren Hebriden

Lewis und Harris   Nr. 40

Fähren von Ullapool nach Stornoway oder von Uig/Skye nach Tarbert. Nicht an Sonntagen!

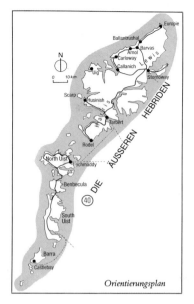

Orientierungsplan

Geographisch bilden Lewis und Harris, der nördlichste Teil der Äußeren Hebriden, eine Insel. Die Grenze ist eine breite Hügelkette, mit dem 800 m hohen *Clisham-Berg* als höchster Erhebung der Äußeren Hebriden. Diese Berge sind eine straßenlose Barriere, die die Unterschiede der beiden Regionen – Harris ist landschaftlich härter, aber auf Lewis spricht man das härtere Gälisch – nicht verwischen lassen. Die baumlose, unfruchtbare Moorlandschaft, der felsige Gneisboden drängten die Einwohner an die Küste. Hier leben sie hauptsächlich vom Fischfang und von der Herstellung eines international bekannten Stoffs, des *Harris-Tweed*. Fast drei Viertel dieses robusten, wind- und wasserabhaltenden Materials werden exportiert. Nur der echte Harris-Tweed ist mit der ›orb Mark‹ ausgezeichnet, dem patentierten Qualitätssiegel (eine Erdkugel mit Malteserkreuz). Dafür muß der Stoff folgende Bedingungen erfüllen: Er muß aus reiner Schafwolle, produziert in Schottland, gesponnen und gefärbt auf den Äußeren Hebriden und von den Inselbewohnern in ihren Häusern handgewebt sein. Diesen Stoff ließ sich 1930 die Harris Tweed Association vor Nachahmung schützen. Noch heute ist das Färben mit Pflanzenfarben üblich, die die Weberinnen aus gesammelten Moosen gewinnen.

Harris wird durch den schmalen *Isthmus von Tarbert* in fast zwei Inseln geteilt. *Nord-Harris* ist gebirgig, kahl, ähnlich wie Lewis; *Süd-Harris* hat ein milderes Klima und zumindest an der Westküste gelben Sandstrand und grüne Vegetation. Von *Tarbert* aus führt eine schmale Straße an der Küste des *West Loch Tarbert* in nordwestlicher Richtung durch wilde und einsame Berge nach *Huisinish*. Gegenüber von Huisinish, einem heute verlassenen Dorf, liegt die *Insel Scarp*. Am 28. Juli 1934 startete hier ein Deutscher namens Zucker ein bizarres Experiment: Mittels einer selbst konstruierten Rakete wollte er Post – frankiert mit einer eigens dafür gedruckten Briefmarke – nach Harris befördern. Doch beim Aufprall explodierte die Rakete und zerstörte den größten Teil der Fracht; das Experiment wurde nicht wiederholt.

An der Südspitze von Harris, in *Rodel,* liegt die bezaubernde kleine *St. Clement's Church*. Sie wurde um 1500 erbaut und im 18. und 19.Jh. restauriert. Hier ließ sich *Alasdair Crotach,* der 7. Chief des Clans der MacLeod, 20 Jahre vor seinem Tod (1528) ein kunst- und würdevolles Grabmal errichten. In einer Nische, die vor einem mit biblischen Reliefszenen verzierten Baldachin überdacht ist, liegt er begraben; der Grabstein aus schwarzem Schiefer zeigt einen bewaffneten Ritter.

Lewis erhielt seinen Namen von der oft desolaten, von Wind und Einsamkeit geprägten Moorlandschaft – ›The Lews‹ nennen sie die Einwohner, abgeleitet vom gälischen ›Leogach‹ (= Marsch).

Stornoway, von *James VI.* gegründet, ist als Verwaltungs- und Handelszentrum, Hauptstadt und Mittelpunkt der beginnenden Nordseeölerschließung die größte Stadt der Äußeren Hebriden (ca. 5500 E). *Lewis Castle* (1856–1863) wurde der Stadt von *Lord Leverhulme* übergeben, der nach dem 1. Weltkrieg Lewis und Harris gekauft und sich um eine durchgreifende Modernisierung und Verbesserung der landwirtschaftlichen Produktionsmethoden und der Fischerei bemüht hatte, allerdings ohne Erfolg. Das Schloß ist seit 1963 ein technisches College, hübsch in einem Rhododendronpark gelegen.

Der Steinkreis von Callanish

Gegenüber von Stornoway an der Westküste (A858), unübersehbar auf der Halbinsel von *East Loch Roag,* liegt die neben Stonehenge berühmteste prähistorische Kultstätte der britischen Inseln: der *Steinkreis von Callanish* (2000–1500 v.Chr.). Von allen megalithischen Monumenten sind nur diese 47 Steine in der Form eines keltischen Kreuzes angelegt. Um einen zentralen Monolithen gruppiert sich ein Kreis von 13 Steinen (ca. 12 m ⌀), von dem in alle 4 Richtungen Steinreihen führen, deren längste, die nördliche Straße, aus einer Doppelreihe mit 19 Steinen besteht. Die südliche Straße hat 5 Steine; östlich und westlich schließen 2 Reihen mit je vier Steinen an. Wie Carnac und Stonehenge hält man die Anlage für ein *großes religiöses Zentrum* (ungleich der Steine von Stonehenge wurden die von Callanish aus örtlichem Material, dem Lewis-Gneis, angefertigt) *der Sonnenverehrung.* In diesem ›Teampull na Greine‹, dem Sonnentempel, den *Herodot* und *Eratosthenes* als ›Der große geflügelte Tempel der Nördlichen Inseln‹ bezeichnen, begingen die *Druiden* ihre rituellen Feiern. Daß Callanish auch als Grabstätte benutzt wurde, entdeckte man bei Ausgrabungen (1857 bis 1858). Neben dem zentralen Monolithen fand man eine kleine Kammer, die ein neolithisches Gemeinschaftsgrab barg. In der Nähe befinden sich drei weitere Steinkreise; zwei davon gut sichtbar südlich der Straße, der dritte ein kurzes Stück die B8011 entlang an der rechten Seite.

Der *Dun Carloway Broch* steht weiter nördlich in Carloway in dominierender Lage über dem Meer – nach Mousa (s. Nr. 42, S. 236) der besterhaltene Broch Schottlands. Eine Seite ist noch fast 10 m hoch, der Gesamtdurchmesser beträgt ca. 15 m. Der runde Turm mit doppelten Trockensteinmauern (1.–4.Jh. n.Chr.), der sich nach oben hin allmählich verjüngt, wurde von den Pikten als Wehrturm erbaut. Zwischen den Doppelmauern befanden sich schmale Passagen und Kammern. Fenster waren lediglich in der inneren Mauer eingesetzt; die äußere Wand bot einen völlig undurchdringlichen soliden Eindruck.

In *Arnol* steht eines der typischen Hebriden-Häuser, ein *Black House,* als Museum eingerichtet. Der Name Black House ist jünger als der Haustyp; er entstand erst, als moderne, weißgekalkte Häuser mit den dunklen Steinmauern kontrastierten. Hier, auf den Äußeren Hebriden, wurden die primitiven Black Houses (s. auch S. 214) noch bis in allerjüngste Vergangenheit bewohnt.

Weitere prähistorische Zeugnisse finden sich im Norden: Ein über 6 m hoher Monolith steht im Dorf *Ballanthrushal;* etwa 1 km weiter ›Stein a Cleith‹, die Reste von Grabkammern in einem Steinkreis. Kurz vor dem nördlichsten Ende der Inselgruppe, dem *Butt of Lewis,* einem schwarzen, kahlen, in das Meer ragenden steilen Kap aus Lewis-Gneis, steht in dem Dörfchen *Europie* die Kirche von *St. Moluag* (12. oder 13.Jh.; restauriert).

North Uist · Benbecula · South Uist Nr. 40

Fähre von Tarbert nach Lochmaddy, oder von Uig/Skye nach Lochmaddy.

Für jeden, der von Harris nach *North Uist* kommt, sind die auffallendsten Merkmale die fruchtbarere, grünere Landschaft und die verwirrend verwinkelten Lochs mit einer Küstenlänge, die oft in keinem Verhältnis zur Wasserfläche steht. So ist *Loch Maddy* zwar nur 8 km lang und am Eingang 1,5 km breit, doch durch die zahlreichen Ein- und Ausbuchtungen errechnet sich eine Küstenlänge von fast 580 km. Die Einwohner leben mühselig vom Fischfang, etwas Landwirtschaft und dem Sammeln von Seetang, der auf dem Festland in der chemischen Industrie weiterverarbeitet wird. North Uist besitzt einige Zeugnisse der prähistorischen Vergangenheit, am bedeutendsten sind die *neolithischen Grabkammern von Langash Barp* (A 867). Eine Zelle ist noch vollkommen intakt und kann besichtigt werden.

Benbecula ist das ›Aschenbrödel‹ der Inseln: Flach, kahl, vom Sturm zerfegt, wird es meist nur als Bindeglied des katholischen South Uist mit dem protestantischen North Uist betrachtet. Es besitzt zwar an der Westküste schöne lange Sandstrände, doch ist das Wetter meist zu kalt und stürmisch, um von ihnen profitieren zu können.

South Uist rühmt sich historischer Assoziationen mit *Bonnie Prince Charlie* und *Flora Mac Donald*. Hier kam der Prinz auf seiner Flucht am 14. Mai 1746 bei *Glen Corrodale* an und versteckte sich in einer Höhle, der ›Prince's Cave‹. Versorgt wurde er von dem Inselbewohner *Neil Macdonald*, der ihn mit seiner Schwester Flora bekannt machte, als sie ihren Bruder von Skye aus besuchte. Auf ihrer Rückkehr nahm Flora den Prinzen, als Zofe verkleidet, mit und errettete ihn so vor der englischen Gefangennahme. Heute ist South Uist eine Raketenbasis des britischen Verteidigungsministeriums und mit seinen vielen Lochs das Paradies der Angler und Wasservögel; die Lieblingsforellen der Queen werden hier gefangen.

Auch auf dieser Insel finden sich *neolithische Spuren:* Richtung Süden liegt östlich der Straßenkreuzung von *Milton* eine Grabkammer, umringt von Monolithen. Bei *Stoneybridge* steht die Ruine von *Ormaclete Castle* (1701–1708), Sitz des Clanchiefs der Ranalds, das bereits kurz nach seiner Vollendung abbrannte.

Barra Nr. 40

Fähre von Oban und Lochboisdale.

Die historisch bedeutendste Sehenswürdigkeit der kleinen kahlen Insel ist *Kisimul Castle* (bei *Castlebay*), ein Wohnturm mit Ringmauer. Die Burg ist eines der umstrittensten Objekte Schottlands hinsichtlich ihrer Datierung, die vom 12. Jh. bis ins 15. Jh. reicht. Sicher geht die Burg jedoch auf ein frühes ›Dun‹ (= vorgeschichtliche Steinbefestigung) zurück. *Robert the Bruce* schenkte Insel und Burg nach 1314 dem Chief des MacNeil-Clans, die sich später als Piraten Namen und Reichtum erwarben. Gegen Ende des 18. Jh. brannte die Burg aus, im 19. Jh. wurde sie verkauft. Der 45. Clanchief, ein amerikanischer Architekt, kaufte sie 1937 wieder zurück und restaurierte sie.

N. DIE KUNSTDENKMÄLER AUF DEN ORKNEY- UND SHETLANDS-INSELN

Die Inselgruppe der Orkneys liegt etwa 15 km nördlich der Nordostspitze Schottlands, die der Shetlands ca. 100 km nördlich von Orkney. Historisch gesehen, wurden beide Inselgruppen von den gleichen Einflüssen geprägt. Die ersten Spuren menschlicher Besiedlung gehen auf die *Steinzeit* zurück; die erhaltenen Beweise sind auf beiden Inselgruppen erstaunlich reichhaltig. Zu Beginn unserer Zeitrechnung wurden Orkney und Shetland von den *Pikten* kolonisiert und empfingen früh das Christentum durch Missionare aus Dalriada. Entscheidende Prägung erhielten sie jedoch durch die *Wikinger,* die vom 7.–15.Jh. die Inseln in ihrer Gewalt hatten. Die *norwegischen Earls of Orkney* hinterließen markante Spuren – so *Thorfin der Mächtige* (1020–1064), der seinen Sitz in Brough of Birsay hatte und *St. Magnus,* dessen Neffe *Rognvald* 1137, nach der Ermordung des Heiligen, die St. Magnus Cathedral in Kirkwall gründete.

Wenngleich die Inseln auch formal noch der norwegischen Krone unterstanden, nahm doch ab 1230 allmählich der Einfluß Schottlands zu; 1472 wurden sie schließlich ganz annektiert. Dennoch blieb, auf den Shetlands sogar noch stärker als auf den Orkneys, das Gefühl für eine eigene, von Schottland unabhängige nationale Identität bis heute erhalten. Diese historisch begründete Affinität zum skandinavischen Raum äußert sich besonders deutlich in der Lyrik und Prosa von *George Mackay Brown* (1921), dem größten zeitgenössischen Dichter der Orkneys. »Eine Gesellschaft wie Orkney darf es nicht wagen, sich von ihren Wurzeln und Quellen zu lösen«, schrieb er 1969 in seinem Buch ›Orkney Tapestry‹. Seine dichterische Aufgabe sieht *Mackay Brown* darin, Tradition und Geschichte der Orkneys zu bewahren und lebendig zu erhalten. Immer wiederkehrende Themen sind der Katholizismus und die Wikinger. Doch sind seine Gedichte keine Heimatlyrik, die eine romantische Vergangenheit verklären, sondern sie stehen in einem konkreten, allgemeinen Bezug zur Gegenwart.

Wie die Hebriden stehen auch die Orkneys dem Problem einer ständig abnehmenden Einwohnerzahl gegenüber. Mit der stark expandierenden Nordseeölförderung der letzten Jahre wurden zwar wieder zahlreiche neue Arbeitsplätze geschaffen, doch bedeutete diese massive Industrialisierung auch eine eingreifende Veränderung für den gesamten Lebensstil der Inseln. Jahrhundertelang gewachsene gesellschaftliche Bräuche werden durch diesen Einbruch der Moderne, die die Inseln ihrer langen Rand- und Außenseiterexistenz enthebt, zerstört. Der traditionelle Lebensrhythmus der Inseln geht dabei verloren – die Bohrinseln der Shetlands lassen keinen Platz mehr für Fischeridylle und Shetlandpony, -wolle und -Romantik.

41 Die Orkney Inseln

Fähre: Mo–Sa von Scrabster bei Thurso nach Stromness (Juli + Aug. auch So). 1mal wöchentlich von Aberdeen nach Kirkwall. *Flugzeug:* Von Wick oder Aberdeen nach Grimsetter bei Kirkwall (British Airways und Loganair).

Die Orkneys bestehen aus ca. 70 Inseln. Die größte von ihnen, *Mainland,* nimmt etwa die Hälfte der Gesamtfläche ein. Hier befindet sich die Hauptstadt *Kirkwall* (ca. 4500 E). Die Gesamteinwohnerzahl der Orkneys beträgt ca. 20000. Für eine problemlose, zeitsparende Besichtigung der Inseln ist ein Auto oder zumindest ein Fahrrad Voraussetzung, da die einzelnen Sehenswürdigkeiten mit öffentlichen Verkehrsmitteln nur schwer zu erreichen sind. Wer die relativ teure Autofähre sparen möchte, kann in Mainland Auto oder Fahrrad mieten.

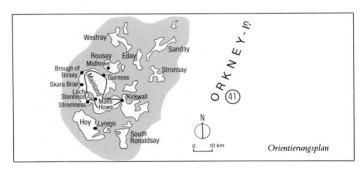

Mainland   **Nr. 41**

Kirkwall

St. Magnus Cathedral

Die kompakte kleine Kathedrale wurde 1137 von *Rognvald* für seinen Onkel, den von seinem Vetter hinterlistig erschlagenen und später heiliggesprochenen *Magnus,* gegründet. Rognvald ließ die Gebeine seines Onkels vom *Brough of Birsay* hierherbringen und in der Kathedrale bestatten. Er selbst wurde später ebenfalls hier beigesetzt. Diese überlieferte Legende wurde 1919 bestätigt, als man bei Restaurierungsarbeiten in einer der Säulen des Chors, nahe beim Hochaltar, ein Skelett fand, das auf Grund des gespaltenen Schädels für die Reliquien des hl. Magnus gehalten wird. Bereits im 18.Jh. hatte man in der gegenüberliegenden Säule ein Skelett entdeckt, bei dem es sich höchstwahrscheinlich um die Gebeine des Gründers Rognvald handelte. Damit kann die Kathedrale den seltenen Ruhm für sich in Anspruch nehmen, die Gebeine sowohl des Gründers wie des Patrons zu beherbergen. Auch juristisch ist die Kirche eine Besonderheit: Da sie von Earl Rognvald auf seinem privaten Grund erbaut und später (1486) der königlichen Stadt von Kirkwall geschenkt wurde, ist die Kirche noch heute im Besitz der Bürger von Kirkwall und nicht der Church of Scotland.

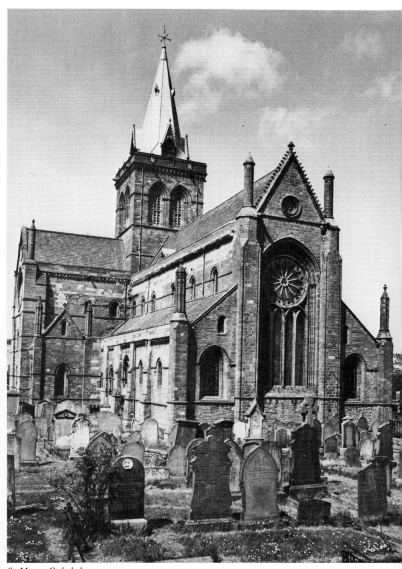
St. Magnus Cathedral

Der schlichte, ca. 75 m lange Bau mit kreuzförmigem Grundriß bietet wegen seines bunten Mauerwerks einen lebhaften Anblick. Gelber und roter Sandstein und graue Steinplatten wechseln einander ab. Besonders harmonisch gestaltet sich dieser Farbeffekt an den drei Säulenportalen der Westseite, dem jüngsten Teil der Kathedrale. Die Baugeschichte von St. Magnus erstreckt sich kontinuierlich über 350 Jahre. Die ältesten Teile (1137) bilden die beiden Ostjoche des Hauptschiffs, die Querschiffe und drei Westjoche des Chors. Die Architektur zeigt hier den schweren, würdig-wuchtigen Stil der Romanik mit stämmigen Rundsäulen und runden Arkaden- und Triforiumsbögen. In der 2. Hälfte des 13. Jh. wurde der Chor, ursprünglich in einer runden Apsis endend, verlängert und nun flach abgeschlossen. Ebenfalls vergrößert wurde das Hauptschiff. Der zentrale Turm wurde im 14. Jh. gebaut; die moderne Turmspitze (20. Jh.) ersetzte eine frühere des 17. Jh. Nach einer nochmaligen Erweiterung des Hauptschiffs nach Westen war die Kirche im frühen 15. Jh. schließlich fertiggestellt. Glücklicherweise haben weder die Reformation noch die Truppen Cromwells dem Bau Schäden zugefügt; umfassende Restaurierungen (1913–1930) brachten die Kirche in ihren jetzigen tadellosen Erhaltungszustand.

Im Innern besticht vor allem die Verbindung von *normannischem* und *Transitional*-Stil im Chor. Die ältere Westseite besitzt die typischen normannischen Rundarkaden, *frühgotisch* ist dagegen bereits das Ostende mit grotesken Tierdarstellungen an den Säulenkapitellen und zierlichen Spitzbogen im Lichtgaden. Besondere Beachtung verdienen die zarten *Blendarkaden* nahe der Vierung sowie die Sammlung alter *Grabsteine*. Der älteste datiert um das Jahr 1300 (nördliches Seitenschiff des Chors).

Bishop's Palace

Von dem Bischofspalast südlich der Kathedrale aus dem 12. Jh., der norwegische Einflüsse zeigte, sind nur noch Teile des länglichen Erdgeschosses erhalten. Das jetzige Gebäude ist größtenteils eine Rekonstruktion aus dem 16. Jh. durch *Bischof Reid* (1541–1558), der auch den – außen runden, innen quadratischen – Turm gegenüber der Kathedrale baute.

Earl's Palace

Den Palast (gegenüber dem Bishop's Palace), der nur noch als Ruine besteht, ließ sich der berüchtigte Tyrann *Earl Patrick Stewart* 1600–1607 von seinen Untertanen in Sklavenarbeit erbauen. Earl Patrick ging sogar zur Kirche niemals ohne eine Eskorte von 50 Musketieren, womit er eine militärische Potenz demonstrierte, zu der seine geistige in keinem Verhältnis stand. Als er nämlich seiner Untaten wegen zur Exekution verurteilt wurde, mußte man die Ausführung um eine Woche verschieben, damit Earl Patrick vorher noch das Vaterunser lernen konnte.
Der Palast ist ein Schmuckstück der Übergangsperiode von befestigter Kastellarchitektur zur Renaissance. Der E-grundrißförmige, gedrungene Bau mit den hübschen runden Eck-Erkertürmchen und verzierten Erkerfenstern demonstriert in der riesigen *Bankettballe* (1. Stock) und den großzügigen Küchen- und Lagerräumen den verschwenderischen Luxus, den Earl Patrick hier einst entfaltet hatte.
Die Bäume zwischen den beiden Palästen verdienen besondere Aufmerksamkeit: Es sind die höchsten auf ganz Orkney.

Tankerness House

Das hübsche Stadthaus der Kaufmannsfamilie *Baikie* (gegenüber der Westfront der Kathedrale) aus dem 16.Jh. (restauriert 1968) ist heute ein *Museum für die Geschichte der Orkneys*. Hier finden sich zahlreiche archäologische Kostbarkeiten, die in den vergangenen Jahren auf den Inseln bei Ausgrabungen gefunden wurden.

Maes Howe   **Nr. 41**

Lage: 10 km westlich von Kirkwall, von der A 965 bei der Tormiston Farm abbiegen.

Diese *Kammergräber* gelten als die berühmteste spät-steinzeitliche Anlage dieser Art in Großbritannien, wenn nicht ganz Westeuropas. Von außen bietet Maes Howe den Anblick eines großen, grasbewachsenen Hügels (38 m Ø, 8 m hoch). Ein niederer Gang (11 m) führt in die große innere Kammer, von der weitere kleinere Kammern abgehen. Die große Kammer (ca. 4 m hoch) beweist die große Kunstfertigkeit der steinzeitlichen Baumeister: Sie ist aus einander überlappenden Bruchsteinen gebaut, die ohne Mörtel exakt verfugt sind. Diese Mauern verjüngen sich nach oben und werden von einem modernen Kuppeldach abgeschlossen – das Original war bei Ausgrabungen im 19.Jh. entfernt worden. Gewaltige Monolithe, einige mehr als 3 t schwer und über 5 m lang, bilden Seitenbegrenzungen und Türrahmen.

Man nimmt an, daß die Grabanlage für einen mächtigen Herrscher

Grabkammer von Maes Howe

Runenschrift in Maes Howe

gebaut wurde, doch lassen sich heute kaum exakte Angaben machen; denn als man im vorigen Jahrhundert Maes Howe ausgrub, fand man die Kammern leer. Den Grund dafür erzählen 24 *Runeninschriften* an den Wänden: Im 12.Jh., also ca. 2500 Jahre nach dem Bau der Anlage, waren mehrmals Wikinger in die Kammern eingedrungen. 1150 überwinterten hier Kreuzritter. Zwei Männer der Gruppe, die sich vor einem Schneesturm hierher flüchteten, verloren in der unheimlichen, lichtlosen Kammer ihren Verstand. 14 Personennamen sind in die Wände eingeritzt, einer von ihnen soll einen reichen Schatz aus dem Hügel fortgeschafft und im ›Nordwesten‹ versteckt haben – bis heute ist noch keiner der zahlreichen Schatzsucher fündig geworden. Neben diesen Botschaften sind Tiere in die Steine eingeritzt, u.a. ein Drache, ein Walroß und ein Knäuel von Schlangen.

Standing Stones of Stenness   Nr. 41

Lage: Zwischen Loch of Harray und Loch Stenness.

Von dem einst aus 12 mächtigen Monolithen bestehenden *Steinkreis* stehen heute nur noch 4, unregelmäßig auf dem Bogen eines Kreises von ca. 30 m Durchmesser. Eine Radiokarbonuntersuchung ergab für die Gründung der Anlage ca. 2300 v.Chr. Unweit davon befindet sich ein großer steinzeitlicher Steinkreis aus 36 Sandstein-Menhiren, 27 davon in aufrechter Position: der *Ring of Brogar*. Den Kreisdurchmesser von 104 m teilten ursprünglich 60 Steine in genau gleiche Segmente. Die Steine sind bis auf die schrägkantige Spitze naturbelassen und ca. 3–4 m hoch. Um den Kreis herum läuft ein breiter Graben, der in den felsigen Grund geschlagen wurde.

Die vielen kleinen Grabhügel in der Nähe deuten auf eine Verwendung für den Totenkult hin; möglich ist aber auch die Funktion in astronomisch-mathematischen Ritualen der Himmelsbeobachtung, als ein *prähistorisches Observatorium*. Doch alle Aussagen über diese mythisch-magischen Stätten bleiben Vermutungen, Hypothesen; die Wahrheit ist heute nicht mehr zu entschlüsseln.

Onston Cairn   Nr. 41

Lage: 4 km von Maes Howe auf einer kleinen Halbinsel im Loch Stenness.

Die Konstruktion dieser Grabanlage stellt eine bauliche Besonderheit dar: Sie ist eine Mischform der zwei üblichen Bautypen von Kammergräbern wie sie auf den Orkneys zu finden sind. Bei dem einen Typ (z.B. Maes Howe) gehen von einer zentralen Kammer kleinere Kammern in verschiedene Richtungen ab, in denen die Toten beigesetzt wurden. Der andere Typ (Midhowe) besteht aus einer einzelnen, gangartigen langen Kammer, in der durch große Steinplatten einzelne Grabnischen abgeteilt werden.
Wie Maes Howe besitzt auch Onston neben der zentralen Kammer noch kleinere Zellen, doch wird zudem die große Kammer noch durch Steinblöcke unterteilt. Sie ist 7 m lang und relativ schmal. 4 vertikale Steinplatten stehen von der Wand und formen 8 Grabnischen. Bei der Ausgrabung 1884 entdeckte man zwei sitzende *Skelette* und die größte Sammlung steinzeitlicher *Töpferware*, die je in Schottland gefunden wurde. 6 der Gefäße wurden wieder zusammengesetzt und befinden sich im National Museum of Antiquities in Edinburgh.

Skara Brae   Nr. 41

Lage: 11 km nördlich von Stromness, an der südlichen Ecke der Bay of Skail.

Wie Pompeji wurde auch das steinzeitliche Dorf Skara Brae Opfer einer plötzlichen, unerwarteten Naturkatastrophe: Ein Sandsturm begrub das Dorf für ca. 4000 Jahre. Ein Sturm war es aber auch, der es im Jahre 1850 wieder aufdeckte – bis dahin hatte niemand unter den Sandhügeln, die die Wikinger ›Skara Brae‹ nannten, ein komplettes Dorf aus der Steinzeit vermutet. Weit mehr noch als eine der neolithischen Grabkammern berührt dieses Dorf den Besucher, denn hier steht er nicht dem Totenkult des Steinzeitmenschen gegenüber, sondern dessen Alltagsleben.

Die Anlage besteht aus *10 abgedeckten Hütten* in bemerkenswert gutem Zustand. Haus Nr. 1, nahe der Küste, ist etwas größer als die anderen und scheint das Haus des Dorfältesten gewesen zu sein. Die Mauern der Häuser bestehen aus Steinplatten, die ohne Mörtel aufeinandergeschichtet sind. Die Hütten sind rechteckig im Grundriß und werden durch niedere überdachte Passagen verbunden. Innen sieht man die Reste primitiven Steinzeitmobiliars: Herd, steinerne Bettstellen, Nischen zur Aufbewahrung von Vorräten und kleinere Behälter, in denen

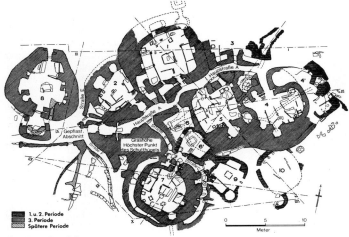

Skara Brae: Grundriß

Muscheln und andere Schalentiere frischgehalten wurden. Interessant ist hier, daß in jeder Hütte das Bett rechts der Tür größer ist als das linke. Man nimmt an, daß dies dem Mann gehörte und sieht darin einen Hinweis auf eine patriarchalisch organisierte Gesellschaft.

Als man das Dorf ausgrub, konnte man aus den gefundenen Knochen und Abfällen die Lebensumstände der Steinzeitmenschen ziemlich genau rekonstruieren. Sie besaßen Rinder, Schafe und Pferde, gingen zur Jagd auf Rotwild und Wildschweine und hatten Schwierigkeiten, das Vieh durch den Winter zu bringen, weshalb sie jährlich im Herbst viele Kälber schlachteten. Außer dem Sammeln von Schalentieren betrieben sie wahrscheinlich keine Fischerei. Ihre Kleidung und Hüttendächer fertigten sie aus Häuten, wozu sie einfache Stein- und Knochenwerkzeuge herstellten. Die Kleinfunde, wie Werkzeuge, Schmuck, Knochen und Tonscherben, sind heute im National Museum of Antiquities in Edinburgh (Nr. 9) ausgestellt.

Das Dorf scheint völlig autark gewesen zu sein; für Handel oder eine Verbindung zu anderen Gemeinschaften gibt es keinerlei Anzeichen; Metallobjekte wurden nicht gefunden. Das Unwetter scheint die Bewohner von Skara Brae ganz plötzlich überrascht zu haben; in einem der Durchgänge fand man einzelne Perlen, die darauf hindeuten, daß eine der Frauen auf der überstürzten Flucht ihre Perlenkette zerriß.

Die Bewohner, die rechtzeitig entkommen konnten, scheinen später in das halbverschüttete Dorf zurückgekehrt zu sein. Dies beweisen Feuerstätten, die auf einem höheren Niveau als die Hüttenböden liegen.

Skara Brae

Später verließen sie jedoch das Dorf endgültig, und für die nächsten 4000 Jahre blieb es unentdeckt unter den Sandhügeln verborgen.

Brough of Birsay Nr. 41

Das kleine Inselchen vor der Küste von Birsay kann bei Ebbe zu Fuß erreicht werden. Hier befindet sich ein komplizierter *Ruinenkomplex mit frühchristlichen und Wikinger-Bauten. Earl Thorfinn* († 1064) verbrachte hier die letzten 17 Jahre seiner Regierung; mit ihm werden die meisten Gebäude in Verbindung gebracht. Er gründete die *Christ Church,* heute eine 18 m lange Ruine mit ca. 2 m hohen Mauern, bestehend aus Schiff, Chor und Apsis. Der Altar zwischen Chor und Apsis stammt aus späterer Zeit, wahrscheinlich aus dem 13.Jh. Unter dieser Kirche sind die Fundamente einer *frühchristlichen keltischen Kirche* entdeckt worden; ebenso liegt unter Teilen des Wikingerfriedhofs noch ein *keltischer Friedhof.* Hier fand man den *Birsay Stone,* einen frühchristlichen keltischen Grabstein, dessen Kopie heute am Kopf des Dreiergrabs steht, in dem vermutlich die drei auf dem Stein dargestellten Männer lagen. Im frühen 12.Jh. wurde Thorfinns Kirche zur Kathedrale erhoben und Bischofssitz. Nördlich und westlich der Kirche sind die Reste des einstigen *Bischofspalastes* zu sehen – um einen Innenhof gruppierte Gebäude. Etwas tiefer, nahe der Küste, liegen die weitausladenden Ruinen von *Earl Thorfinns Hall* – eine baugeschichtlich komplizierte Anlage. Die Gebäude aus der Wikingerzeit sind von frühen und späteren nur sehr schwer zu unterscheiden, da die gleichen Steine mehrmals verwendet wurden. Auf dem Hügel über der Kirche stehen einige typische Wikinger-›long-houses‹, die noch aus der frühen Wikingerkolonisation datieren. Das ›long-house‹ ist ein primitives, langes, niederes Steinhaus, in dem Tier und Mensch gemeinsam lebten – Tiere im ›butt‹, die Menschen am anderen Ende im ›ben‹, getrennt und gewärmt zugleich von dem in der Mitte stehenden Herd. Im unteren Teil des Dachs befanden sich kleine Fenster; durch ein Loch im Dach direkt über dem Herd konnte der Rauch abziehen.

Gurness Broch Nr. 41

Lage: Von der A966 ab, 18 km nördlich von Kirkwall.

Auf den ersten Blick erscheinen die Ruinen um den Broch von Gurness, aus denen der mächtige runde Wehrturm (1.Jh. n.Chr.) hervorragt, etwas verwirrend. Ursprünglich wurde der Broch als Zufluchtsort gebaut und erst ab dem 2.Jh. n.Chr., in friedlicheren Zeiten, mit zusätzlichen Gebäuden umgeben. Die äußere der Doppelmauern des Brochs verjüngt sich allmählich nach oben, ähnlich einer Glocke, in einer konvex-konkaven Linie geschwungen. Die innere Mauer, im unteren Teil breiter, geht dagegen senkrecht nach oben. Zwischen diesen beiden Mauern wurden einzelne Kammern durch Steinwände abgeteilt; über Treppen konnte man in die oberen Stockwerke gelangen. Im Zentrum des Brochs befindet sich noch der *Brunnen,* in den man hinuntersteigen kann.

Die Anlage wurde bis in Wikingerzeiten bewohnt, wie einige der umliegenden skandinavischen ›long-houses‹ beweisen.

Klick Mill (von der B9057 ab) ist eine der letzten traditionellen horizontalen *Wassermühlen* der Orkneys. Sie ist ca. 180 Jahre alt und noch funktionsfähig, wenn auch stillgelegt.

Die südlichen Inseln   Nr. 41

Fähre (keine Autos!) Mo–Fr zwischen Hoy, Flotta und Scapa Pier; Juni–Sept. Rundfahrten von Stromness aus, wo man auch Boote chartern kann.

Hoy ist die Hauptinsel der südlichen Gruppe und die einzige hügelige der sonst flachen Orkneys. Bekannt ist Hoy vor allem wegen der grandiosen *Klippenszenerie* – am berühmtesten der ›Old Man of Hoy‹, ein 150 m hoher Felsen an der Nordwestküste, und ›St. John's Head‹, mit fast 400 m die höchste Klippe ganz Britanniens.

Der *Dwarfie Stone* (Straße von Lynessness nach Rackwick, südlich von Ward Hill) wird allgemein für das älteste steinzeitliche Grab der Orkneys gehalten. Aus dem Fels wurde ein großer, rechteckiger Sandsteinblock gehauen und das entstandene Loch zu einem kleinen Gang mit zwei Seitenkammern erweitert. Dieses Grab ist das einzig bekannte dieses Typs in ganz Britannien.

Die nördlichen Inseln   Nr. 41

Der Besuch ist am besten mit der *Orkney Tourist Organisation* in Kirkwall zu planen, da die Öffnungszeiten der verschiedenen Sehenswürdigkeiten variieren und ihr Zugang sowie die Unterbringung auf den einzelnen Inseln nicht einfach ist.

Rousay

Auf Rousay wurde der steinzeitliche Grabtypus der ›stalled cairn‹, des durch Steinblöcke in Nischen unterteilten Kammergrabs, zur Perfektion entwickelt. Größtes und bedeutendstes Grab ist *Midhowe* (1,5 km von Westness). Die schmale, lange Kammer (25 m lang, 2 m breit), eigentlich mehr ein Gang, wird durch 11 Paar großer, flacher Steinplatten in 24 Grababteilungen (= 12 Nischen auf jeder Seite) eingeteilt. Die Ausgrabungen (1932/33) brachten 25 Skelette zum Vorschein, 17 Erwachsene, 6 Jugendliche und 2 Kinder. Außerdem fand man Knochen von Ochsen, Schafen, Schweinen, Rotwild und Vögeln sowie einige Tonscherben.
Auf Rousay befinden sich mehrere kleinere Gräber dieses Typs; sehenswert sind neben Midhowe vor allem die *Kammergräber* von *Blackhammer* und *Yarso*. Ein in der Konstruktion etwas anderes Grab ist *Taverso Tuick*. Hier liegen zwei Grabkammern übereinander, ohne direkt miteinander verbunden zu sein. Die untere Kammer und ihr Zugang (von Südosten) befanden sich unter der Erde. Vertikale Steinplatten teilen sie in 4 Nischen. Von der oberen und größeren Kammer ist außer dem unteren Teil der Mauer nur wenig erhalten. Ihr Eingang befand sich, genau entgegengesetzt dem der unteren Kammer, im Nordosten.
Unweit von der Grabkammer von Midhowe entfernt liegt der *Midhowe Broch*. Flankiert wird er von zwei weiteren Brochs, die jedoch noch nicht ausgegraben sind und deshalb nur als grasbewachsene Hügel erscheinen. Der Midhowe Broch, der 1930 ausgegraben wurde, erreicht an manchen Stellen eine Höhe von fast 3 m. Sein Umfang beträgt 20 m, die Doppelmauern sind jeweils bis zu 3 m dick. Man betritt den Turm durch eine kleine Passage an der seewärts gelegenen Seite. Nach rechts geht eine kleine, innerhalb der Mauern befindliche Kammer ab, links führt eine andere Kammer weiter in einen Gang.
Auf *Westray* befinden sich die weitläufigen Ruinen von *Noltland Castle*. *Gilbert Balfour*, der Haushofmeister von *Maria Stuart*, ließ die Z-Plan-Burg im 16. Jh. für sich erbauen. Bereits 1650 wurde sie von Convenantern zerstört. Die beiden Kirchen stammen aus dem 12. Jh. *(Holy Cross Church)* und 13. Jh. *(St. Mary's Church)*.

42 Die Shetland Inseln

Fähre 2mal wöchentlich zwischen Aberdeen und Lerwick. Flugzeugverbindungen nach Sumburgh (38 km südlich von Lerwick) und nach Lerwick (Tingwall).

Orientierungsplan

Der Archipel der Shetland Inseln, beinahe gleich weit von Schottland wie von Norwegen entfernt, umfaßt über 100 Inseln, 17 von ihnen sind bewohnt. Die größte Insel, *Mainland*, hat ca. 13 000 Einwohner, mehr als die Hälfte davon leben in der Hauptstadt *Lerwick*. Dies ist der am wenigsten ›schottische‹ Teil Schottlands. Kultur und Sprache der Shetlands sind vor allem durch den *skandinavischen Raum* geformt. Die Landschaft besteht vornehmlich aus baumloser, karger Heide und Torfmooren, durchsetzt von zahlreichen kleinen Lochs. Überall sieht man die winzigen schwarzen und braunen *Shetland-Schafe*, aus deren Wolle die berühmten Strickwaren angefertigt werden. Die feinste Wolle kommt von den Schafen der *Insel Unst;* ihre Wolle ist so zart, daß sie nicht geschoren, sondern von Hand abgezupft wird. Allgegenwärtig ist auf den Shetlands immer das Meer. Kein Ort ist mehr als 5 km von der Küste entfernt, die von wilden, gezackten Klippen und Felsen zu langen Sandstränden wechselt.

Bis zur Entdeckung der *Nordseeölvorkommen* (1971) war Shetland ein abgeschiedenes Fleckchen Erde. Die Einwohner lebten hauptsächlich von Ackerbau und Fischerei. Das Öl brachte einschneidende Veränderungen. In rapidem Tempo wurden neue Arbeitsplätze geschaffen und Straßen gebaut. In *Sullom Voe* entstand in Kürze *Europas größter Ölhafen*. Beim Bau des Hafens nahm man jedoch die größte Rücksicht auf das Landschaftsbild; die Öltanks legte man z.T. unter die Erde, der Hafen selbst liegt versteckt in der Bucht von Sullom Voe. Die typische Szenerie der Shetlands konnte damit fast unbeschadet erhalten werden.

Lerwick   Nr. 42

Die Hauptstadt der Shetlands (ca. 7000 E) ist eine relativ neue Stadt, kaum mehr als 300 Jahre alt. Holländische Fischer benützten und erweiterten den Hafen von *Bressay Sound* ab dem 16. Jh. und legten damit den Grundstein für die Entwicklung Lerwicks zu einem bedeutenden Handels- und Fischereihafen. In Lerwick findet am letzten Dienstag im

Januar alljährlich ein großes Festival statt: das ›Up-Helly-Aa‹. Es wird zwar erst seit dem Ende des 19.Jh. veranstaltet, doch liegt sein Ursprung im *heidnischen Sonnwendkult,* mit dem die Rückkehr der Sonne gefeiert wurde. Eine lange Fackelprozession wird von einem Wikingerfürsten und einem etwa 10 m langen Wikingerschiff angeführt. Sie zieht durch die Straßen von Lerwick zu einem Platz außerhalb der Stadt. Dort wird das Schiff auf einem riesigen Scheiterhaufen verbrannt.

Fort Charlotte

1653 bauten Cromwells Truppen auf einem Felsen über dem Hafen ein Fort gegen eine befürchtete holländische Invasion. Nach 1668, als der Friede mit Holland wiederhergestellt war, zogen die englischen Truppen wieder ab. 1672 landeten holländische Segler an der Küste von Lerwick und brannten einige Bauten des Forts und die schönsten Häuser der Stadt nieder. Wiederaufgebaut und neu befestigt wurde das Fort 1781; damals erhielt es seinen Namen nach Königin Charlotte. In den napoleonischen Kriegen wurden hier Truppen stationiert.
Das Fort ist ein Fünfeck, von dessen Ecken Bastionen hervorspringen. Zahlreiche Geschützscharten sind gegen die See gerichtet.
Das *Shetland Museum* (Hillhead) enthält eine heimatkundliche Sammlung, die Leben und Handwerk auf den Inseln demonstriert. Interessantestes Objekt des Museums ist der *Papil Stone,* ein rechteckiger roter Sandstein (2 m hoch) aus dem 7.Jh. Auf ihm wird eine Prozession von Priestern dargestellt, einer von ihnen zu Pferd. Weitere Steine stammen aus einem Fund keltischer Grabsteine auf St. Ninian's Isle.

Clickhimin Broch   Nr. 42

Lage: Westlicher Außenbezirk von Lerwick.

Der Turm steht auf einem massiven Felsplateau, umgeben von Resten einer prähistorischen Siedlung. Der Broch hat einen Durchmesser von über 20 m, seine Mauern sind ca. 5 m hoch und an manchen Stellen bis zu 6 m dick. Bereits vor dem Bau des Brochs, in der späten Eisenzeit (ca. 7.Jh. v.Chr.), diente dieser Ort als Verteidigungsanlage.

Scalloway   Nr. 42

Lage: Westküste, 11 km von Lerwick.

Das Städtchen, das sehr viel älter als Lerwick ist, war bis vor 200 Jahren die Hauptstadt der Shetlands. Immer noch beherrscht die Ruine von *Earl Patrick's Castle* die Stadt. Um 1600 baute sich der Earl eine Burg auf einem Landvorsprung und machte sie zum Gerichtshof. (Nach seiner Exekution wurde das Gericht jedoch nach Lerwick verlegt.) Der im mittelalterlichen Stil erbaute Palast – ein um diese Zeit bereits überholter Baustil – verfiel nach dem Tod seines Erbauers.

Mousa Nr. 42

Lage: Südlich Mainland.

Der Broch von Mousa ist die besterhaltene von den über 500 Rundturmburgen Schottlands. Mit seinen 17 m Durchmesser, einer Höhe von 15 m und einer Mauerstärke von 2–4 m ist er zu den kleineren Brochs zu zählen. Der bereits hochentwickelten Konstruktion nach zu schließen ist er ein spätes Exemplar. Innerhalb der Doppelmauern aus Trockenstein befinden sich Gänge und Treppen, über die man zu dem obersten umlaufenden Gang in der Spitze des Brochs gelangt. In der ›Orkneyinga Saga‹, der im 13.Jh. in Island niedergeschriebenen Heldensaga der Wikinger, hat der Broch von Mousa einen besonderen Platz als Zufluchtsstätte eines jungen norwegischen Adeligen, der seine Braut hierher entführte.

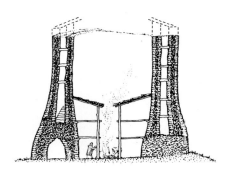

Mousa Broch: Aufriß

Voe Croft House (South Voe)

Ein typisches Bauernhaus (um 1850) wurde restauriert und als *Museum* eingerichtet. Es besteht aus Wohnraum, Scheune und Kuhstall, die alle miteinander verbunden sind. Interessant ist vor allem das Mobiliar. Da Holz auf den fast baumlosen Inseln Mangelware ist, sind die Möbel aus Treibholz angefertigt.

Jarlshof Nr. 42

Lage: Beim Sumburgh Flughafen.

Diese Ausgrabungsstätte, die viele Archäologen für die bedeutendste in ganz Britannien halten, reicht bis in die *Bronzezeit* zurück und umfaßt die Reste von Siedlungen aus mindestens 5 verschiedenen Perioden über einen Zeitraum von 3000 Jahren. Der rein norwegische Name ›Jarlshof‹ führt daher in die Irre; er wurde von *Sir Walter Scott* in seinem Roman ›Der Pirat‹ geprägt. Aus der Bronzezeit stammen Hütten und die Reste eines von Britanniens frühesten *Kuhställen* sowie einer *Metallhandwerkerwerkstatt*. Die Eisenzeit vertreten zwei Erdhäuser, ein Broch

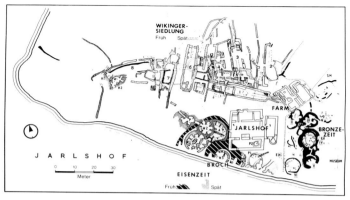

Jarlshof: Grundriß

mit einer äußeren Verteidigungsmauer (ca. 1.Jh.) und spätere *Rundhäuser* (3.–8.Jh.), in denen von einer zentralen Feuerstelle verschiedene Abteilungen ausgehen. Diese Rundhäuser sind wohl die interessantesten Teile dieser Stätte. Die Wikingersiedlung bestand wenigstens 500 Jahre lang (9.–14.Jh.), erhalten blieben jedoch nur die Reste einiger ›long-houses‹. Aus dem Mittelalter stammen die Fundamente eines Bauernhofs, und als jüngstes baugeschichtliches Zeugnis beherrschen die Mauern des Hauses von *Earl Robert* und *Patrick Stewart* die Anlage. Das *Museum* von Jarlshof enthält einen übersichtlichen Plan, der die Orientierung auf dem komplizierten Gelände vereinfacht, sowie einige alte Grabplatten der *Quendale Church*, die im Meer versunken ist.

O. INFORMATIONSTEIL

Allgemeine Reisehinweise

Klima und Wetter: Die beste Reisezeit sind die Monate Mai, Juni und September; im Juli und August sind die schönsten Orte oft sehr überlaufen. Das Wetter in Schottland ist unberechenbar – wasserdichte Kleidung empfiehlt sich daher auch im Hochsommer. Wenn es auch häufig regnet, so ist – besonders im Bereich des Golfstroms – das Wetter meist recht mild, wenn auch windig.

Uhrzeit: Gegenüber der MEZ ist die Uhr eine Stunde vorzustellen. Ebenso ist die britische Sommerzeit der europäischen Sommerzeit eine Stunde voraus.

Informationsmöglichkeit vor Antritt der Reise: *Britische Zentrale für Fremdenverkehr* (BTA), Neue Mainzer Str. 22, 6000 Frankfurt/M., Tel. 0611–236428/9. *Scottish Tourist Board*, 23 Ravelston Terrace, Edinburgh EH4 3EU, Tel. 031–3322433.

Informationen über Routen und Straßenzustände: *Royals Scottish Automobile Club*, 11 Blythswood Square, Glasgow, Tel. 041–2213850. *Automobile Association*, Leicester Square, London WC2.

Ermäßigter Eintritt in die Besitzungen des National Trust: Der *National Trust for Scotland*, gegründet 1931, ist eine privat finanzierte Institution, die sich um die Erhaltung und Restaurierung schottischer Burgen, Schlösser und auch historisch bedeutender Bauernhäuser, Gärten und Naturschutzgebiete kümmert. Für einen Jahresbeitrag von 7.50 £ pro Person oder 12 £ pro Familie (Eltern und Kinder unter 18) kann man Mitglied werden und erhält dadurch freien Eintritt in alle vom NT verwalteten Häuser und Gärten (The National Trust for Scotland, 5 Charlotte Square, Edinburgh EH2 4DU, Tel. 031–2265922).
Ebenso kann man eine *Saisonkarte* für die ›Ancient Monuments‹ (verwaltet vom Scottish Development Department) an allen Eintrittskassen der AM's bekommen. Alle ›Ancient Monuments‹ sind geöffnet: Mo–Sa 9.30–19 Uhr; So 14–19 Uhr. Okt.–März nur bis 16 Uhr.

Anreise mit dem Flugzeug: Die schnellste Verbindung besteht mit dem Flugzeug nach London und von dort nach Edinburgh, Glasgow (1 Std. British Airways und Caledonian Airways), Aberdeen oder Inverness. Von diesen Flughäfen verkehren kleinere Maschinen zu den Orkneys, Shetlands und Hebriden.

Anreise mit der Bahn: ›Flying Scotsman‹ London–Edinburgh (5 Std.), Schlafwagen London–Edinburgh (ca. 8 Std.) und London–Inverness (11 Std.). In Schottland: Ein günstiges Ticket ist der 8–12 Tage gültige *Travelpass* (für Bahn, Schiff und Bus). Information: Travelpass, P.O. Box 7, Inverness.
Mit dem *Freedom of Scotland Ticket* kann man 7 oder 14 Tage preisgünstig alle schottischen Bahnstrecken befahren. Die Hauptlinien gehen von Edinburgh und Glasgow nach Perth–Inverness und Perth–Dundee–Aberdeen–Inverness (Küstenroute). Landschaftlich besonders reizvoll sind die kleineren Nebenstrecken: an der Südwestküste bis nach Stranraer, Glasgow–Oban–Fort William–Mallaig; Inverness–Wick und Thurso; Inverness–Kyle of Lochalsh.
Busrundfahrten durch Schottland (Tagesausflüge und Touren über mehrere Tage) können in fast allen größeren Städten Schottlands unternommen werden. Auskünfte erteilen die örtlichen Informationsbüros und das STB.

Autofahren: Wie in England gilt der *Linksverkehr*, überholt wird rechts, rechts vor links im Kreisverkehr. Im Norden und auf den Inseln sind die Straßen oft nur einspurig, doch im allgemeinen gut geteert. *Geschwindigkeitsbegrenzungen:* 48 km/h in Ortschaften, 80 km/h auf Landstraßen, 112 km/h auf Autobahnen. *Benzin:* Normal = 2 oder 3 Sterne, Super = 4 Sterne.

Amtliche Bestimmungen und praktische Hinweise

Personaldokumente: Bei einem Aufenthalt bis zu 6 Monaten genügt der *Personalausweis*; Kinder unter 16 brauchen einen *Kinderausweis*.

Kraftfahrzeuge: Benötigt werden der *Führerschein, Kraftfahrzeugschein* und die *grüne Versicherungskarte* sowie das *Nationalitätenzeichen*.

Mitführen von Tieren: Tiere können nur nach einer Quarantänezeit von 6 Monaten nach Großbritannien eingeführt werden.

Währung: In Schottland gilt die *englische Währung*, allerdings werden von schottischen Banken auch eigene Banknoten herausgegeben (Vorsicht! Sie werden in England, besonders in kleineren Städten, oft nicht angenommen!). Bei der Einreise darf britische Währung in unbegrenzter Höhe eingeführt werden, bei der Ausreise nur ein Betrag bis zu 25 £.

Wichtige Anschriften

Allgemeine touristische Informationen: *Scottish Tourist Board and City of Edinburgh Tourist Information and Accomodation Service*, 5 Waverley Bridge, Edinburgh EH1 1BQ, Tel. 031-226 6591 u. 031-225 5801.
Informationsbroschüren über Schottland können vom *Scottish Tourist Board*, 23 Ravelston Terrace, Edinburgh EH4 3EU, angefordert werden.
Scotland's Gardens Scheme, 26 Castle Terrace, Edinburgh EH1 2El: Broschüre über die Öffnungszeiten von über 300 schottischen Gärten und einzelner, sonst privater Schlösser. Bustouren (i.a. 6 Tage) zu den berühmtesten schottischen Parks.
Edinburgh Festival Office, 21 Market Street, Edinburgh EH1, 1BW, Tel. 031-2264001. Informationen und Vorbestellungen.

Diplomatische Vertretungen: *Generalkonsulat der Bundesrepublik Deutschland*, 16 Eglinton Crescent, Edinburgh EH125DD. Tel. 031-3 37 23 23. – *Österreichisches Konsulat*, 16, Heriot Row, Edinburgh EH3 6HR, Tel. 031-5 56 28 96. – *Schweizer Generalkonsulat*, Sunley Bldg./18th floor, Piccadilly Place, Manchester M1 4BH, Tel. 2362933 – Schweizer Vizekonsulat, 112 Hanover Street, Edinburgh, Tel. 031-2265513.

Unterkunft

Eine Liste aller *Hotels, Guest Houses, Bed and Breakfast*-Adressen und *Campingplätze* wird alljährlich vom STB publiziert und kann direkt von dort oder vom BTA in Frankfurt bezogen werden. Am teuersten und luxuriösesten (ca. 20–30 £ pro Person und Übernachtung) sind die schottischen Schlösser, Burgen und Herrenhäuser, die in Hotels umgewandelt wurden. Eine Gesamtliste mit Preisen und Lageplan wird vom STB herausgegeben (›Accomodation in Scottish Castles, Country Houses and Mansions‹). Preiswerter sind die *Guest Houses* sowie ›Bed and Breakfast‹ in Privatfamilien (ca. 5–8 £). Für größere Familien empfiehlt sich besonders Unterkunft mit Selbstversorgung. Adressen enthält die Broschüre ›Selfcatering in Scotland‹ (STB). Weitere Möglichkeiten zum self-catering oder zum Wohnen ›En famille‹, d.h. als zahlender Gast in Privathäusern, zusammen mit der Familie, vermittelt *Home from Home International Ltd.*, Mrs. Evelyn MacAulay, 146 Morrison Street, Edinburgh EH3 8BY, Tel. 031-3 32 83 79. Speziell für junge Leute gibt das STB die Broschüre ›Accommodation for Young People in Scotland‹ heraus – eine Liste mit billigen Übernachtungsmöglichkeiten und dem Gesamtverzeichnis der schottischen Jugendherbergen.

Sport

Angeln: Mit seinem Reichtum an Flüssen, Lochs und Küsten ist Schottland ein Paradies für Angler. Die Angelerlaubnis wird über die örtlichen Tourist Offices vermittelt; weitere Informationen in 2 Broschüren des STB: ›Scotland for Fishing‹ und ›Scotland for Sea Angling‹ sowie bei der *Scottish Federation of Sea Anglers,* 8 Frederick Street, Edinburgh.

Golf: Schottlands Nationalsport kann auf beinahe allen Plätzen ohne größere Schwierigkeiten und gegen geringe Gebühr getrieben werden. Golf-Ferien mit Lehrer können über die *Golf Scotland Society,* 1 Roseburn Terrace, Edinburgh EH12 5NG, gebucht werden. Weitere Informationen und eine Liste mit über 350 schottischen Golfplätzen enthält die STB-Broschüre ›Scotland Home of Golf‹.

Jagd: Die Saison für *Rotwild* (Hirsch) dauert vom 1. Juli–20. Okt., für *Sika* vom 31. Juli bis 1. Mai, für *Rehbock* vom 30. April–21. Okt., für *Fasane* vom 1. Okt.–1. Febr., für *Auerhähne* vom 1. Okt.–31. Jan., für *Moorhühner* vom 12. Aug.–10. Dez., für *Schnepfen* vom 12. Aug.–31. Jan., für *Rebhühner* vom 1. Sept.–1. Dez., für Wildenten und *Wildgänse* vom 1. Sept.–31. Jan. Jagdaufenthalte organisieren: *Alistair J. Dickson,* Ecosse Sport International Ltd. 38 Merchiston Avenue, Edinburgh Tel. 031–229 7812; *Bill Nicholson, Tourist Promotions* (Scotland), 36 Castle Street, Edinburgh EH2 3BN, Tel. 031-226 6692/3/4; *Travel Scotland Ltd.* 10 Rutland Square, Edinburgh, Tel. 031-229 7366.
Adressen von Hotels, die Jagdmöglichkeiten anbieten, veröffentlicht das STB in der Broschüre ›Shooting and Stalking in Scotland‹.

Reiten: Schottland bietet die idealen Voraussetzungen für Ferien mit Reitunterricht und Wohnen auf dem Bauernhof, oder ›Pony Trekking‹ durch einsame, oft für Autos noch nicht erschlossene Landschaften. Informationen durch die *British Horse Society,* National Equestrian Centre, Kenilworth, Warwickshire CV8 2LR, England, oder die STB Broschüre ›Pony Trekking and Riding Centres in Scotland‹.

Wintersport: *Aviemore* (im Spey Tal) und *Glenshee,* die beiden größten Skizentren Großbritanniens, bieten Schlepp- und Sessellifte, Skischulen und -verleih, Après-Ski sowie moderne Hotels und Chalets. Die Saison dauert je nach Schneelage von Ende September bis April. Information: *Glenshee Tourist Association,* Easter House of Ross, Comrie, Perthshire PH6 2JS, Tel. 07647–3203, und *Aviemore Centre,* Inverness-shire PH22 1PF, Tel. 0479-810624.

Essen und Trinken

Schottland war ökonomisch gesehen immer ein Land des Mangels. Dies zeigt sich auch in den traditionellen Gerichten, die meist einfach in Zutaten und Zubereitung sind. Die lange Verbindung mit Frankreich, die Auld Alliance, hinterließ in der schottischen Kochkunst keine Spuren; denn die kulinarischen Einflüsse blieben auf den Hof beschränkt. Die Küche des Landes war und ist frugal und einfach. Man ernährte sich hauptsächlich von – immer reichlich vorhandenem – *Fisch, Gemüse, Schaf-* und *Wildfleisch* – im Gegensatz zu England kaum von *Rindfleisch.* Nahrhafte Basis fast aller schottischen traditionellen Gerichte ist der Hafer, das Grundnahrungsmittel der Nation. Generationen von Schotten wurden buchstäblich mit Hafer und dem Katechismus aufgezogen. Anstelle von Brot buken schottische Hausfrauen jahrhundertelang ihre *oatcakes,* eine Art dünnes Knäckebrot aus mit

Salz und Wasser vermischtem Hafermehl. Hebridenfischer pflegten sich früher noch einfacher zu ernähren: Sie tauchten eine Handvoll Hafermehl über Bord ins Meer und lebten von diesem salzigen Brei tagelang.

Sich heute auf einer Schottlandreise durch die typischen Gerichte des Landes zu essen, ist nicht ganz einfach. In Hotels und Restaurants werden meist touristisch-standardisierte Mahlzeiten serviert, und der Trend zum britischen Einheitsmenü ist im ganzen Land deutlich spürbar. Doch gibt es eine Reihe Hotels und Restaurants, die, um die Erhaltung schottischer kulinarischer Tradition bemüht, unter dem Zeichen ›A Taste of Scotland‹ (Broschüre mit Liste beim STB) die einheimischen Spezialitäten anbieten. Das *echte schottische Frühstück*, zu dem natürlich der *Porridge* gehört, ist im allgemeinen noch reichhaltiger als das englische; bereits Dr. Johnson erfuhr dies auf seiner Hebridenreise. Am späten Nachmittag wird der *High Tea* serviert, eine reichliche Mahlzeit mit Fisch oder Fleisch, danach cakes und biscuits.

Spezialitäten: Schottisches Nationalgericht mit beinahe mythischer Aura ist der *Haggis*, früher das Essen armer Leute und heute als Delikatesse angepriesen. Der ›chieftain o' pudding‹, auf den Robert Burns eine Ode dichtete, ist dem originalen Rezept nach ein *Schafsmagen*, in dem die gehackten Innereien des Schafs, mit Gewürzen und Hafermehl vermischt, gekocht werden. Zum Haggis gehören traditionellerweise ›Tatties and Neeps‹, Kartoffelbrei und weiße Rüben, und natürlich Whisky. Den Geburtstag von Robert Burns feiert Schottland alljährlich am 25. Januar mit einem Haggis-Essen, bei dem der Haggis feierlich unter Dudelsackklängen in den Raum getragen wird.

Traditionelle *Suppen* sind *Cock-A-Leekie,* eine Hühnersuppe mit Lauch, *Cullen Skink,* eine dicke Fischsuppe mit Kartoffeln, *Hotch Potch,* eine Gemüsesuppe mit Lammfleisch, *Lorraine Soup,* eine sahnige Hühnersuppe mit Mandeln, *Scoth Broth* aus Gemüsen und Gerste, und die *Mary, Queen of Scots-Soup,* eine Kartoffelsuppe mit Sauerampfer.

Fisch gibt es in Schottland in großer Qualität und Quantität. An 1. Stelle steht hier natürlich der berühmte schottische *Lachs,* der meist gegrillt oder pochiert serviert wird. Ebenso typisch und weniger teuer sind die schottischen *Forellen,* und unter den Seefischen *Finnan Haddock* (Schellfisch), *Kippers* (geräucherter Hering) und *Arbroath Smokies* (goldgelb geräucherte Schellfischfilets).

Schottische *Käsesorten* sind der milde, hartgepreßte *Dunlop cheese* aus Ayrshire und der *Blue Stewart,* ein gorgonzolaähnlicher Rahmkäse. Typische *Desserts* sind *Cranachan* (aus Himbeeren, Rum, Schlagsahne und geröstetem Hafermehl) und der *Cloutie Dumpling,* ein süßer Serviettenknödel mit Rosinen.

Berühmt ist Schottland, das Land o' cakes, jedoch vor allem für seine *Backwaren* – eine Vielfalt von köstlichen scones, biscuits, oatcakes, snaps, baps, bannocks, buns, gingerbread und am bekanntesten das aus Mehl, Zucker und Butter hergestellte *Shortbread*.

Auswahl einiger Hotels und Restaurants, die typische schottische Gerichte servieren

Edinburgh: *Beehive Inn* (R), 18/26 Grassmarket, Tel. 031-2257171; *Café Royal* (R), 17 West Register Street, (Oyster Bar, viktorianisches Dekor), Tel. 031-5564124; *Cairngorm Restaurant,* 47 Hanover Street (Self Service), Tel. 031-2267730; *Clarinda's,* 69 Canongate (Café), Tel. 031-5571888; *Cramond Inn,* Cramond (historisches Gasthaus am Meer), Tel. 031-3362035; *North British Hotel* (H + R), *Cleikum Restaurant,* Princes Street, Tel. 031-5562414; *Prestonfield House Hotel* (H + R), Priestfield Road, (Herrenhaus des 17.Jh., Architekt Sir William Bruce, Gäste u.a. Bonnie Prince Charlie und Dr. Johnson), Tel. 031-6678000/8055.

Umgebung von Edinburgh: *Borthwick Castle* (H + R), A7 bei North Middleton ab (hervorragend erhaltener Wehrturm von 1430), Tel. Gorebridge 20514 (nur nach Voranmeldung!); *Hawes Inn,* South Queensferry (H + R), Newshall Road, (R.L. Stevenson Assoziationen), Tel. 031-3311990; *The Open Arms,* Dirleton Tel. 062-085241.

Glasgow: *Albany Hotel* (H + R), Bothwell Street, Tel. 041-2482656; *Daly's Restaurant,* Sauchiehall Street Centre, Tel. 401-3326833; *Ubiquitous Chip,* 12 Ashton Lane, Tel. 041-3345007.

Lowlands: *Culross Coffee Shop,* West Green Tel. 3-776; *Falkland:* Kind Kyttocks Kitchen and Art Gallery, Cross Wynd, Tel. 03375-447; *Clovenfords:* Thornielee House (H + R), Tel. 089-685-350; *Kelso:* Cross Keys Hotel, Tel. 07532-3303; *Kilmarnock:* Caigh Milton Mill, Crosshouse, Tel. 05663-34230; *Maidens:* Malin Court (R), Tel. 06553-457; *Penicuik:* Flotterstone Inn (R), Milton Bridge, Tel. 71-76853; *St. Boswells:* Dryburgh Abbey Hotel, 08352-2261; *Stranraer:* Bay House Restaurant, Cairnryan Road, Tel. 0776-3786; *Selkirk:* Tibbie Shiels Inn, St. Mary's Loch (einsam am See gelegenes Gasthaus mit literarischen Assoziationen) Tel. 07504-231.

Highlands: *Fort Williams:* McTavish's Kitchen, 100 High Street, Tel. 0397-2406; *Gairloch:* Shieldaig Lodge Hotel, Tel. 044583-250; *Glencoe:* Clachaig Inn, Ballachulish, Tel. 08552-252; *Inverness:* Culloden House (H + R), Tel. 0463-72461; *Kildrummy:* Kildrummy Castle, Tel. 03365-288; *Kinross:* Powmill Food and Salad Bar, Rumbling Bridge (Self Service), Tel. 05774-376; *Nairn:* The Taste Bud, 44 Harbour Street, Tel. 0667-57243; *Pitlochry:* Drummagowan, Glen Fincastle (nur nach Voranmeldung), Tel. 079 684-275; *Strathlachlan,* Inver Cottage (R), Tel. 036986-396377.

Orkney: *Stenness:* Tromiston Mill (R), Tel. 08 5676-372; *Tankerness:* Quoyburray Inn (R), Tel. 08 5686-255.

P. LITERATURHINWEISE

Aiken, A.J./McArthur, T (Hg.), Languages of Scotland, Edinburg 1979.
Bailey, Patrik, Orkney, Newton Abbot 1971.
Brander, Michael, The Making of The Highlands, London 1980.
Catford, E.F., Edinburgh, The Story of a City, London 1975.
Collison, Francis, The Bagpipe. The History of a Musical Instrument, London 1975.
Cruden, Stewart, The Scottish Castle, London 1960.
Fenwick, Hubert, Scotland's Castles, London 1970.
Ders., Scotland's Historic Buildings, London 1974.
Ders., Scotland's Abbeys and Cathedrals, London 1978.
Finlay, Ian, The Lothians, London 1960
Fontane, Theodor, Jenseits des Tweed. Bilder und Briefe aus Schottland (1860), Ostberlin 1977.
Gomme, Andor/Walker, David, Architecture of Glasgow, London 1968.
Grumble, Ian, Scottish Clans and Tartans, London 1873.
Johnson's Journey to the Western Islands of Scotland and Boswell's Journal of a Tour to the Hebrides with Samuel Johnson, (1774 u. 1785), Reprint hg. v. R.W. Chapman, Oxford 1979.
Lindsay, Ian, Georgian Edinburgh, Edinburgh 1948.
Lockhart, Sir Robert Bruce, Scotch. The Whisky of Scotland in Fact and Story, London 1974.
Mackie, J.D., A History of Scotland, Harmondsworth 1978.
MacLean, Fitzroy, A Concise History of Scotland, London 1974.
Maxwell, John Stirling, Shrines and Homes of Scotland, London 1957.
McNeill, F. Marian, The Scots Kitchen. Its Tradition and Lore with Old Time Recipes, London u. Glasgow 1929.
McWilliam, Colin, Lothian, Harmondsworth 1978.
Murphy, Brian, The World Book of Whisky, Glasgow 1978.
Nicolson, James, Shetland, Newton Abbot 1975.
Petzsch, Helmut, Architecture in Scotland, London 1971.
Reid, J.M. Glasgow, London 1956.
Ross, Thomas, The Ancient Sundials of Scotland, Edinburgh 1891.
Sager, Peter, Schottland: Geschichte und Literatur, Architektur und Landschaft, Köln 1980.
Scott-Moncrieff, George (Hg), The Stones of Scotland, London 1938.
Smout, T.C., A History of the Scottish People 1560–1830, Glasgow 1979.
Stevenson, Robert Louis, Edinburgh. Picturesque Notes, London 1889.
Thompson, Francis, Harris and Lewis. Outer Hebrides, Newton Abbot 1973.
Tomes, John (Hg), Blue Guide Scotland, London 1980.
Tranter, Nigel, The Queen's Scotland: The North East London 1974.
Ders., The Queen's Scotland: The Eastern Countries, London 1972.

Schottische Literatur in deutscher Übersetzung

Boswell, James (1740–1795), Dr. Samuel Johnson. Leben und Meinungen; hrsg. Fritz Güttinger, Zürich 1981.
Burns, Robert (1759–1796), Ausgewählte Gedichte. Englisch–Deutsch, Heidelberg 1982.
MacDiarmid, Hugh (1892), Die hohe Felsenküste, 1970.
Scott, Sir Walter (1771–1832), Der Bogenschütze des Königs, Würzburg 1977.
Ders., Im Auftrag des Königs, Frankfurt 1975.
Ders., Ivanhoe, München 1976.
Ders., Quentin Durwand, München 1980.
Ders., Schottische Erzählungen, Stuttgart o.J.
Ders., Der Talisman, Ravensburg o.J.

Stevenson, Robert Louis (1850–1894), Die Abenteuer des David Balfour, München 1978.
Ders., Dr. Jekyll und Mr. Hyde, Stuttgart 1972.
Ders., Erzählungen, München 1975.
Ders., Quartier für eine Nacht, Wien 1963.
Ders., Romane, München 1978.
Ders., Die Schatzinsel / Die Entführung, München 1967.
Ders., Der Selbstmörderklub u.a. Erzählungen, München 1974.
Ders., Werke in 12 Bänden, Zürich 1979.

Fotonachweis

Autorin und Verlag danken folgenden Institutionen und Personen für die freundliche Bereitstellung von Aufnahmen und Plänen sowie für die Genehmigung zur Reproduktion: Galerie Carroll, P. Pröschel, München: S. 17. – A.F. Kersting, London: S. 28, 38, 45, 51 (unten), 67, 68, 72, 73, 77, 108, 110, 113, 159, 215. – Manfred Mehlig / Agentur Joachim Kinkelin, Worms: Farbfoto des Umschlags. – Messerschmidt / Bavaria-Verlag, Gauting: S. 81 – National Gallery of Scotland, Edinburgh: S. 20, 151 – Werner Neumeister, München: S. 4/5, 18, 32, 35, 39, 54, 66, 69, 74, 83, 84, 98, 119, 121, 132, 133, 134, 137, 142, 144, 145, 147, 155, 162, 164, 166, 168, 174, 179, 181, 182, 201, 204, 210, 211, 212, 217, 218, 225, 227, 228, 231 – J. Pugh / Bavaria-Verlag, Gauting: S. 15 (rechts), 96, 100, 105, 106, 107, 123, 193, 196, 220 – Scottish Colorfoto Ltd, Alexandria, Dunbartonshire: S. 57 – Scottish Development Dept., Edinburgh: S. 156, 189, 230, 237 – Scottish National Portrait Gallery, Edinburgh: S. 9, 11 (rechts und links) – The British Tourist Authority, London: S. 23, 37, 172, 177 – The Royal Commission on the Ancient & Historical Monuments of Scotland, Edinburgh: S. 15 (links), 51 (oben), 60, 75, 103, 116, 136, 185, 187 – Folgende Aufnahmen stammen von der Autorin: S. 49, 129.

Danken möchte ich an dieser Stelle den Besitzern der schottischen Burgen und Schlösser, die mir ihre Besitzungen zeigten, den freundlichen Damen und Herren des National Trust for Scotland und den hilfsbereiten schottischen Museumswächtern. Besonderes Entgegenkommen zeigten die National Library und National Monuments Record, Edinburgh. Susan Honeyman war mit Rat und Anteilnahme beim Schreiben des Manuskripts eine unentbehrliche Hilfe. Krik Gutke zeigte mir ein Edinburgh, das nicht in Reiseführern steht. Achim Zeune war mit seiner profunden Kenntnis der mittelalterlichen Architektur Schottlands eine unschätzbare Hilfe. Ihnen allen sei hier herzlichst gedankt, vor allem auch meinen Eltern für die gemeinsame Highland-Reise. Für Toleranz und lange Telefonate danke ich schließlich Jürgen, dem ich dieses Buch widme.

Barbara Kohlmann

Q. NAMENREGISTER

Aberdeen, 4. Earl of 186
Aberdeen, 1. Marquis of 186
Adam, John 50f., 89
Adam, Robert 12, 16, 24, 32, 34, 42, 44, 50ff., 60, 67, 87, 97, 99, 115, 146, 190
Adam, William 16, 32, 50, 67, 89, 137f., 172, 186, 188, 190
Aidan (König) 152, 157
Aikman, William 19, 42
Alan, Lord of Galloway 104
Albany, Duke of 36, 117
Albert (Prinz) 82, 180
Alexander I. 115, 138
Alexander II. 62, 182
Alexander (Zar) 80
Alexanders, William 146
Allan, David 12, 25, 137, 201
Anderson, Adam 128
Anderson, Sir Rowand 34, 90, 141
Andrew (Prinz) 194
Angeln 6
Antoninus Pius (röm. Ks.) 13, 48
Archibald der Grimmige 105, 109
Argyll, Dukes of 154
Argyll, 3. Duke of 154
Argyll, 8. Duke of 210
Argyll, Earl of 146
Argyll, Marquess of 36
Arnold (Bischof v. St. Andrews) 122
Armour, Jean 109
Atholl, 2. Duke of 136
Atholl, 4. Earl of 191
Atkinson, William 129
Ayton, Andrew 145
Ayton, William 32

Balfour, Gilbert 233
Balliol, Devorguilla 104, 106
Balliol, John 7, 106
Banks, Sir Joseph 211
Barrie, Sir James 133
Barry, Sir Charles 201
Bassano, Jacopo 43
Beaton (Kard.) 120, 122ff.
Beckett, Thomas (hl.) 130
Bell (Steinmetz) 176
Bellotto, Bernardo 44
Beuys, Joseph 45
Blacader (Bischof) 86
Blake, William 213
Boece, Hektor 173
Boncle, Sir Edward 43
Bondington, William de (Bischof) 86
Bonnard, Pierre 44
Bonnie Dundee → Claverhouse, Graham

Bonnie Prince Charlie → Stuart, Charles Edward
Boulle, André 75
Boswell, James 30, 240
Bothwell, James Hepburn, Earl of 9, 40, 56, 63, 70
Bothwell, 5. Earl of 58
Boucher, François 48
Boudin, L. E. 44, 48
Brahms, Johannes 213
Britonen 6, 152
Brodie, William, Deacon 25
Brown, George 33
Brown, James 33
Bruce, Sir George 114
Bruce, Sir William 12, 16, 39, 50f., 89, 116
Bryce, Sir David 136, 190
Buccleuch, Duke of 37
Buccleuch, Herzöge von 75, 111
Burn, William 47, 113, 146
Burne-Jones, Sir Edward Coley 36, 186
Burnett, Fam. 176
Burns, Robert 12, 25, 30, 38, 70, 82, 93f., 96f., 109, 163
Bute, 3. Marquis 94, 118
Byron, George Gordon Noël, Lord 174, 186

Calder, Alexander 45
Campbell (Clan) 154
Campbell of Glenlyon, Robert 159
Campbell, Thomas 82
Canaletto 52, 61, 76, 202
Cardney (Bf. v. Dunkeld) 138
Carlyle, Thomas 76, 109, 115
Carnys, John of Orchardton 105
Caroline (Königin) 30
Cassilis, 10. Earl 97
Chalmer, Lyon 55
Chambers, Sir William 24, 146
Charles I. 10, 31, 34, 61, 183
Charles II. 10, 27, 37, 39f., 52, 62f., 77, 120, 146, 184
Charles (Prinz) 194
Charlotte (Königin) 44, 235
Chippendale, Thomas 68
Chopin, Frédéric 63
Clarinda 38
Claverhouse, Graham, 1. Viscount of Dundee 125, 137
Clayton, Thomas 137
Clemens (Bf. v. Dunblane) 140
Clouet, Jean 43
Cochrane, Robert 191

245

Columba (hl.) 7, 138, 148, 152, 156f., 161, 195, 205, 208f.
Comayn, William, Earl of Buchan 188
Comyn, Walter, Earl of Menteith 143
Constable, John 44, 68
Cooper, Samuel 76
Corot, Camille 44, 89
Courbet, Gustave 44
Craig, James 24, 32
Cramer 48
Cranach, Lucas 43
Cressent, Charles 111
Crichton (Lordkanzler) 29
Crichton Smith, Iain 207
Cromwell, Oliver 10, 29, 39, 46, 61 ff., 77, 118, 135, 137, 139, 200, 226, 235
Cullen, James 52
Cumberland, Duke of 11, 55, 163 f.
Cunningham-Graham, R. B. 42

Dante 110
Dali, Salvador 89
Dalyell, Thomas 52
Darnley, Lord, Henry Stewart 9, 38, 41, 59, 63, 76, 87, 90, 109
David I. 7, 22, 38, 55, 62, 65, 69, 71, 79, 104, 113, 120, 134, 140, 146, 197, 200
David II. 27, 41, 120, 124
David, Gérard 43
Defoe, Daniel 79, 116
Dégas, Edgar 44
Denizot, Jacques 111
Delorme, Adrien 111
Delyell, Tam (General) 52
Derain, André 45
Delacroix, Eugène 44, 89
Dobson, William 42
Donizetti, Gaetano 47
Douglas (Clan) 62, 93, 105
Douglas, David (Gärtner) 130
Douglas, Earl of 29
Douglas, George 117
Douglas, Sir James, ›der Gute‹ 73, 111
Douglas, William, 1. Duke of Queensberry 110
Drosten (hl.) 188
Drummond (Bürgermeister) 24
Duff, William, 1. Earl of Fife 188, 190
Dunbar (Bf. v. Aberdeen) 173 f.
Duncan, Earl of Carrick 97
Duncan (König) 132, 163, 165, 209
Dunmore, Earl of 146
Dunserfield 40
Duthus (hl.) 200
Dyck, Anthonis van 111

Edward I. 97, 113, 128, 157, 162, 182, 195
Edward III. 137
Eisenhower, Dwight D. (Präsident) 99

El Greco 43, 89
Elizabeth I. 8 ff., 23
Elizabeth II. 112
Elphinstone (Bf. v. Aberdeen) 173
Elsheimer, Adam 43
Epstein, Sir Jacob 42, 89
Eratosthenes 221
Ernst, Max 45

Farquharson, Alewyn 181
Fergus, Lord of Galloway 104
Ferguson (Admiral) 188
Fergusson, Adam 12
Fergusson, Robert 25, 38
Fingal 213
Finlay, Ian Hamilton 45
FitzAlan, Walter 90
Fleming, Sir Alexander 96
Fontane, Theodor 41, 71, 74, 79, 127, 143, 163, 213
Forbes, John Lord 191
Forbes, William 178, 185 f.
Forestry Commission 147 f.
Fowke (Captain) 33
Fraser (Clan) 184

Galloway, Roland of 101
Gainsborough, Thomas 19, 42, 44, 48, 67 f., 111, 155
Gauguin, Paul 44
Geddes, Andrew 21, 43
Georg II. 163
Georg III. 44, 82
Georg IV. 149
Giacometti, Alberto 45
Gibbons, Grinling 111, 190
Giles (Ägidius, hl.) 34, 36
Giorgione 89
Gladstone, William E. 48, 82
Gledstanes, Thomas 29
Glorious Revolution 10, 34, 125, 158
Goes, Hugo van der 43
Gogh, Vincent van 44
Gordon (Clan) 194
Gordon, Lady Catherine 186
Gordon-Burnett, Catherine 177
Gordon of Huntly, 4. Earl 183
Gordon of Methlick 186
Gowrie, Earls of 128
Goya, Francisco de 44, 48, 89
Graham, Gillespie 214
Guardi, Francesco 44, 76
Guthrie, James 43

Händel, Georg Friedrich 164
Hahn, Kurt 194
Hals, Frans 44
Hamilton, 1. Duke of 53
Hamilton, Duke of 62 f.

Hamilton, James, Earl of Arran 53
Hamilton, John (Ebf. v. St. Andrews) 90
Hamilton, Lady 53
Hamilton, Sir 117
Hamilton, Thomas 42
Hay (Fam.) 187
Hay, George Campbell 207
Hegel, Georg Wilh. Friedrich 12
Heinrich II. 130
Heinrich VII. 8, 22
Heinrich VIII. 8, 111, 122
Hepplewhite, George 68
Hepworth, Dame Barbara 45
Herder, Johann Gottfried 213
Heriot, George 32
Herodot 221
Hertford, Duke of 46, 65, 69, 71
Hilliard, Nicholas 76
Hockney 45
Hodler, Ferdinand 45
Hogarth, William 19, 67, 89
Hogg, James 76
Holbein, Hans 43, 76, 111
Honeyman, John 156
Hope (Fam.) 61
Hopetoun, Earl of 50
Hoppner, John 155, 202
Horne, Janet 200
Houlbert 40
Hume, David 12, 24f., 30, 47, 200
Hunter, William 89
Huntly, Earl of 194
Huntly, 1. Marquis of 183

Innes, John (Bf. v. Moray) 194
Irvine, William de 176

Jakobiten 7, 10f., 125, 143, 159, 163, 182f.
James I. 7, 54
James II. 22, 29, 36, 41, 43, 87, 93, 115, 117, 125
James III. 36, 43, 145f., 191
James IV. 8, 22, 27, 29, 32, 38, 43, 54, 62, 87, 94, 117, 145, 173, 205
James V. 8, 27, 29, 38, 41, 54, 62, 94, 109, 117ff., 122, 145, 150
James VI./I. 7, 9f., 23, 29, 34, 39, 41, 55, 74, 76, 114, 146, 220
James VII./II. 10, 158
Jameson, George 119
Jocelin (Bf.) 85
Johnson, Dr. Samuel 30, 147, 208f., 213f., 218
Jones, Inigo 16

Kenneth MacAlpine 6, 128, 138, 152, 209
Kneller, Sir Godfrey 42, 111
Knox, John 8, 34, 37, 62f., 86, 112, 120, 122, 124, 127
Kokoschka, Oskar 42

Lacroix 48
Landseer, Sir Edwin Henry 202
Lauder, William 86
Leighton (Bf. v. Aberdeen) 173
Lely, Sir Peter 42f., 137
Lennox, Duchess of, ›La Belle Stewart‹ 62f.
Leonardo da Vinci 75
Leverhulme, Lord 220
LeWitt 45
Lindsay, Sir David 135
Lindsay of Glenesk 135
Linlithgow, Lord 51
Lipchitz, Jacques 210
Lippi, Filippino 43
Lotto, Lorenzo 43
Lorimer, Sir Robert 27, 90, 120, 127, 141
Lorraine, Claude 43, 76
Lords of the Isles 94, 205
Loth (König) 64
Lovat (Lord) 161

Macbeth 132, 178, 209
MacCrimmon (Dudelsackpfeifer) 215
MacDiarmid, Hugh 207
Macdonald (Clan) 158, 205, 214
Macdonald, Flora 163, 216, 218, 222
Macdonald, MacIan of Glencoe 158
Macdonald, Neil 222
Macdonald of Glenaladale 159
Macdonald, Reginald, Lord of the Isles 209
MacDuff (Clan) 117
MacGregor, Rob Roy 143
Mackay (General) 125
Mackay Brown, George 223
Mackenzie, Osgood 204
Mackenzie of Kintail 199
Mackintosh, Charles Rennie 18, 89, 156
MacLean (Clan) 208
MacLean, Sir Fitzroy 208
MacLean, Somhairle 207
MacLeod (Clan) 214f., 220
MacLeod, Sir Roderick of 214
MacNeil (Clan) 222
Macpherson, James 213
MacRae (Clan) 204
Magnus (hl.) 223f.
Magritte, René 45
Malcolm Canmore (König) 6, 114, 178, 180
Malcolm II. 131
Malcolm III. Canmore 22
Manet, Edouard 89
Mansfield, Earls of 129
Mantegna, Andrea 120
Mar, Earl of 146
Mar, Earls of 181

Margaret (hl., Königin) 6f., 13, 22, 27, 112f.
Margaret (Prinzessin) 132
Margarete von Dänemark 43, 146
Maria Stuart 8f., 22, 27, 29, 38ff., 54, 56, 58f., 63, 70, 74, 76, 87, 104, 109, 111, 117f., 137, 143, 146, 152, 184, 187, 233
Marie Antoinette 48, 129
Marie von Geldern 36, 43
Marie von Guise 8, 29, 31, 118, 122
Martin von Tours (hl.) 101, 211
Mary-Cullean-Ballade 99
Maxwell, Lord 107
Maxwell, Sir John 90
McCulloch, Horatio 21, 43
McGonagall, William 125
McNeill of Creich 200
McTaggart, William 21, 43, 156
Mendelssohn-Bartholdy, Felix 213
Meyer de Rothschild, Baron 48
Migeon, Pierre 111
Millet, Francisque 89
Monet, Claude 44
Monk (General) 62, 115
Montrose, Marquess of 36, 184
Moore, Henry 45, 109
Moore, Sir John 82
Moravia, de (Fam.) 194
Moravia, Gilbert de (Bf. v. Caithness) 200, 203
Moravia, Richard de 200
Moray, Bischöfe von 194
Moray (Regent) 36
Mòr, Donald 216
Morris, Robert 154
Morris, William 36, 177
Morton (Regent) 58
Morville, Baron Hugh de 70
Mungo (hl.) 79, 85
Murillo, Bartolome Esteban 89
Mylne, John 139
Mylne, Robert 39, 110, 154
Mytens 42

Napier, Sir Archibald 47
Napoleon 48, 74
Nasmyth, Alexander 21, 43, 48
Nasmyth, Brüder 12, 25
National Convenant 10, 31, 52f., 62, 105, 135
National Trust for Scotland 29, 45, 52, 99, 114, 163, 183, 197
Nature Conservancy 147ff.
Nechtan (König) 131
Nero (röm. Ks.) 215
Ninian (hl.) 7, 79, 85, 93, 101ff., 131

Oeben, Jean François 48, 111
Ogilvie, Sir Alexander 191

Ogilvie (Gouverneur) 135
Ogilvie, Sir Walter of Deskford 190
Orwell, George 207
Ossian 213

Palladio, Andrea 16, 39
Paton, Sir Noël 114
Paolozzi, Eduardo 45
Peel, Sir Robert 82
Peter der Große (Zar) 25
Petit 48
Philip (Prinz) 194
Playfair, William 24, 34, 42, 67
Picasso, Pablo 45
Pikten 6, 152, 167, 197, 223
Pissaro, Camille 44
Pittoni, Giovanni Battista 44
Pollock, Jackson 45
Porteous, John 30
Poussin, Nicolas 44
Preston, Sir William 36
Ptolemäus 205

Quinci, Saier de 120

Raffael 43
Raeburn, Henry 12, 19, 21, 25, 37, 42f., 48, 63, 67, 76, 89, 137, 155
Ramsay, Allan (Dichter) 25, 32
Ramsay, Allan (Maler) 12, 19, 25, 42f., 67f., 89, 111, 137, 155, 202
Rawlinson, Thomas 150
Redpath 45
Regulus (hl.) 122f.
Reid, Robert (Architekt) 24, 44
Reid, Robert (Bf. v. Orkney) 199, 226
Reid, William 47
Rembrandt 44, 89, 111
Rennie, John 65
Renoir, Auguste 44, 109
Reynolds, Sir Joshua 19, 42, 44, 48, 67, 75, 89, 111, 155, 202
Ribera, José de 89
Richard II. 34
Richmond and Lennox, Duke of 62
Riesenburgh, B. van 48, 111
Riesener, Jean-Henri 48
Rizzio, David 9, 38f., 41, 59
Robert I., The Bruce 7, 72, 93, 95, 99, 106, 109, 111, 113f., 122, 130, 174, 176, 190, 222
Robert II. 7
Robert III. 97, 109
Robertson, William 12, 31
Rodin, Auguste 44, 89, 109
Roentgen, David 48
Römer 13, 48
Rognvald 223f.
Romney, George 202
Roseberry, 5. Earl of 48

Roubiliac, Louis François 68
Roxburghe, 1.Duke of 67
Ruskin, John 141
Rubens, Peter Paul 43, 89
Ruckers, Andreas 76
Ruisdael 44
Rysbrack 52

Sarto, Andrea del 43
Saunier, Jean Charles 111
Scheemakers, Peter 68
Scot, Michael 101, 115
Scott, Sir Gilbert (Ebf.) 89, 112
Scott, Sir Walter 12, 21, 25, 30, 33, 41, 46f., 65, 68, 70, 73ff., 76, 82, 91, 117, 125, 127, 143, 149, 214, 237
Seafield, Earl of 190
Seton, Lord 117
Seton, Sir Alexander 185
Shakespeare, William 165, 209
Sheraton, Thomas 68
Sinclair (Bf. v. Dunkeld) 138
Sinclair, Earls of Caithness 202f.
Sinclair, William, 3.Earl of Orkney 56
Sisley, Alfred 44
Skoten 6, 152
Smith, Adam 12, 25, 38, 112, 115
Smith, James 110
Somerled, Lord of the Isles 94, 156
Spottiswood (Ebf.) 120
Stair, Lady 30
Stevenson, Robert Louis 25, 30, 36, 76, 136, 181
Stewart, Alexander, Wolf von Badenoch 191
Stewart, David (Bf. v. Moray) 194
Stewart, Dugald 41
Stewart, Earl Patrick 226, 235, 237
Stewart, Sir Walter 43
Strachan, Douglas 27, 36
Strathmore, Earls of 132
Stuart, Charles Edward 10f., 40, 74, 137, 159, 163f., 183, 216, 222
Stuart, Peter Maxwell 77
Sutherland, 2.Earl of 201
Sutherland, Dukes of 201 f.

Tam o'Shanter (Ballade) 93, 96
Telford, Thomas 160

Thom, James 70
Thomson, Derick 207
Thomson, John 21
Thorfin der Mächtige, Earl of Orkney 223, 232
Tiepolo, Giovanni Battista 44
Tintoretto 43
Tizian 43, 52
Torpichen, Lady 48
Traquair, 5.Earl of 76
Turner, Joseph Mallord William 43 f., 68, 89, 213

Unblutige Revolution → Glorious Revolution
Union der Parlamente 10, 19, 79, 148

Valliscaulienserorden 158, 195f., 199
Vanbrugh, Sir John 67, 188
Vansantvoort, Jan 40
Velasquez, Diego 43
Vermeer, Jan 43
Victoria (Königin) 12, 18, 82, 137, 149, 180, 206

Wade (General) 138, 161
Wallace, William (Architekt) 32, 60f.
Wallace, William (Nationalheld) 27, 93
Walpole, Horace 19
Watt, James 12, 53, 82, 160
Watteau, Jean-Antoine 19, 44
Waverley-Romane 25
Wemyss (Fam.) 122
Wet, Jakob de 40, 120, 132, 137
Whistler, James Abbot McNeill 89
Wikinger 6, 61, 147, 197, 199, 205, 209, 223, 228f., 232
Wilkie, David 12, 21, 25, 42f., 76
William III. of Orange 10, 125, 130, 158, 205
Wishart, George 123f.
Wordsworth, Dorothy 70
Wordsworth, William 30, 70, 208
Wren, Christopher 16

Young, William 82

Zoffany, Johann Joseph 137

R. ORTS- UND OBJEKTREGISTER

Wichtige Textstellen *kursiv*, Plan- und Objektnummern **Fettdruck**

Abbotsford **16** *73ff.*, 91
Aberdeen 36 170ff.
– Art Gallery 172
– Brig o'Balgownie 174
– Brig o'Dee 174
– Fischmarkt 172
– Hafen 172
– Kathedrale St. Machars 173
– Kings College 172f.
– Marischal College *171*, 173
– Provost Ross's House 170
– Provost Skene's House 170
– St. Nicholas House 170f.
– Stadtkreuz 170
– Union Street 170
Aberdour Castle **29** 115
Aberfeldy 138
Aberlemno (piktische Steine) 133
Abernethy (Rundturm) **29** 13, *121*, 134
Achamore House Gardens 156
Aird Castle 155
Alloway 93, *96*
Amiens 85
Angus Folk Collection 132
Antonine Wall 13
Arbroath Abbey Church **32** 13, *130f.*
Ardchattan Priory **34** *158*, 199
Ardoch (Römerlager) **32** 13, *139*
Argyll 34 152ff.
– Forest Park 154
Arran **25** 94
Arwell House 101
Atholl Highlanders 137
Auchindoun Castle **37** 191
Auld Alliance 8, 36, 118
Ayr **26** 93, *96f.*

Balmoral Castle **37** 18, *180*
Balquidder 143
Balvenie Castle 191
Banchory 178
Banff 188
Bannockburn, Schlacht v. 7, 72, 113, 144, 148
Barochan Cross 91
Baronialstil 15
Barra **40** 222
Barrovadus-Stein 102
Barsalloch Fort 101
Bass Rock 62
Beauly Priory **38** 199
Beauvais 155
Ben An 143

Ben Hope 203
– Lomond 154
– Venue 143
– Vorlich 154
Benbecula **40** 222
Binns, The **13** 52
Birnie Church **37** 195
Black House *215*, 221
Black Isle 200
Blackness Castle **13** 53
Blair Castle **32** 136ff.
Book of Deer 188
Borders 16 65ff.
Borthwick Castle **14** *56*, 63
Bowhill **16** *75f.*, 111
Braemar **37** 180f.
Braemar Castle **37** 181
Brechin **32** 134
– Kathedrale 134
– Rundturm 13, *134*
Bridge of Feugh 178
Broch 13, 15, 65, 203, 221, 232f., 236f.
Brodick Castle **25** 95
Brodie Castle **37** 197
Brough of Birsay **41** 231f.
Bullers of Buchan 188
Burghead Well **37** 195
Burleigh Castle **29** 117
Burntisland 115
Bute **25** 94

Caerlaverock Castle **28** 107
Cairn Holy 104
Cairnpapple Hill **13** 55
Caledonian Canal 160, 199
Candida Casa *101f.*, 131
Canna 214
Canterbury 130
Cambridge 188
Cambuskenneth Abbey **33** 146
Campbelltown 156
Cape Wrath 203
Cardoness Castle 104
Carleton Castle 99
Carnac 221
Carradale 155
Carrick Castle 154
Carsluith Castle 104
Castle Campbell **32** 139
– Fraser **37** 184
– Girnigoe 202
– of Mey **38** 203
– Sinclair 202

250

Castle Sween **34** 156f.
– Urquart **35** 162
Cawdor Castle **35** 165
– Church 165
Chapel Finian 101
Central 33 140ff.
Clans 6, 11, *148ff.*, 180
Clava Cairns **35** 164
Clearances 11, 80, *149, 199*, 205, 214
Clyde 13
Clickhimin Broch **42** 235
Craig Castle 187
Craigcaffie Castle 99
Craigievar Castle **37** 15, *176, 178f.*
Craigmillar Castle 15, *58f.*
Craignethan Castle **24** 91
Crail 120
Cramond Village **13** 48
Crathes Castle **37** 176ff.
Crathie Church **37** 180
Crichton Castle **14** 58
Cromarty 149
Crossraguel Abbey **26** 97
Crosskirk 203
Cruggleton, Castle und Kirche **27** 103
Cullen House 190
Culloden, Moor und Schlacht **35** 11, 41, 148ff., 159, *163f.*, 167, 170, 181, 216
Culross **29** 114
Culsh Earthhouse 180
Culzean Castle **26** 17, 51, *97ff.*, 154
Cupar 120

Dairsie 120
Dalgety 114
Dalmeny Church **13** 13, *49f.*, 120
– House **13** 48
Dalriada 94, *152*, 157, 223
Darvel 96
Dee 174
Deer Abbey **37** 188
Delgatie Castle **37** 187
Dirleton Castle **15** 61
Don 174
Doocot *15f.*, 64, 97, 115, 120
Dornadilla Broch **38** 203
Dornoch **38** 200
Douglas 111
Doune Castle **33** 141 ff.
Dounreay 203
Drochil Castle **14** 58
Drum Castle **37** 15, *176*
Drumlanrig Castle **28** 110f.
Drummond Castle **32** 16, *139*
Drumossie 163
Drumtrodden Stones 101
Dryburgh Abbey **16** 7, 46, *70ff.*
Dudelsack 11, 149, *215ff.*
Duff House **37** 188ff.

Dufftown 191
Duffus Castle **37** 14, *194*
Dumbarton Castle **34** 152
Dumfries 28 93, *106ff.*
– Stadt 109
Dunadd Fort **34** 152, *157*
Dunblane Cathedral **33** 140f.
Duncansby Head 202
Dundee 31 125f.
– Albert Institute (Museum und Kunstgalerie) 126
– Broughty Castle 126
– City Churches 125
– City Square 125
– Claypotts Castle 126
– Wishart Arch 126
Dundrennan Abbey **27** 104
Dunfermline Abbey **29** *113f.*, 209
Dunglass (Stiftskirche) **16** 65
Dunkeld 32 138f.
– Kathedrale 138
– Little Houses 139
Dunmore Park 146
Dunnet Head 203
Dunnottar Castle **32** 135
Dunrobin Castle **38** 201f.
Dunstaffnage Castle **34** 152, *158*
Dwarfie Stone **41** 233
Dyce **37** 184

Ecclefechan **28** 109
Edinburgh 10, 16f., 19, *22ff.*, 46, 105, 149
– Arthur's Seat 22
– Calton Hill **8** 18, 22, 24, *41f.*
– Canongate 22
– Canongate Tolbooth **6** 38
– Castle **1** 13, 22, 24, *27ff.*
– Charlotte Square **11** 17, 24, *44f.*
– Festival 25
– George Square **4** 33
– George Heriot's Hospital **3** 30, *32f.*, 110
– Georgian House **11** 45
– Gladstone's Land **2** *29*, 45
– Grassmarket **3** 30f.
– Greyfriar's Bobby **3** 32
– High Street 25
– Holyrood Abbey **7** 22, 38, *41*
– – Palace **7** *38ff.*, 50, 120, 185
– Huntly House **6** 38
– James's Court **2** 29f.
– John Knox House **5** 37
– Kapelle der Kgn. Margaret **1** 13, *22*, 27
– Kirk of the Greyfriars **3** 30f.
– Lady Stair's House **2** 29f.
– ›Lands‹ 24
– Lawnmarket **2** 29ff.
– Magdalen Chapel **3** 30f.
– Museum of Antiquities **9** 13, *42*, 63, 229f.

251

Edinburgh
- National Gallery **10** 24, *42ff.*
- – of Modern Art **12** 45
- National Portrait Gallery **9** 42
- New Town 24, 45
- Nor' Loch 23 f.
- Old College **4** 24, 33 f.
- Old Town 24, 45
- Parliament House **5** 37
- – Square **5** 32, *37*
- Royal Academy 19, 24
- Royal Botanic Garden **12** 45
- Royal Mile 22 ff.
- Royal Scottish Museum **4** 33
- St. Giles Cathedral **5** *34ff.*, 62, 173
- Tolbooth, ›The Heart of Midlothian‹ **5** *37*, 73
- Traverse Theatre Club 31
- White Hart Inn 30
- White Horse Close **6** 38
- Universität 23

Edin's Hall **16** 65
Edzell Castle **32** 135
Eigg 214
Eilean Donan Castle **38** 204
Elcho Castle **29** 122
Elgin *191*, 195
- Duff o'Bracco's House 192
- Cathedral **37** *191 ff.*, 195
Ely 85

Falkland Palace **29** 54, 95, *117 ff.*
Fife 29 *112 ff.*
Firth of Forth 24, 46, 53, 112
Flodden, Schlacht bei 8, 22
Floors Castle **16** 67
Fordyce 190
Fort Augustus **35** 161
Fort William 152, 199
Forth 13
Forth Bridges **29** 112
Fortrose Cathedral **38** 200
Fraserburgh 188

Gälisch 206 ff.
Galloway 27 93, *101 ff.*
General Wade's Bridge 138
Gigha 156
Gight Castle 186 f.
Glamis Castle **32** *132*, 163
Glasgow 18, *79 ff.*
- Bridge of Sighs 86
- Cathedral **18** 14, 79, *85 f.*
- Cross **20** 79, *87*
- George Square **17** 82
- Hunterian Museum **23** 89
- Kunstgalerie und Museum **23** 88 f.
- Monkland Kanal 80
- Nekropolis 86

Glasgow
- Old Glasgow Museum **19** 87
- Provand's Lordship **18** 79, *87*
- Rathaus **17** 82
- School of Art **22** 18, *88*
- Tearooms der Miss Cranston 18
- Trade's House **21** 88
- Universität **23** 89
Glen Coe **34** 152, 158 f.
Glenfiddich Distillery 191
Glenfinnan Monument 159
Glenkiln **28** 109
Glenluce Abbey **27** 101
Gordonstoun 194 f.
Grampian 37 *175 ff.*
Great Glen 160
Gretna Green **28** 108 f.
Grey Cairns of Camster **38** 202
Grey Mare's Tail 76
Gurness Broch **41** 232

Haddington **15** 62
Haddo House **37** 186 f.
- Choral Society 186
Hadrians Wall 13
Haggs Castle **24** 90
Hailes Castle **15** 63
Harris **40** 203, *219 f.*
- Huisinish 219
- Scarp 219
- West Loch Tarbert 219
- Rodel 220
Harris Tweed 219
Hebriden, Äußere 40 205 f., *219 ff.*
Hebriden, Innere 39 205, *207 ff.*
Hermitage Castle **16** 70
Highland Games *136*, 159, *180 ff.*
– Line 6, *147*
Highlands 6, *147 ff.*
Hopetoun House **13** 50 ff.
Hoy **41** 233
Huntingtower Castle **32** 128
Huntly Castle **37** 183

Inchcolm Abbey **29** 115
Inchlonaig 154
Inchmahome Priory **33** 143
Inchmurrie 154
Industrialisierung 12
Innerpeffray Castle **32** 139
- Library **32** 139
Inveraray Castle **34** 17, *154 f.*
Inverewe Gardens **38** 204
Inverness **35** *163*, 188, 199 f.
- Abertarff House 163
- Burg 163
Invernesshire 35 160 ff.
Inverurie **37** 184
Iona 39 7, 113, 138, 152, *205*, *208 ff.*

252

Iona
- Kathedrale 209 ff.
- MacLean's Cross 209
- Nunnery 209
- St. John's Cross 211
- St. Martin's Cross 211
- St. Matthew's Cross 211
- St. Oran's Cemetery 209

Irland 7
Islay **39** 205, *207*

Jarlshof **42** 236 f.
- Broch 237
- Rundhäuser 237

Jedburgh **16** 7, 46, *69f.*, 131
- Abtei 69
- Queen Mary's House 70

Jura **39** 207

Kellie Castle **29** 120
Kelso **16** 7, 13, 46, 65
Kempock-Stein 91
Kilbarchan (Webereimuseum) 91
Kilberry Stones 156
Kildrummy Castle **37** 182
- Gardens 182

Killiecrankie, Schlucht *125*, 136
Kilmarnock 96
Kilmartin 157
Kilmory 95
Kilmory Knap Chapel 157
Kilt 11, 149, *150*
Kinloss Abbey **37** 197
Kinnaird Cottage 136
Kinneil House **13** 53 f.
Kinross House **29** 116
Kintyre **34** 155
Kirkcaldy **29** 115
Kirkcudbright 104
Kirkmadrine Stones **27** 101
Kirkwall 41 224 ff.
- Bishop's Palace 226
- Earl's Palace 226
- St. Magnus Cathedral 223 ff.
- Tankerness House 227

Kirriemuir 133
Kisimul Castle **40** 222
Knapdale **34** 156

Lake of Menteith 143
Latinus-Stein → Barrovadus-Stein
Lauriston Castle **13** 47
Leanach Farmhouse 164
Leith Hall **37** 183
Lennox Castle 154
Lennoxlove **15** 16, *62f.*
Lerwick **42** 234 f.
- Fort Charlotte 235
- Shetland Museum 235

- Up-Helly-Aa 235

Lethington Tower → Lennoxlove
Leuchars → St. Athernase
Lewis 40 203, 219, *220f.*
- Arnol Black House 221
- Callanish (Steinkreis) 221
- Castle 220
- Dun Carloway Broch 221
- St. Moluag 221
- Stein a Cleith 221
- Stornoway 220

Leyden 25
Lincluden College **28** 109
Lincoln 192
Linlithgow Palace **13** 33, *54f.*, 74, 118
Linton 58
Loch Achray 143
- Eriboll 203
- Fyne 154
- Goil 154
- Katrine 143
- Leven Castle **29** 117
- Linlithgow 54
- Linnhe 160
- Lochy 160
- Lomond **34** 6, 143, *154*
- Long 152, 154
- Ness **35** 161 f.
- Oich 160

Lochinch Castle 99
Lochmaben 93, *109*
Lochranza Castle 95
Logan Botanic Garden 101
London 10, 16, 19, 23 ff., 38, 79, 216
Long-House 232, 237
Loth Stone 63
Lothian 46, *63*
Luffness **15** 61
Lumphanan 178
Lyne (Römerlager) **16** 13, 77

MacLellan's Castle 104
MacMillan's Cross 157
Maes Howe **41** 13, *227f.*, 229
Mainland (Orkney) **41** 224 ff.
Mainland (Shetland) **42** 234 ff.
Mallaig 199
Manderston **16** 65
Mantua 120
Meigle Museum **32** 133
Mellerstain **16** 51, *67f.*
Melrose Abbey **16** 7, 46, *71f.*, 74
Merkland Cross 109
Midlothian 14 56 ff.
Monster von Loch Ness, ›Nessie‹ *161ff.*, 208
Mortlach Church 191
Mote Hill 128
Mote of Urr 105

253

›Motte-and-bailey‹-Burg 14, 105, 162, 178, 183, 194
Mousa 42 236
- Broch 236
- Voe Croft House 236
Muchalls Castle 37 175
Muck 214
Mull 39 208
- Carsaig Arches 208
- Duart Castle 208
- Torosay Castle 208
Muthill Church 139

Nairn 163
Neidpath Castle **16** 77
Neo-Baronialstil 18, 180, 201
Nessie → Monster von Loch Ness
Newark Castle **24** 91
Niddry Castle 117
Nördliche Inseln der Orkneys **41** 233
Nordseeöl *12*, 170, 188, 202, 223, 234
North Uist **40** 207, *222*

Oban **34** 152, *157 f.*
Ogham-Schrift *157*, 184
Old Deer 188
Onston Cairn **41** 229
Orchardton Tower **27** 105
Orkney-Inseln 41 152, 203, 209, *223 ff.*
Oronsay 205
Ostlothian 15 58 ff.

Paisley Abbey **24** 90 f.
Paris 25
Perth 32 127 f.
- Fair Maid's House 127
- Round House 128
- St. John's Kirk 127
Peterhead 188
Piktische Symbolsteine 133, 136, 162, *167*, 184, 195 ff.
Pitcaple Castle **37** 184
Pitlochry **32** 136
Pitmedden Garden **37** 185
Pleasance, The 135
Pluscarden Abbey **37** 195 f.
Pollok House **24** 89
Port Glasgow 80
Porteous Aufstand 30
Preston Mill **15** 64
Provan Hall **24** 90

Rait Castle 165
Ravenscraig Castle 115
Reformation *8*, 22, 34, 37, 46, 62, 114, 120, 200 f.
Regensburg 161, 206
Restenneth Priory **32** 131
Rhum 214

Rom 215
Roslin Chapel **14** *56*, 74
Rossend Castle 124
Rothesay Castle 25, 94
Rousay 41 233
- Midhowe Broch 233
- - Kammergrab 233
- Taverso Tuick 233
Rowallan Castle **26** 95
Royal Braemar Highland Gathering 180 ff.
Rundtürme 13, 121, 134
Ruthven Castle → Huntingtower Castle
Ruthwell Cross **28** 108

Saddell Abbey 156
Salem 194
Samoa 36
Scalloway **42** 235
- Earl Patrick's Castle 235
Scone 27, 115, 152, 157
- Abbey **32** 129
- Palace **32** 128 ff.
Scott's View 70
Scotstarvit Tower **29** 119 f.
Schottenklöster 161, 206
Seton House **15** 60
- Stiftskirche **15** 59 f.
Shetland-Inseln 42 209, *223*, *234 ff.*
Skara Brae **41** 13, *229 ff.*
Skelmorlie Aisle **26** 95
Skye 39 *214 ff.*, 222
- Armadale Castle 214
- Black House Museum 214 f.
- Boreraig 215
- Cuillin-Berge 214, 218
- Duirinish 214
- Dunscaith Castle 214
- Dunvegan Castle 214
- Floddigarry Hotel 216
- Kilmuir 218
- Kilt Rock 218
- Old Man of Storr 218
- Portree 216
- Quiraing 218
- Trotternish 218
Smailholm Tower **16** 68
Sonnenuhren *16*, 139, 152
South Uist **40** 216, *222*
- Ormaclete Castle 222
Spynie Palace **37** 194
St. Andrews 30 *122 ff.*, 138
- Burg 124
- Holy Trinity Church 124
- Kathedrale 85, *122*, 192
- Queen Mary's House 124
- St. Leonard's Chapel 124
- St. Rule's (Reliquarkirche) 122 f.
- Universität 124

St. Athernase **29** 13, *120*
St. Bride's Church **28** 111
St. Duthus, Chapel und – Kirche 200
St. Michael's Parish Church **13** 55
St. Monan 120
St. Ninian's Cave 101
St. Ninian's Chapel 101
St. Vigean's Museum 131
Standing Stones of Torhouse 104
- Stenness **41** 228f.
Staffa **39** 211ff.
Stirling **33** 144ff.
- Argyll's Lodging 146
- Castle 144ff.
- Holy Rude Kirche 146
- Residenz des Earl of Mar 146
Stobo 77
Stockbridge 19
Stone of Scone (= Stone of Destiny) 128, 152
Stonehenge 221
Strathclyde 26 93, *95ff.*, 152
Südliche Inseln der Orkneys **41** 233
Sueno's Stone **37** 196
Sullom Voe 234
Sutherland 199
Sweetheart Abbey **28** 104, 106

Tain **38** 200
Tantallon Castle **15** 62
Tartan 149f.
Taubenschläge → Doocots

Tayside 32 127ff.
Tibbie Shiels Inn 76
Thistle Order (= Orden der Distel) 36
Threave Castle **27** 105
Thurso 203
Tolquhon Castle **37** 185f.
Torpichen Preceptory **13** 55
Tower-House 15f., 46, 58, 88, 126
Towie Barclay 187
Traprain Law **15** 64
Traquair House **16** 76f.
Trossachs **33** 143
Turnberry Castle 93, *99*, 109

Ullapool **38** 203
- Loch Broom Highland Museum 203
Unst 234

Villa Borghese 188
Virginia 79

Weimar 25
Westlothian 13 47ff.
Westminster 157
Westray, Noltland Castle 233
Whisky *167ff.*, 191, 214, 207
Whithorn **27** 93, *101ff.*, 208
Wick **38** 202
Wien 206
Winchester 85
Winton House **15** 60f.

ARTEMIS-CICERONE
Kunst- und Reiseführer

„... die beste der möglichen Lösungen."
*Prof. Dr. Hermann Bauer, Ordinarius für Kunstgeschichte
an der Universität München*

Alle Vorteile der Artemis-Cicerone auf einen Blick:
1. Text und Abbildungen sind einander gegenübergestellt
2. Grundrisse, Schnitte, Rekonstruktionen, Ergänzungskarten, Planausschnitte und Führungslinien ergänzen den Inhalt
3. Mehrfarbiger Stadtplan auf dem inneren Buchdeckel
4. Historische Übersicht und kunstgeschichtliche Entwicklung
5. Daten, Künstlernamen, Maßangaben etc. sind übersichtlich eingefügt
6. Planziffern helfen, das besprochene Objekt im Stadtplan leicht zu finden
7. Öffnungszeiten der Museen und Sammlungen
8. Reise-Informationen: wichtige Anschriften, amtliche Bestimmungen, allgemeine Reisehinweise, Verkehrsmittel, Ärzte, Krankenhäuser, Erste Hilfe, Hinweise für Autofahrer, Hotels und Restaurants, Speisen und Getränke
9. Literaturhinweise

Bitte fordern Sie unseren Sonderprospekt an:
**Artemis & Winkler Verlag, München und Zürich
Martiusstr. 8, 8000 München 40
Limmatquai 18, CH 8024 Zürich**

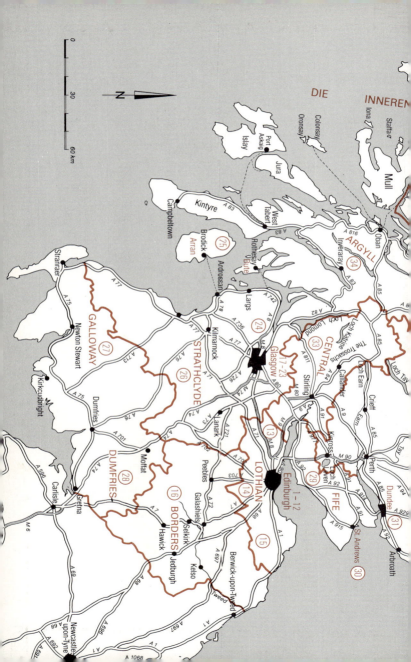